新时期财务会计与审计

杜丽丽　张　红　王春霞◎著

线装书局

图书在版编目（CIP）数据

新时期财务会计与审计 / 杜丽丽, 张红, 王春霞著. -- 北京：线装书局, 2024.1
　　ISBN 978-7-5120-5933-7

Ⅰ.①新… Ⅱ.①杜… ②张… ③王… Ⅲ.①财务会计－高等学校－教材②财务审计－高等学校－教材 Ⅳ.①F234.4②F239.41

中国国家版本馆CIP数据核字(2024)第044831号

新时期财务会计与审计
XINSHIQI CAIWU KUAIJI YU SHENJI

作　　者：	杜丽丽　张　红　王春霞
责任编辑：	白　晨
出版发行：	线装书局
地　　址：	北京市丰台区方庄日月天地大厦B座17层（100078）
电　　话：	010-58077126（发行部）010-58076938（总编室）
网　　址：	www.zgxzsj.com
经　　销：	新华书店
印　　制：	三河市腾飞印务有限公司
开　　本：	787mm×1092mm　　1/16
印　　张：	13.5
字　　数：	310千字
印　　次：	2025年1月第1版第1次印刷
定　　价：	46.00元

前　言

　　随着我国市场经济的深入发展和国内外经济环境的变化，财政、税收、会计和审计等相关法规制度不断地完善，对财务会计和审计管理工作提出了更多、更高的要求，也促成了财务会计和审计管理理论与实务在近年来的巨大进展。

　　本书根据市场经济发展和会计改革的客观需要，充分借鉴国际审计惯例，按照会计准则与审计准则国际趋同的要求，反映我国企业财务会计和审计管理理论与实务发展的现状，在总结其基本经验，重新架构现代企业财务会计和审计管理工作的理论、内容和方法的基础上编写而成。

　　本书以介绍我国注册会计师财务报表审计为主，兼顾政府财务审计和内部财务审计的内容。本书按照被审计单位的经济业务循环安排章节顺序，这会使审计教学更贴近审计实务。对于性质相近的报表项目，由于审计的目标和程序基本相同，因此本书主要介绍有代表性的报表项目的审计程序，而不是面面俱到、不断重复。

　　本书依据目前财务会计和审计理论与实务的基本情况，系统地阐述了财务会计和审计管理的业务流程。根据市场经济发展和会计改革的客观需要，充分借鉴国际审计惯例，按照会计准则与审计准则国际趋同的要求，反映我国企业财务审计理论和实践发展的现状，在总结其基本经验，重新架构现代企业财务审计的理论、内容和方法的基础上编写而成。全书分别对审计学的概念、体系、程序、方法，以及财务审计工作的各项具体内容，如财务报表审计，销售与收款循环审计，采购与付款循环审计，生产、存货与工薪循环审计，筹资与投资循环审计，利润审计以及最后的审计报告作出详细的阐述。本书可用作高等学校审计学专业本科生、专科生的教学用书，也可用作高等院校会计及其他经济管理类专业学生学习财务报表审计的参考书籍，还可作为审计实务工作人员的参考资料。

编委会

李圣学	刘文兰	陈威兆
委　芮	王　翔	张翠萍
李忠发	丛昕日	王振梅
周　莉	杨春子	张卫国
刘　静	马丽丽	王　平
高　煦	徐　硕	徐　鑫
王蒙蒙	张　梅	郝青青
盖　懿	李纪玲	陈　霏
陈丽斐	李　鑫	宁化芬
李晓岑	陶　维	刘　云
陈泰满		

目录

第一章　内部财务审计基础知识 ……001
　　第一节　内部审计的发展历程 ……001
　　第二节　内部审计的定义与内涵 ……003
　　第三节　内部审计的独立性与职业审慎 ……006
　　第四节　内部审计的模式、作用与角色 ……010

第二章　内部控制与内部审计 ……016
　　第一节　内部控制的重要性与局限性 ……016
　　第二节　内部控制审计 ……021
　　第三节　反舞弊 ……026
　　第四节　内部审计价值的提升 ……034

第三章　审计的其他工作 ……042
　　第一节　审计目标和审计计划 ……042
　　第二节　审计证据和审计工作底稿 ……064

第四章　风险评估和应对 ……091
　　第一节　风险评估与应对概述 ……091
　　第二节　了解被审计单位及其环境 ……094
　　第三节　了解被审计单位的内部控制 ……102
　　第四节　针对评估的重大错报风险实施的审计程序 ……109

第五章　生产、存货与工薪循环审计 ……115
　　第一节　生产、存货与工薪循环中的经营活动及相关的凭证记录 ……115
　　第二节　生产、存货与工薪循环的内部控制与控制测试 ……121
　　第三节　存货的实质性程序 ……129
　　第四节　应付职工薪酬的实质性程序 ……135

第六章　绩效审计质量控制方法 ·············· 138
第一节　绩效审计质量控制方法概述 ·············· 138
第二节　审计项目计划阶段的质量控制 ·············· 142
第三节　审计实施阶段的质量控制 ·············· 145
第四节　审计终结阶段的质量控制 ·············· 148
第五节　审计档案归档与后续跟踪质量控制 ·············· 151

第七章　"互联网+"背景下的审计方法 ·············· 155
第一节　传统审计方法 ·············· 155
第二节　审计信息化 ·············· 157
第三节　"互联网+"背景下的云审计 ·············· 161

第八章　"互联网+"背景下的审计风险研究 ·············· 167
第一节　审计风险概述 ·············· 167
第二节　数据风险绩效考核 ·············· 181
第三节　"互联网+"辅助审计风险及防控 ·············· 183

第九章　"互联网+"金融审计风险与审计信息系统构建 ·············· 187
第一节　"互联网+"金融审计技术与审计实施方法 ·············· 187
第二节　"互联网+"金融审计风险与审计模式分析 ·············· 193
第三节　"互联网+"金融审计信息系统构建思路 ·············· 197
第四节　"互联网+"金融审计信息系统框架设计 ·············· 199

参考文献 ·············· 207

第一章 内部财务审计基础知识

第一节 内部审计的发展历程

对于企业,外部审计是由企业以外的审计机构和人员进行的审计,包括政府审计和民间审计;内部审计则是由企业内部审计机构和人员对其内部各部门和管理成员进行的审计。一般认为,现代内部审计是基于验证和报告内部受托经济责任的需要以及企业自身经营管理的需要而产生并发展的。然而,现代内部审计有其历史渊源,这一渊源可以追溯到远古时代。内部审计自其产生至今,先后经历了古代内部审计、近代内部审计和现代内部审计三个阶段。

一、古代内部审计阶段

"内部审计可以追溯到受托经济责任在人类历史上产生的第一天。"据史料记载,大约公元前510年,古罗马的奴隶主建立了许多大庄园,雇佣了大批奴隶。一些大奴隶主为了坐享其成,往往将自己的庄园委托给精明能干的代理人去管理,于是在奴隶主与代理人之间产生了委托代理关系。为了解代理人的经营管理情况并促使其有效地履行职责,奴隶主通常委派亲信作为独立的第三者审查代理人,以确保其诚实地履行了受托经济责任。应该说,这些亲信并非真正意义上的专司审计的内部审计人员,他们除了"内部审计"以外,还要承担其他工作。进入中世纪,因财产所有权与经营管理权相分离而产生的受托经济责任更加明确,内部审计有了进一步发展,产生了寺院审计、行会审计、银行审计、庄园审计等多种内部审计形式,这一时期内部审计的主要标志是产生了专职内部审计人员。

二、近代内部审计阶段

从19世纪中叶开始,伴随着资本主义经济的发展、企业规模扩大、分支机构众多、经营地点分散、经营业务复杂、控制跨度增大等状况,企业内部单一受托经济责任逐渐向双重和多重受托经济责任发展。此时,日常管理职责的履行情况如何?各部门的经营活动是否合规合理？各分支机构的经营目标能否实现？管理者已不可能亲自搜集经营管理所需的信息，继续依靠会计师事务所一年一度的审计已无法满足企业管理的需要，而昂贵的审计费用等因素也使企业无法聘请注册会计师实施经常性审计。于是，管理者便从企业内部挑选专门人员对下属分支机构进行审查、验证和评价。这样，在企业内部就形成了一个相对独立的控制系统——内部审计机构。

三、现代内部审计的兴起

20世纪40年代，企业的内部结构和外部环境进一步复杂化，跨国公司迅速崛起，管理层次的分解比以往更加迅速，企业管理者对于降低成本、提高经济效益的要求也更加迫切。这种新的发展使企业管理层和外部审计人员对内部审计更加关注，并从各自的角度促进了内部审计的发展。1941年，美国北美公司内部审计主任约翰·瑟斯顿（John B.Thurston）等人发起成立了"内部审计师协会"，它是目前世界上唯一的致力于推动内部审计和内部审计人员发展的国际性组织，通常称为国际内部审计师协会（The institute of internalauditors，简称IIA）。该组织首次把内部审计职业引入社会职业领域，大大推动了内部审计的发展。同年，维克多·Z.布瑞克（Victor Z.Brink）出版了第一部内部审计理论专著《内部审计——性质、职能和程序方法》，从理论上和方法上建立了内部审计体系。该书的出版标志着内部审计学的诞生。这两件事被视为20世纪内部审计发展的里程碑，标志着内部审计进入新的发展阶段。

20世纪60年代以来，适应审计环境的变迁，内部审计正在向更高层次发展。主要表现在：

第一是内部审计部门拥有自己的章程，阐明内部审计的宗旨、使命、权力和职责。

第二是内部审计部门不再受外部审计的支配，而是作为一种独立的社会职业，与外部审计在各自的领域里为企业提供服务，但不排除与外部审计在平等合作、互相尊重的基础上建立广泛的联系。

第三是内部审计直接服务于最高管理当局或董事会，并通过审计帮助被审计单位或个人认真地履行其职责。

第四是内部审计工作形成了严密的管理体系，包括计划管理、质量管理和审计档案管理等。

第五是对内部审计人员的知识和技能要求更高，审计人员应具备分析、判断、写作等素质。

第六是内部审计人员参与内部控制的制定，通过审计检查内部控制的执行，评估控制风险，提出改进建议。

第七是在评估内部控制的基础上，实施系统导向审计和风险导向审计。

第八是制定科学的年度审计计划和项目审计方案，以便提高审计工作的效率，充分发挥内部审计的作用。

第九是广泛运用计算机技术,出现了电子数据处理审计和计算机辅助审计技术,大大提高了审计工作的效率和审计质量。

进入21世纪以来,内部审计的发展十分迅速。IIA向美国国会递交的一份《改善公司治理的建议》(IIA,s Recommendations for improving corporate governance)中特别指出,健全的治理结构应建立在董事会、执行管理层、外部审计和内部审计四个"基本主体"的协同之上。IIA研究基金会(IIARF)先后发布了《内部审计在公司治理和公司管理中的作用》《内部审计在公司治理中的职责:萨班斯法案的遵循》两份研究报告,并汇集威廉姆·金尼和安德鲁·贝利等多名学术界和实务界极负盛誉的学者编著了《内部审计思想》(Research Opportunities in Internal Auditing)。该书始终以"审计本质是一种控制"为主旨,考察了其基本治理活动,突出内部审计的确认和咨询两大职能,直面内部审计的独立性和客观性,强调内审人员的配备,并提出了内部审计值得关注和研究的诸多问题。

第二节 内部审计的定义与内涵

一、内部审计的定义

国际内部审计师协会(Institute of Internal Auditors,简称IIA)自1941年成立以来,先后七次发表了关于内部审计职能的定义,这些定义的修改和发展,记录了内部审计职能前进、变化的足迹,标志着内部审计随着外部环境、工作方式的不断变化,其职能定位也在不断调整、创新,以适应时代发展的需要。

内部审计的目标从过去的防错、查弊,提升到了促进企业价值增值。其职能在传统的监督检查之外,更多地体现了"咨询"角色、"服务"理念、促进组织目标实现的"战略"定位。理解这个定义,应该把握以下要点:第一是内部审计是由组织内部专职的机构或人员所从事的一种独立检查和评价活动。第二是内部审计工作是一种独立性的评价活动,是一种服务。第三是内部审计的范围是该组织的活动,未具体规定内部审计的范围,但在随后的实物具体标准和职责说明中规定了审计范围。包括:一是审查财务和经营资料的可靠程度和完整性以及鉴别、衡量、分类和报告这些资料的使用方法。二是审查用于保证遵守那些对经营和报告可能有重要影响的政策、计划、程序、法律和规定而建立的系统,并且应确定该组织是否遵守这一切。三是审查保护资产的方法,在必要时应核实资产是否真实存在。四是评价使用资源的经济性和有效性。第五,审查经营或项目以确保其成果与所确定的目标和目的相一致,并确定经营或项目是否按计划进行。第四是内部审计的目的是帮助该组织的领导成员全面、有效地履行赋予他们的经济责任。

总体来看,内部审计经过了从财务审计向经营审计、风险管理审计发展;从账表导向审计向风险导向审计发展;从事后审计向事前审计发展;从单一的监督职能逐渐向评价、控制、咨询等多职能方向发展的阶段。

二、内部审计的内涵

正确把握内部审计定义的前提是准确界定审计的本质,界定审计"本质"应该遵循以下原则:

(一)审计本质的自然属性

审计本质应揭示审计所固有的、内在的自然属性,应撇开审计的社会属性,撇开不同社会环境下不同类型审计所具有的特性。

(二)审计本质的参照系统

确定审计本质必须有一个充分广泛的参照系统,应充分考虑已经形成、正在形成,甚至将要形成的各种审计类型。

(三)审计本质的结构完善

确定审计本质应该有利于审计理论结构的完善,审计本质要有利于演绎推出审计理论结构中的其他要素或命题。从历史的角度分析,对审计本质的解释先后经历了四个阶段,即查账论、方法过程论、经济监督论和经济控制论。由于查账论和方法过程论分别侧重于审计的方法、手段和行为过程的描述,未触及审计的本质而逐渐被淘汰。目前,在理论界有广泛影响的是经济监督论和经济控制论。经济监督论认为审计的本质是经济监督,该观点是由我国审计理论界提出的,而且在理论界有广泛的影响,这一观点克服了以往对审计本质的解释侧重于对事物现象描述的缺点,开始接近审计的本质。该观点存在的问题是:

1. 特殊性

经济监督论并未揭示审计所固有的、内在的特殊性,它无法区分审计与其他经济监督,为了将审计与其他经济监督进行区分,有些学者将审计解释为综合性的经济监督或独立性的经济监督,然而综合性、独立性并非审计所独有,其他经济监督有时也具备。

2. 实践问题

经济监督论无法回答一些审计实践问题,如:国家审计发挥的宏观调控作用;内部审计侧重于完善企业管理、加强内部控制、提高经济效益的作用;民间审计对财务报告的公证作用以及管理咨询、会计服务等业务。

3. 全部职能

经济监督论无法涵盖审计的全部职能,通常人们认为审计具有经济监督、经济评价、经济鉴证的职能,而且随着人们对审计认识的深入,新的审计职能还会被发现。如果将审计的本质解释为经济监督,也就很难解释除经济监督以外的其他审计职能。

经济控制论认为审计本质是经济控制。审计在本质上是一种确保受托经济责任全面有效履行的特殊经济控制。相对于前三种观点,该观点更加准确地揭示了审计的本质。这主要体现在四个方面:

(1)审计解释为"控制"

将审计解释为"控制",可以涵盖除经济监督之外的其他审计职能。

(2)审计的对象

将审计的对象界定为受托经济责任,有利于解释审计产生和发展的动因,适用于各种类型的审计;同时,它又将审计与其他经济控制区别开来,因为其他经济控制的对象是控制主体所控制的经济行为活动本身。

(3)全面概述审计内容

"全面、有效"概括了审计内容,"全面"是指全面履行行为责任和报告责任,"有效"是指每一责任的履行符合要求。

(4)审计理论研究

该观点有利于在审计理论研究中引入控制论、信息论、系统论的科学原理,有利于完善审计理论结构。然而该观点有两点值得商榷:

第一"确保"两字混淆了审计责任与管理责任的界限,审计的独立性决定了审计不应该也不能够确保受托经济责任全面有效地履行。

第二控制具有纠偏的功能,审计同样具有纠偏的功能,审计的纠偏包括审计人的直接纠偏和间接纠偏,如国家审计机关通过审计处理权的执行实现直接纠偏。审计人员将审计差异反馈给审计委托人,通过委托人纠偏,此时审计委托人的纠偏是直接纠偏,审计人的纠偏是间接纠偏。无论是直接纠偏还是间接纠偏,审计控制主体均由审计人和审计委托人构成。认为问题出在审计人员的直接纠偏,它会影响审计人员的独立性,混淆审计责任与管理责任的界限,另外国家审计机关的直接纠偏也有违于审计属于间接控制的范畴。因此,审计人员的纠偏应该是间接纠偏。

综上所述,审计的本质是验证并报告受托经济责任全面有效履行的特殊经济控制。此处"验证并报告"反映了审计的过程,"特殊经济控制"是指审计控制由审计人和审计委托人组成共同控制主体,并且审计人的控制是间接控制。审计的对象是受托经济责任的全面有效履行情况。内部审计的本质是由企业内部设立的专门机构和人员对企业内部机构和人员受托经济责任的履行情况进行验证并报告的特殊经济控制。同样,内部审计的控制是间接控制,即内部审计机构或人员将审计差异反馈给审计委托人,通过委托人实现纠偏,内部审计组织和内部审计人员的纠偏是间接纠偏。

第三节　内部审计的独立性与职业审慎

内部审计概念是从审计实践中抽象出来的,是制定和评判审计准则的依据和衡量审计质量的尺度。在审计概念的概括抽象过程中要运用到演绎归纳推理的方法,演绎的起点是审计的目标和审计基本假设,演绎的结果要有利于建立审计准则的概念框架体系,对审计准则的制定具有指导作用。从审计实践中可以推出许多审计概念,但是,推论审计概念除了考虑审计实践外,还要考虑审计理论结构的完善、审计概念对制定审计准则的重要性等要素,依据上述原则,结合内部审计实践,内部审计基本概念应包括独立性、应有的审计关注、审计证据。

一、独立性

独立性指内部审计部门或首席审计官不偏不倚地履行职责,免受任何威胁其履职能力的情况影响。要达到有效履行内部审计部门职责所必需的独立程度,首席审计官需要直接且无限制地与高级管理层和董事会接触。这一要求可以通过建立双重报告关系来实现。独立性所面临的各种威胁必须在审计师个人、具体业务、职能部门和整个组织等不同层面上得到解决。首席审计官必须向组织内部能够确保内部审计部门履行职责的层级报告。首席审计官必须至少每年一次向董事会确认内部审计部门在组织中的独立性。内部审计师必须有公正、不偏不倚的态度,避免任何利益冲突。

内部审计的独立性是通过内部审计部门的组织状况和内部审计人员的客观性来实现的。

(一)内部审计的组织地位

一般来说,内部审计部门是企业的职能部门,内部审计部门的规模和地位适应企业的需要而设置或确立,是否设置内部审计部门、内部审计组织规模的大小、内部审计隶属于哪个部门等问题应由企业决定,不应由企业外部强加于企业,因为这与建立现代企业制度的要求是不相适应的。在80年代,我国国有企业的内部审计组织大多是作为政府审计的基础,为了满足政府审计机关审计的需要,由企业行政主管部门硬性规定设立的,这在人们缺乏对审计工作的认识和审计工作的作用还没有充分发挥的情况下,对内部审计的发展起了重大的推动作用。

国内外的内部审计实践表明,内部审计的组织地位和其作用的发挥是相辅相成的,内部审计组织地位的提高有赖于其在财务审计、合规审计、内部控制审计、经营审计等方面作用的发挥,有赖于内部审计组织所提供的有价值的服务。相反,内部审计组织地位的提高,会增强内部审计组织的独立性,同时为内部审计人员卓有成效地履行其职责,发挥内部审计的职能提供了条件。另外,还应该看到外在环境,尤其是法律环境、经济环境对内部审计组织的影响。

内部审计部门在组织关系上的独立性是内部审计人员保持客观公正的职业态度的前提,因此,内部审计部门的组织状况要使它能够圆满地完成它的审计职责。为此,内部审计组织地位的最低要求是独立或不隶属于企业中其他的职能部门,以保持内部审计人员在部门关系上与被审计的部门、单位及其相关业务活动相分离。内部审计部门组织地位的高低表现为内部审计报告的呈报对象,即接受审计报告的人要有足够的权威,能够保证对审计报告中的问题和建议给予合理、正确的分析判断,并及时采取改进措施。为此,内部审计人员必须取得高级管理层和董事会的支持,这样,他们才能得到被审计者的合作,并且不受干扰地开展工作。

(二)内部审计人员的客观性

客观性指不偏不倚的工作态度,内部审计师方可在开展业务时确信其工作成果,不做任何质量方面的妥协。客观性要求内部审计师对于审计事项的判断不得屈服于他人。客观性所面临的各种威胁必须在审计师个人、具体业务、职能部门和整个组织等不同层面上得到解决。

1.内部审计人员要做到客观性的注意事项

(1)精神上的独立性

审计人员在思想上、精神上保持独立,独立性是一种客观公正的能力和立场。(2)形式上的独立性

审计机构和审计人员在外在形式方面应独立于被审计单位之外,不参加其管理活动,与被审计单位及其主要负责人在经济上没有利害关系。

(3)审计过程的独立性

审计人员在审计计划的制定、审计计划的实施和审计报告的提出过程中保持独立。审计计划制定阶段,在选择审计技术、审计程序和确定其应用范围时不受控制和干扰;审计计划实施阶段,在选择应检查的范围、活动、人际关系和管理政策方面不受控制和干扰;提出审计报告阶段,在陈述经检查明确的事实,参照检查结果提出建议和意见时不受控制和干扰。

2.内部审计人员保持独立性的必备条件

内部审计部门在组织关系上的独立性是内部审计人员保持客观公正的职业态度的前提。独立的组织地位要求内部审计部门必须独立或不隶属于组织机构中其他的职能部门,以保持内部审计人员在部门关系上与被审计的部门、单位及其相关业务活动相分离;内部审计部门的负责人应该具有较深的资历和较高的位置,在组织中享有充分的权威,能够保证内部审计人员自由地、不受阻挠地实施广泛的审计业务,并有能力对审计报告的问题和建议给予审慎的实质性的考虑,及时采取纠正和改进行动。

内部审计的组织地位通常由审计报告究竟呈送给谁来决定。目前,内部审计界存在三种不同的主张。第一种,由高层管理部门直接领导。如由总经理领导,但同时还向组织中的审计委员会报告工作,重大事项也可向董事会反映。第二种,内部审计部门直属于董事会,也有的是直属于监事会,向其直接报告工作,同时还向审计委员会报告工作。第三种,内部审计部门在企业中是独立的专职机构,它从属于董事会常设的审计委员会,重大事项也可向董事会反映。

3.提高我国内部审计人员独立性的措施

(1)建立注册内部审计师协会

随着内部审计的发展,内部审计工作的重点内容必须转向内部控制制度审计和经济效益审计。内部审计必将成为一种新兴的职业,必然要走职业化的道路,建立行业协会,实现整个职业的自我管理也成为必然要求。

(2)制定内部

内部审计准则是内部审计工作的行为规范,是保证内部审计工作质量的重要依据。我国《内部审计准则》对影响内部审计人员独立性的因素做分析。一是内部审计人员的兼职。内部审计人员不能承办被审单位的经营管理实务,否则其独立性会受到损害。二是对内审人员工作的委派。与被审单位有直接牵连的内部审计人员,工作应采取回避态度。三是内部审计人员的保密。审计报告、审计结论和决定涉及被审查单位经济活动的各个方面,数据、资料有很大的保密性,不经领导批准,内审人员不准向外泄露或用于私人目的。

(3)加强内部审计的立法工作

国外有的国家规定,如果内审人员因工作不当出现失职行为,给本单位造成了损失,可根据公司法对其起诉。我国也可借鉴这方面的规定。

(4)对内部审计工作质量进行复查

对内部审计工作质量的复查应包括两个方面:一是内部审计部门的质量复核。二是内部审计组织外部的质量检查。

内部审计人员必须充分认识到,独立性是至关重要的,而对内审人员的独立性起根本作用的还是其内在的、实质上的独立性,但社会公众只能通过其外在的、形式上的独立性来推断其独立性的程度。我国及其他国家已颁布的审计准则和职业道德规范等,都是期望在这方面对审计人员有所帮助。但是这些规定的真正价值都完全有赖于其内在的独立性的保持。

二、应有的职业审慎

内部审计师必须具备并保持合理的审慎水平和胜任能力所要求的谨慎和技能。但是,应有的职业审慎并不意味着永不犯错。内部审计师必须考虑以下因素,履行其应有的职业审慎:一是为实现业务目标而需要开展工作的范围;二是所要确认事项的相对复杂性、重要性或严重性;三是治理、风险管理和控制过程的适当性和有效性;四是发生重大错误、舞弊或不合法的可能性;五是与潜在效益相对的确认成本。在履行应有的职业审慎时,内部审计师必须考虑利用技术的审计方法和其他数据分析技术。内部审计师必须警惕可能影响目标、运营或资源的重大风险。

应有的职业审慎是指内部审计人员在开展内部审计工作时应保持合理的审慎和能力。职业审慎要求审计人员做到以下几点:

(一)审计工作的合理程度

将检查和审核工作进行到一个合理的程度,它不要求对所有经济业务进行详细的审计,但要求内部审计人员在接受一项委托时,应考虑实质性的违章或不守法的可能性。

(二)审计人员的审慎性

内部审计人员应对下列事项保持审慎性:一是故意做错、差错和疏忽、效率低、浪费、无效的和利害冲突的可能性;二是最可能出现的不正当行为的情况和活动;三是不恰当的控制系统;四是评价现有的经营准则并确定这些准则是否可以被接受并得到遵守等。

(三)跟踪审计结果

当怀疑被审计单位有不正当行为时,必须通知企业内部适当的权力机构并进行必要的调查,此后,内部审计人员还应进行必要的跟踪审计。

(四)审计技巧和判断

使用适当的审计技巧和判断,如:审计程序、考虑内部控制系统的健全和有效性、审计效益成本。保持应有的审计关注意味着通过审计,审计人员可以发现应该发现的舞弊和差错;对于使用审计报告的人员来说,他们拥有一个衡量审计工作成果的标准和对审计人员的期望标准。

在执行审计业务过程中,为了有效地履行审计责任,审计人员应尽的审计关注主要包括:

1.对相关法律、法规的关注

内部审计人员应该对那些如果不被审计单位遵守就将影响会计资料的可靠性、就会出现重大错漏和舞弊、就会出现财产物资损失的法律、法规和制度予以充分关注。一旦发现其未被遵守,应当规划和实施必要的审计程序,评价并揭示不遵守所导致的结果。

2.对会计报表包含的其他信息的关注

如管理当局的经营报告、财务概述、财务比率、雇员资料、资本支出计划、有选择的季度资料等。其中,充分是指审计证据的数量要求;适当是指审计证据的质量要求,它包括相关和可靠两个子项。充分性又称足够性,是指审计人员收集到的审计证据在数量上应能满足形成审计意见的需要。判断审计证据是否充分,应予考虑的因素主要包括审计风险、具体审计项目的重要性、审计人员的执业能力、审计过程中有否发现舞弊和错误、审计证据的类型与取得途径、成本效益性、总体的规模与特征。审计证据的适当性是相对于其质量而言的,它包括相关性和可靠性。其中,审计证据的相关性要求审计证据与被审事项的审计目标相关联,审计证据要能够说明审计意见和结论。审计证据的可靠性是指审计证据要如实地反映客观事实,审计证据的可靠性受其来源、及时性、客观性的制约。

三、重要性原则

内部审计应遵循重要性原则,即依据企业自身的风险和控制的重要性确定审计重点,关注重点区域和重点业务。内部审计应以面临的战略风险和重大风险为导向,在两个层面上展开审计工作,即计划层面和执行层面。

(一)战略分析

战略分析,在战略层面了解被审计单位及其所处的市场和行业。

(二)企业风险识别

企业风险识别和评估是帮助企业识别关键风险并优化风险管理框架的一个过程。评估结果有助于内部审计计划的制定,并通过风险导向原则使内部审计人员集中关注高风险领域,从而提高工作效率。

(三)制定内部审计计划

制定内部审计计划,内部审计计划应基于风险导向原则而制定。

(四)执行内部审计计划

执行内部审计计划,了解业务流程,制定内部审计方案并开展审计工作。执行审计计划还包括了对控制活动的验证和测试,以及对发现问题的记录。

(五)执行内部审计计划

报告审计结果,指导在战略分析、了解业务流程以及执行内部审计等各阶段的报告工作,包括向审计委员会进行的报告,如年度报告和季度的更新情况报告。

第四节 内部审计的模式、作用与角色

内部审计是一种独立、客观的保证与咨询活动,旨在为组织增加价值和改善组织的运营。它通过应用系统化的方法,评价和改善风险管理、控制及治理过程的效果,

帮助组织实现其目标。根据内部审计的定义,内部审计职能在传统的监督检查之外,更多地体现了"咨询"角色、"服务"理念,促进组织目标实现的"战略"定位,拓展了内部审计作为董事会和高管层的"谋士"角色。

一、内部审计模式的转变

(一)传统国营内部审计模式

在该模式下,内部审计是政府审计机关权力的延伸,存在于各政府机关、国有企业及非营利机构内,目的是协助政府进行监管,确保资产及资源运用恰当,向国家及组织领导人提交遵循审计的工作结果及分析,协助政府惩罚违规的机关负责人。在该模式下,内部审计多被定位为稽核。

稽核,稽是考察、稽查;核是审核、核实、核查,合成解释为稽查成数而审核其实在。简言之,稽核是稽查和审核的简称,稽核关注对经济活动和内部控制的监督检查。稽核在英文中意为检查、核对、调查的意思。稽核的功能定位:查阅被稽核单位的各种凭证、账簿和报表等资料;检查被稽核单位的业务库现金、金银、外币、有价证券和代理发行库的发行基金,必要时可先封后查;参加被稽核单位的有关会议,查阅有关文件;提出制止、纠正和处理被稽核单位不正当业务活动的意见。由此可见,稽核的角色主要是企业的警察、卫士或保安的角色,履行的是传统的查错纠弊、查阅和核对文件、事后监督检查的职能。

(二)传统西方内部审计模式

在该模式下,内部审计是评价企业财务机制的活动,目的是协助企业的管理层维持有效的财务机制,并向管理层提供财务机制审计的分析、评价及建议等资料,协助企业确保财务机制健全。

(三)现代企业内部审计模式

在该模式下,内部审计是提供独立和客观的审计及顾问服务,目的是协助企业增值及改善营运的效率及效益,是向审计委员会提供营运审计的分析、评价及建议等资料,协助企业有效地管理风险及维持公司治理机制。在该模式下,内部审计被重新定义为:是一项独立、客观的咨询活动,用于改善机构的运作并增加其价值。内部审计通过引入一种系统的、有条理的方法去评价和改善风险管理、控制公司治理流程的有效性,以帮助机构实现其目标。

二、内部审计的作用

(一)三道防线作用

"三道防线"的概念最早应用在医学方面"人体免疫的三道防线"。后"三道防线"

的概念后来被广泛运用,特别是用于企业"风险管理的三道防线"。

第一道防线是业务操作部门,是风险所有者和责任人,负责识别、评估、控制、缓释和报告在业务开展过程中遇到的风险。

第二道防线由风险管理职能、合规职能及其他监控职能构成,负责协调并监控业务操作部门有效实施风险管理实务。风险管理职能协助一道防线定义风险敞口并形成各级风险报告。合规职能负责监控银行对法律、法规和标准的违规情况。这些职能同时也是控制职能,确保与风险承担相关的政策和程序被切实履行。

第三道防线是内部审计职能,运用风险导向方法评估银行内部控制设计和运行的效率性和效果性,定期向高级管理层和董事会提供合理保证。内审职能对风险管理、合规及其他监控职能的工作进行定期评估。

(二)反舞弊的作用

运行良好的内部审计职能可以有效地防范和发现舞弊行为,监控并改进银行运营和资源使用的效率和效果,内部审计就舞弊风险管理流程的充分性和适当性以及运行有效性向董事会提供合理保证。

1. 舞弊控制环境建设

内审负责人作为员工守则制定小组的成员,对员工道德行为、反舞弊意识等企业文化建设事项提供咨询建议,对企业高级管理人员管理舞弊风险的能力进行定期评估,了解高管层的反舞弊的理念和基调。

推进各级人员的反舞弊意识,定期对员工开展道德培训,包括对银行政策和程序的遵循、浪费、腐败以及不当管理行为的识别和警惕等。内部审计章程中应明确规定内部审计在舞弊风险管理中的职责。

2. 舞弊风险识别和评估

内部审计可对舞弊风险评估流程的有效性进行测试和评价,内部审计在制定审计计划时应考虑银行对舞弊风险的评估结果。与开展舞弊风险评估的人员进行定期沟通和访谈,确保相关舞弊风险得到了恰当的考虑和处理。

内部审计可以定期审阅业务部门风险识别结果的全面性和充分性,特别是对于管理层凌驾控制的风险识别。

3. 舞弊风险应对措施

内部审计可代表审计委员会对企业员工,特别是高管人员招聘的背景调查流程执行穿行测试和评价。对举报流程和企业热线的设置情况进行穿行测试和评价,协助审计委员会了解这一流程,对舞弊控制活动的运行有效性进行测试和评价。

4. 舞弊信息沟通

监督和评价员工沟通渠道的有效性,例如员工调查工作是否定期执行,员工调查内容是否包含反舞弊意识、舞弊风险识别和举报的相关内容等。对举报热线或相关内外部信息沟通途径进行监控,确保其有效运行。就舞弊事件的识别和调查情况与审计委员会进行及时沟通。

5.舞弊调查和监控

对内外部举报热线接收的问题处理情况进行监控和跟进,有效改进举报流程的透明度。对参与舞弊检查人员的资格、技能和独立性进行评估,发起或配合相关各方开展舞弊调查,分析舞弊产生的根本原因,提出潜在改进建议,内审负责人应对内审人员开展舞弊调查培训,使内部审计人员了解、熟悉相关的舞弊迹象特征。

三、内部审计的角色

内部审计应是结合风险管理、公司治理和内部控制评价为一体的综合审计。它应关注公司治理框架中风险发现与风险管理,关注管理者及其经营管理行为可能出现的风险,关注组织在整个治理过程中的决策风险和经营风险。通过对风险管理、内部控制、公司治理三大领域的风险识别、评估,来发挥其确认和咨询职能,从而实现其完善公司治理,创造价值的目标。内部审计在风险管理中的再认识是立足于辩证法原理,具体分析内部审计对风险管理发展的促动作用及内部审计在风险管理的不同阶段发挥的不同作用,来实现内部审计价值增值的目的。

(一)内部审计对全面风险管理的促动作用

一方面,公司治理不完善是导致风险的主要原因,而内部审计作为治理结构的组成部分,其工作恰好能够帮助建立透明、有效的治理,推广董事会风险管理文化,根据风险管理战略的变化,调整对管理层风险管理的评价重点,提出改进建议。所以改善风险管理也就自然成为内部审计的工作属性。

另外,风险在商业银行内部具有感染性、传递性、不对称性等特征,所以对风险的认识、防范和控制需要从全局考虑,但各业务部很难做到这一点,而内部审计不从事具体业务活动,独立于业务管理部门,这使得它与生俱来地可以从全局出发、以客观的角度对风险进行识别,及时建议管理部门采取措施、控制风险。而且内部审计部门和内部审计人员在风险管理方面拥有外部审计无可比拟的优势,内部审计对整个行业及自身面临的风险更了解,对防范风险、实现目标有着更强烈的责任感、义务感,还具有连续性、实效性强的服务特征。尤其是在兴盛或业绩增长受到抑制时都能与利益相一致,保护资产。

(二)内部审计在风险管理的不同阶段发挥的不同作用

内部审计在全面风险管理框架中发挥着重要的作用,由于风险管理框架涉及的范围广泛,所以内部审计需要在不同阶段、不同环境下变化角色定位,为全面风险管理建设服务,这不仅需要发挥内部审计的检查、评价的作用,还需要进一步发挥风险管理的推动者、参谋者等作用。

1. 内部审计六种角色的划分

第一布道者：由于各层次的管理者并不十分熟悉风险管理，而首席审计官（CAO）及其团队可以通过长期的职业培训来帮助他们了解全面风险管理框架，并从谨慎的角度，将该框架的各个要素向各层次的管理者和董事进行介绍。

第二推动者：实施风险管理需要高质量的风险评估。内部审计能够进行高质量的风险评估，制订风险应对，因此扮演着推动者的角色。同时，在协助将风险评估转化为风险应对的过程中，起到积极的推动作用。

第三联系者：因为风险管理在"促成框架"过程中需要在各个部门采用共同语言，内部审计就能发挥增值的协调作用，确保这些"促成框架"在银行得到一致的运用，同时，CAO也可能成为共同语言的提议者，成为各部门沟通的桥梁。

第四整合者：内部审计的独立地位，可以帮助其在企业范围内收集、分析和综合各个渠道的数据和信息，并且可以报告整个银行范围内的风险审计结果，为董事会提出有效的风险管理改进建议。

第五评价者：内部审计可以用全面风险管理框架的八部分来评估风险管理，评估的对象可以是整个银行，也可以是分支行或控股子公司。为风险管理流程提供保障，评估和检查关键风险的管理工作是否全面，是否覆盖了所有的不确定性。

第六咨询者：内部审计可以利用其对风险管理方面的经验，为管理层在制订风险管理政策、风险识别程序时提供咨询服务，这种咨询服务，可以更好地帮助管理层在风险和收益方面达成符合银行长远利益的平衡。

2. 六种角色形成的闭循环

上文所提及的六种内部审计角色在风险管理的不同阶段可以进行角色转换，或者由一种转变成另一种角色，或者六种角色同时出现，或者一种角色作用突出，其他角色作用相对较弱，但是也在发挥着作用。如在缺乏风险管理程序的情况下，内部审计可以向管理层提出建立企业风险管理的建议，这时候主要发挥布道者的作用，以说服董事会推动风险管理文化的树立和体制框架的建设；在实施风险管理的初期，内部审计更多地体现协调者和推动者的作用，甚至直接担任总协调人，通过协调各部门，可以大大推动风险管理建设的周期；而在风险管理基本框架构建完成阶段，内部审计则突出整合者的作用，在此阶段，内部审计还可以发挥咨询者和评价者的作用，对经营部门的技术疑问进行解释，对风险管理框架的完整性进行评价；而当风险管理逐步成熟、运作稳定以后，内部审计作为主要评价者，对风险管理进行压力测试或情景测试，以评价运行的效果及效率，并对照其进行完善，这对风险管理又起到推动者的作用。但因为环境的不停变化，使风险管理永远处于动态平衡中，企业的风险管理文化和策略也需要不断调整，这时就又需要内部审计再发挥布道者的作用，推动风险管理不断地更新。这样周而复始，形成一个闭循环，通过内部审计与对象间具有的高整合性,使其在监督、评价风险管理有效性、帮助改进风险管理的六种角色的不同转换中,体现内部审计的张力,而这种张力就是一种反促动力。而且,内部审计可以根据风险评估结果来安排审计工作,使风险管理与内部审计始终协调一致。

此外,内部审计的报告关系也会影响其在风险管理中的角色,报告关系层次越高,独立性越强,内部审计就越能够从全局和战略高度参与风险管理;反之,则只从局部和流程角度参与风险管理,同时,内部审计为了更好地实现角色要求,需要运用现代审计方法,不断改进对企业的内控与流程的评价手段。内部审计应成为企业在治理结构和内部控制环境方面的业务顾问和控制专家,帮助提高风险管理决策的有效性,实现资产的保值与增值。

第二章　内部控制与内部审计

第一节　内部控制的重要性与局限性

内部控制是现代组织管理架构的重要组成部分,是一个组织持续发展的机制与过程保证。本节将对内部控制的重要性与局限性进行阐述。

一、内部控制的重要性

现代组织理论和管理实践表明,组织的一切管理工作都要从建立与健全内部控制制度开始。组织的一切活动都无法游离于内部控制之外。"得控则强,失控则弱,无控则乱",内部控制的重要作用主要体现在以下方面。

(一)内部控制有助于防止组织失败

在以顾客、竞争、变化为特征的新时代,公司管理层每天都面临着许多挑战,包括风险、机遇、竞争等。在如此激烈竞争的时代中生存与发展,仅靠组织好企业内部的生产经营已远远不够了。对风险的把握与应对,以及高效的企业战略管理显得尤为重要。今天的企业已经进入了战略竞争的年代,企业之间的竞争,在相当程度上表现为战略思维、战略定位的竞争。那么,如何在经营过程中,协助主体制定正确的战略目标,识别、评估和控制风险,保证战略得到切实实施或及时调整,都离不开内部控制。因为有效的内部控制系统应当能够根据内外环境的变化分析企业可能面临的风险,协助主体制定动态的战略目标,力求将风险控制在企业可接受的范围之内。同时,可以从整个企业的高度控制战略目标的全面执行,实施从顾客、供应商、竞争者到内部员工的全面的风险控制,合理保证企业向着公司董事会与管理层所制定的战略目标前行。

因为内部控制不当出现战略失误致使企业失败或巨亏的众多案例为我们敲响了警钟。

前车之鉴,后事之师,如何利用好企业的内部控制系统,分析企业发展所面临的内外部风险,选择适合企业的战略、赢利模式、控制模式和企业文化,从容而稳健地经营企业,应对市场挑战,是每一个企业家应当认真思考的。

(二)内部控制有助于保护组织资源的安全完整

保护组织资源的安全完整是内部控制的基本任务。资源既包括有形资产,也包括人力、信息、信用、商誉等无形资产。资源的安全完整是组织正常运作及报告信息真实、可靠的基础,它实际上是一个过程控制的结果,内部控制在其中发挥了重要作用。

具体的控制方法包括:一是财产保护控制,通过限制接触和处置、财产记录、实物保管、定期盘点、账实核对、财产保险等确保各种有形财产的安全完整;二是信息系统控制,通过对计算机信息系统开发与维护、访问与变更、数据输入与输出、文件储存和保管、网络安全等方面的控制,保证信息资源安全;三是绩效考评控制,通过设置科学的绩效考评指标体系,对照预算指标、盈利水平、投资回报率、安全生产目标等方面的业绩指标对各部门和员工当期业绩进行考核和评价,予以合理、公平的奖惩,以留住员工,保护宝贵的人力资源。

(三)内部控制有助于提供高质量的报告信息

众所周知,在信息化时代,信息足以决定一个企业的兴衰存亡。首先,高质量的报告信息将为管理当局提供准确而完整的信息,用以支持管理当局的决策和对主体活动及业绩的监控。同时,高质量的对外报告和披露有助于企业的外部投资者、债权人等利益相关者以及监管当局作出正确的决策。有效的内部控制系统通过职务分离、岗位轮换、内部审计等控制方法及手段对企业信息的记录和报告过程进行全面持续的监控,及时发现和纠正各种错误与舞弊,保证企业信息能够真实完整地反映企业经营活动的实际情况。

(四)内部控制有助于实现组织的合规运营

内部控制作为内部监控系统,一直将合规性列为基本目标之一。它通过对企业的一切部门与环节进行有效的监督和控制,及时制止和纠正偏离法律法规的行为,保证企业经营活动服从政策、程序、规则和法律法规,并有利于国家政策法规及部门监管要求在企业内部的实施。良好有效的内部控制体系对于实现组织的合规运营关系重大。

二、内部控制的局限性

有效的内部控制系统对于组织实现其既定目标具有重要意义,然而,内部控制并非"万能药",它不可能医治一个组织所有的疾病,尤其是潜在隐患。看似"天衣无缝"的内部控制制度有时可能会像一张薄纸而被轻而易举地攻破。这是为什么呢?这涉及对内部控制局限性的理解。

（一）成本限制

内部控制要受到成本的限制，需要人力、物力、财力的大力投入。虽然在内部控制的过程中，减少了风险的发生，提高了沟通效率，节省了交易成本和谈判成本，企业的总成本曲线是下降的趋势。但是随着对内部控制的人力、物力、财力投入的增加，对风险点的测试评价，有可能带来企业整体效率的降低，所以企业也有内控成本，随着内部控制体系越来越健全，越来越复杂，内部控制的成本就会越来越高。

企业的成本总体来讲是下降的，但是随着内控成本的上升，在上升和下降的反向作用过程中，找出一个均衡点，就是总成本曲线。很多小的企业不愿意做内部控制，因为管理者对企业的整个业务过程很熟悉，认为没有必要做内部控制，没有必要养那几个闲人，不需要花这个成本。

企业一定要非常清楚地知道，做内部控制是需要成本的，通过这种成本的支出可以减少更多成本和风险的发生。在内部控制设计的时候就要考虑到成本，这样设计的幅度、广度、深度和复杂的程度就会实事求是，直到降低到与成本对应的均衡点上。例如，在"应收账款"的问题上对客户信用进行调查，企业仅对客户进行了跟踪和了解，如果要对客户进行科学的调查，采取规范的控制，就需要跟当地工商部门取得联系，和这个企业的开户银行取得联系，以及跟企业所有的债权人取得联系。这些工作需要花费很多的人力、物力，很多企业衡量这个问题的时候就觉得没必要去花费一大笔钱做这种事情，这就是成本限制的问题。但需要注意的是，有时往往因为企业放弃了对债权人的信用调查，结果反而给企业带来了巨大的经营风险。

（二）人为错误

企业内部控制有时出现问题是因为人为的错误。每个人对制度的理解是不一样的，一个人犯了错误之后，对制度会产生连锁反应。制度都是由人制定和执行的，人在制定、执行这套制度的时候，很受眼界、水平和能力的限制。例如对客户进行信用调查，但很少有人考虑到保险公司。如果在企业内部引入保险公司，就可以对风险进行更为规范和科学的防范和控制。再比如，明明是不符合规定的费用支出单据，但领导签字之后财务不敢不报，尽管财务部的业务制度非常健全，但是无法阻止人为的错误。

（三）串通

本来在企业里面各部门都有很明确的分工，财务该干什么，销售该干什么，采购该干什么，仓储保管该干什么，都有规范的制度规定。尽管这样，如果部门之间串通起来，打着遵循制度的幌子，做违反规矩的勾当，这比没有制度更可怕，给企业带来的危害更大。所以企业要防范这种串通舞弊，加强会计和出纳以及部门之间的牵制意识。

(四)滥用职权

老板和领导滥用职权,作为企业的总经理,要正确看待手中的权力,不要越权,否则就是对制度的践踏。践踏制度对企业的影响是非常大的,所谓上行下效,一旦滥用职权的氛围在企业中形成,就会损坏规章制度的严肃性和权威性,受到大家的质疑。所以,企业在内部控制过程当中,要严禁滥用职权,把管理者的权利进行分解和牵制。

(五)修订不及时

如果企业内部控制制度的修订不及时,没有跟上环境的变化,会对整个企业有很大的影响。制度要跟上环境的变化,及时做出修订改正。如果制度不更新改进,就达不到预期的效果。而财务部门作为企业内部控制的关键部门,更要管好自己的业务,做到与时俱进。

(六)非经常事项的不适用性

企业内部控制的时候要对非经常性事项进行分析。因为不是经常发生的业务,企业很有可能疏于管理和控制,问题一旦发生就会带来一种恶果。所以企业需要针对不经常发生的事项做好应急措施。但是这样做的另一个结果是大量地增大成本和演练费用的支出。因此,企业要在效益和成本支出两方面进行权衡,对这种不适用的事项做好相应的处理工作。

三、内部控制中存在的不足

(一)企业组织结构混乱

从目前组织架构实践来看,大部分企业存在一人多岗、一岗多人的情况。很多时候如果一个人负责的部门和内容较多则无法面面俱到的完成工作,也无法实现部门与部门之间的良好沟通和协调;当一个岗位多人负责的时候就会出现人力资源浪费、尸位素餐的情况发生。可见,我国企业组织结构存在岗位划分不清晰、结构混乱的情况,导致各项工作的推进难度较大,企业凝聚力和向心力较差。组织结构问题是阻碍企业会计内控进度的重要因素,需要构建科学合理、清晰的组织架构。

(二)企业内控意识薄弱

由于企业会计工作不会造成较为明显的经济收益,其作用体现在企业长久的管理和经营中,很多企业领导层不重视会计工作,对各项收支情况的记录存在忽视情况,认为这些宏观上的收支不影响企业未来发展的大方向,自然对会计内控也不重视。由此可见,我国企业领导层的会计内控意识普遍较为薄弱,很少认识到内控对降低企业生产成本、优化企业生产经营活动的积极作用。长此以往,企业无法形成科学合理的内控管理制度,各项生产经营活动监督和评估力度不足,容易造成大量资源和资金的浪费,不利于企业资源的合理配置,影响其未来发展。

(三)企业内控机制不健全

虽然很多企业领导层认识到了会计内控的重要性,但在具体制度构建中缺乏合理性和规范性,导致实际的内控工作仍然处于发展受限阶段,整个企业的内控制度处于形式化、理想化阶段。内控机制是企业会计内控得以实施的制度保障,很多企业的内控机制不健全,印章发票于一人操作、出纳和会计也往往由同一人担任,监督制度安全处于摆设阶段。由于会计内控缺乏合理的规章制度和规范,各部门的具体工作内容无法得到有效落实,一旦在会计信息管理环节中出现问题则会出现相互推诿责任的情况。

(四)内部审计效果薄弱

审计环节是企业会计内控的关键环节,影响着最终的内部监督和评估情况,从而影响着整个管理层的科学民主决策。从目前的内控实践来看,大部分企业缺乏独立的审计部门,大部分审计工作由总经理进行负责和完成,违背了内部控制的原则和理念,削弱了审计在整个内控环节内的重要地位,使整个内部管理缺乏权威性,无法让各个部门的职工信服,从而影响了企业整体的凝聚力和团结力。即使有些企业设置了审计部门,也将其归属于财务管理内容,没有正确认识审计在内部监督和管理中的意义,审计环节没有发挥出其应有的效果。

四、内部控制中存在不足的解决对策

(一)提升认识程度

为了推动会计内控的实施进展,首先应在思想层面作出改变。对于企业领导层来说,内控意识和思维的构建至关重要,不仅影响着对企业未来的规划,还影响企业在激烈市场竞争中的地位。企业领导层应积极主动顺应时代发展潮流,纠正传统会计管理观念,将内控管理作为企业自我约束、自我发展的有力武器,在发展规划中重点突出会计内控,根据企业发展实际情况制定科学合理的内控发展规划方案,通过健全组织结构、转变工作态度和方法等形式落实内控管理。此外,会计内控人员也应充分认识到工作内容对整个企业未来发展的重要意义,按照制度规范做好本职工作。

(二)完善体系构建

内部控制体系属于企业经营管理中的一个分支,若想充分发挥内控的积极影响,仅仅靠思想上的转变是远远不够的,需要从内控控制制度出发从根本上推动管理结构体系的优化,从而为具体的内控工作提供制度和体系保障。首先,需要建立明晰的岗位职责制度,明确各部门的工作内容和职责,设立独立的内控部门,形成不同部门间的相互制约、相互管理和相互监督。其次,应该合理分配企业权力,使得企业每个部门都能做到自我管理和自我约束,从部门出发降低每个部门的财务风险,从而从整体上降低整个内部的财务风险,形成良好的内控体系。

(三)强化控制手段

随着现代媒介技术的发展,大数据技术和人工智能技术被广泛应用于各行各业中。会计工作由于涉及大量的财会资料和数据,如若采取传统人工管理的方式将会大大降低工作效率,其数据的准确性和完整性也无法得到保证,影响了内控工作的准确性和针对性。为此,企业应善于应用现代化的控制手段进行管理,比如引进先进的财务管理软件专门对内控数据进行分析,提升内控结果的科学性,从而为后续工作内容提供更具针对性的指引。同时,要注意对企业内部信息安全性的保护,购入安全性极高的保护软件保护企业隐私,防止不法分子趁虚而入。

(四)重视团队培训

内控人员是整个内控工作的核心支柱,其专业能力和素养影响着内控水平和效果。为了提升企业内控品质,应注重对内控人员的专业培养。为此,企业可以定期开展内控技能培训会议,邀请行业内的专业对工作人员进行知识讲解和技术指导,不断拓展工作人员的眼界和工作能力,实现其数据收集、分析和整理能力有效提升,满足现代化内控工作的需求。此外,内控人员应具备自主学习意识,积极主动利用网络学习资源增长见识,养成良好的学习习惯,为企业内控工作贡献出力量。同时,企业领导层应引导工作人员进行良好的沟通和交流,形成良好的企业文化环境。

内控是企业自我监督、自我约束、自我管理的重要体现,通过完善会计资料信息、加强各经济环节管理等方式严格把控涉及支出和收益的经营项目,严防会计信息收录过程中的疏漏,最大限度降低生产经营成本,严防偷税漏税现象。企业可以从提升认知程度、完善体系构建、强化控制手段、重视团队培训这四个方面出发,不断提升企业资金的利用效率,从而增强自身市场竞争力。

第二节 内部控制审计

内部控制审计是指内部审计机构对组织内部控制设计和运行的有效性进行的审查和评价活动。内部控制审计是通过对被审计单位的内控制度的审查、分析测试、评价,确定其可信程度,从而对内部控制是否有效作出鉴定的一种现代审计方法。内部控制审计就是确认、评价企业内部控制有效性的过程,包括确认和评价企业控制设计和控制运行缺陷和缺陷等级,分析缺陷形成原因,提出改进内部控制建议。

一、内部控制审计的一般原则

董事会及管理层的责任是建立、健全内部控制并使之有效运行。内部审计的责任是对内部控制设计和运行的有效性进行审查和评价,出具客观、公正的审计报告,促进组织改善内部控制及风险管理。内部控制审计有以下几点原则：

第一是内部控制审计应当以风险评估为基础,根据风险发生的可能性和对组织单个或者整体控制目标造成的影响程度,确定审计的范围和重点。

第二是内部审计人员应当关注串通舞弊、滥用职权、环境变化和成本效益等内部控制的局限性。

第三是内部控制审计应当在对内部控制全面评价的基础上,关注重要业务单位、重大业务事项和高风险领域的内部控制。

第四是内部控制审计应当真实、客观地揭示经营管理的风险状况,如实反映内部控制设计和运行的情况。

二、内部控制审计的范围

内部控制审计按其范围划分,分为全面内部控制审计和专项内部控制审计。全面内部控制审计是针对组织所有业务活动的内部控制,包括内部环境、风险评估、控制活动、信息与沟通、内部监督五个要素所进行的全面审计。专项内部控制审计是针对组织内部控制的某个要素、某项业务活动或者业务活动某些环节的内部控制所进行的审计。

三、内部控制审计的内容

内部审计机构可以参考《企业内部控制基本规范》及配套指引的相关规定,根据组织的实际情况和需要,通过审查内部环境、风险评估、控制活动、信息与沟通、内部监督等要素,对组织层面内部控制的设计与运行情况进行审查和评价。

（一）内部审计人员开展内部环境要素审计

应当以《企业内部控制基本规范》和各项应用指引中有关内部环境要素的规定为依据,关注组织架构、发展战略、人力资源、组织文化、社会责任等,结合本组织的内部控制,对内部环境进行审查和评价。

（二）内部审计人员开展风险评估要素审计

应当以《企业内部控制基本规范》有关风险评估的要求,以及各项应用指引中所列主要风险为依据,结合本组织的内部控制,对日常经营管理过程中的风险识别、风险分析、应对策略等进行审查和评价。

（三）内部审计人员开展控制活动要素审计

应当以《企业内部控制基本规范》和各项应用指引中关于控制活动的规定为依据,结合本组织的内部控制,对相关控制活动的设计和运行情况进行审查和评价。

(四)内部审计人员开展信息与沟通要素审计

应当以《企业内部控制基本规范》和各项应用指引中有关内部信息传递、财务报告、信息系统等规定为依据,结合本组织的内部控制,对信息收集处理和传递的及时性、反舞弊机制的健全性、财务报告的真实性、信息系统的安全性,以及利用信息系统实施内部控制的有效性进行审查和评价。

(五)内部审计人员开展内部监督要素审计

应当以《企业内部控制基本规范》有关内部监督的要求,以及各项应用指引中有关日常管控的规定为依据,结合本组织的内部控制,对内部监督机制的有效性进行审查和评价,重点关注监事会、审计委员会、内部审计机构等是否在内部控制设计和运行中有效发挥监督作用。

(六)内部审计人员管理需求和业务活动的特点

可以针对采购业务、资产管理、销售业务、研究与开发、工程项目、担保业务、业务外包、财务报告、全面预算、合同管理、信息系统等,对业务层面内部控制的设计和运行情况进行审查和评价。

四、内部控制审计的程序与认定

(一)内部控制审计程序包括

内部控制审计程序包括:编制项目审计方案;组成审计组;实施现场审查;认定控制缺陷;汇总审计结果;编制审计报告。

内部审计人员在实施现场审查之前,可以要求被审计单位提交最近一次的内部控制自我评估报告。内部审计人员应当结合内部控制自我评估报告确定审计内容及重点,实施内部控制审计。

内部审计机构可以适当吸收组织内部相关机构熟悉情况的业务人员参加内部控制审计。

内部审计人员应当综合运用访谈、问卷调查、专题讨论、穿行测试、实地查验、抽样和比较分析等方法,充分收集组织内部控制设计和运行是否有效的证据。

内部审计人员编制审计工作底稿应当详细记录实施内部控制审计的内容,包括审查和评价的要素、主要风险点、采取的控制措施、有关证据资料,以及内部控制缺陷认定结果等。

(二)内部控制缺陷的认定

内部控制缺陷包括设计缺陷和运行缺陷。内部审计人员应当根据内部控制审计结果,结合相关管理层的自我评估,综合分析后提出内部控制缺陷认定意见,按照规定的权限和程序进行审核后予以认定。内部审计人员应当根据获取的证据对内部控制缺陷进行初步认定,并按照其性质和影响程度分为重大缺陷、重要缺陷和一般缺陷。

重大缺陷是指一个或者多个控制缺陷的组合,可能导致组织严重偏离控制目标。重要缺陷是指一个或者多个控制缺陷的组合,其严重程度和经济后果低于重大缺陷,但仍有可能导致组织偏离控制目标。一般缺陷是指除重大缺陷、重要缺陷之外的其他缺陷。

重大缺陷、重要缺陷和一般缺陷的认定标准,由内部审计机构根据上述要求,结合本组织具体情况确定。

内部审计人员应当编制内部控制缺陷认定汇总表,对内部控制缺陷及其成因、表现形式和影响程度进行综合分析和全面复核,提出认定意见,并以适当的形式向组织适当管理层报告。重大缺陷应当及时向组织董事会或者最高管理层报告。

五、内部控制审计报告

内部控制审计报告的内容,应当包括审计目标、依据、范围、程序与方法、内部控制缺陷认定及整改情况,以及内部控制设计和运行有效性的审计结论、意见、建议等相关内容。

内部审计机构应当向组织适当管理层报告内部控制审计结果。一般情况下,全面内部控制审计报告应当报送组织董事会或者最高管理层。包含有重大缺陷认定的专项内部控制审计报告在报送组织适当管理层的同时,也应当报送董事会或者最高管理层。

六、内部审计对内部控制的作用

(一)所发挥的作用

在现代企业组织结构中,内部审计机构是具有相对独立性、层次较高的自我监督约束机构,可以直接在高级管理层或董事会的授权或委派下实施内部审计监控。由于内部审计作为企业内部控制环境中一个特殊组成要素,具有自我完善内部控制的重要功能,因此,内部审计人员可以经常凭借其优势,围绕企业内部控制设计的健全性及其执行的有效性独立开展审查和评价,针对其中的主要问题和缺陷,向最高管理者提出具有建设性的改进措施和建议,从而促使企业不断改进和完善内部控制。

内部审计是对各个组织机构具有监测功能之信息的质量和完整性进行独立评价的过程。该过程一般是通过下列方式实施的:检查每项信息本身是否前后一致;检查各项信息之间是否相互一致;不规律地测试信息流。如果内部审计师发现信息不可靠,他不仅应当指出这一点,而且还应当提出改进意见。由此可见,企业内部审计是企业内部会计控制的一个重要组成部分,旨在通过对企业内部控制和各职能部门所

第二章 内部控制与内部审计

从事的业务行为进行独立评审,写出检查报告,针对各项经营业务提出改进其内部控制的建议,并应对违反内部控制的部门和人员提出处理意见。

(二)优势和劣势

内部审计在进行内部会计控制评价过程中,具有以下方面的优势:

1. 评价具有全面性

内部审计作为企业的一个职能部门,起着监督、评价和促进企业经营管理活动的重要作用。正是由于它具有这种先天条件,所以内部审计可以全面评价企业内部控制。例如,只要符合成本效益原则,内部审计人员对于每项内部控制都可以运用"穿行测试"手段去进行检查。

2. 评价具有反复性

与外部审计评审不同,内部审计对企业有关内部控制程序的评审并不仅此一次,而是一个不断反复的过程。由于内部审计仅服务于本企业,因此在多项内审业务中,可以针对同一项内部控制程序进行多次的检查,在降低内部审计检查风险的同时,可以促进内部控制有效执行。同时通过将本期控制情况与前期控制情况进行对比,可以从中发现企业经营管理变化的趋势。

3. 评价具有主动性

内部审计不仅以财务报告作为评审对象,而且还以内部会计控制本身作为其评审对象,即评审内部会计控制并不是以减少审计工作量、降低审计风险为目标,而是以确定内部会计控制的健全性、有效性为目标。在评审过程中,内部审计可以主动去寻找内部会计控制中的薄弱环节,提出检查报告及改进建议,以促进内部会计控制的健全有效。

内部审计进行内部控制评价还存在以下方面的缺陷:

(1)独立性受制于内部审计在企业中的地位

内部审计作为一个职能部门在企业中的地位越高,进行内部控制评审时的相对独立性越强;反之,则相对独立性越弱。毫无疑问,内部审计的独立性对于其内部控制评审的有效程度是至关重要的。

(2)其客观性受制于内部审计及与内部控制的关系

内部审计本身就是企业内部控制的一个组成部分,由内部审计人员对内部控制进行评审,并提出改进建议后,又再对改进后的内部控制进行评审,这本身就存在一种矛盾关系,无疑会影响内部审计进行内部控制评审的客观性,而且内部审计与内部控制之间的关系越密切,这种客观性就越差。

、内部控制的五要素

第一是内部控制环境,即评价以公司治理结构、机构设置和权责分配、内部审计、人力资源政策、企业文化在内的内部控制环境对企业经营管理活动的影响。

第二是风险评估,即分析企业风险控制目的设置的合理性,评价开展风险评估范畴的全面性、风险评估结果的有效性和风险应对策略的科学性。

第三是控制活动,即评价企业根据风险评估结果设置的内部控制措施的科学性和控制效果的有效性。

第四是内部控制信息和沟通,即评价企业内部控制相关信息在收集、处理和传递程序的科学性,分析信息技术在内部控制信息和沟通中所发挥作用的情况,判断企业在反舞弊工作重点领域相关工作机制的有效性。

第五是内部监督制度,即分析企业内部审计机构和其他内部机构在内部监督中的职责权限情况,判断企业实施内部监督的程序、方法、目的等要求的科学性,有效性。

第三节 反舞弊

企业管理层对舞弊行为的发生承担责任。建立、健全并有效实施内部控制,预防、发现及纠正舞弊行为是组织管理层的责任。内部审计机构和内部审计人员应当保持应有的职业谨慎,在实施的审计活动中关注可能发生的舞弊行为,并对舞弊行为进行检查和报告。

一、舞弊的特征

舞弊,是指组织内、外人员采用欺骗等违法违规手段,损害或者牟取组织利益,同时可能为个人带来不正当利益的行为。主要分为两类:

(一)损害组织经济利益的舞弊

是指组织内、外人员为牟取自身利益,采用欺骗等违法违规手段使组织经济利益遭受损害的不正当行为。

(二)牟取组织经济利益的舞弊

是指组织内部人员为使本组织获得不当经济利益而其自身也可能获得相关利益,采用欺骗等违法违规手段,损害国家和其他组织或者个人利益的不正当行为。

二、内部审计针对舞弊的行为

(一)职业谨慎

具有识别、检查舞弊的基本知识和技能,在实施审计项目时警惕相关方面可能存在的舞弊风险。根据被审计事项的重要性、复杂性以及审计成本效益,合理关注和检查可能存在的舞弊行为。运用适当的审计职业判断、确定审计范围和审计程序,以检查、发现和报告舞弊行为。发现舞弊迹象时,应当及时向适当管理层报告,提出进一步检查的建议。

(二)对舞弊发生的可能性进行评估

对舞弊发生的可能性进行评估:组织目标的可行性;控制意识和态度的科学性;员工行为规范的合理性和有效性;业务活动授权审批制度的有效性;内部控制和风险管理机制的有效性;信息系统运行的有效性。

此外,还要考虑管理人员品质不佳、管理人员遭受异常压力、业务活动中存在异常交易事项以及组织内部个人利益、局部利益和整体利益存在较大冲突。

(三)对舞弊的检查与报告

内部审计实施必要的检查程序,以确定舞弊迹象所显示的舞弊行为是否已经发生。包括:评估舞弊涉及的范围及复杂程度,避免向可能涉及舞弊的人员提供信息或者被其所提供的信息误导;设计适当的舞弊检查程序,以确定舞弊者、舞弊程度、舞弊手段及舞弊原因;在舞弊检查过程中,与组织适当管理层、专业舞弊调查人员、法律顾问及其他专家保持必要的沟通;保持应有的职业谨慎,以避免损害相关组织或者人员的合法权益。

对舞弊行为的报告,内部审计人员应以书面或者口头形式向组织适当管理层或者董事会报告舞弊检查情况及结果。

(四)内部审计反舞弊

运行良好的内部审计职能可以有效地防范和发现舞弊行为,监控并改进企业运营和资源使用的效率和效果,内部审计就舞弊风险管理流程的充分性和适当性以及运行有效性向董事会提供合理保证。

1. 舞弊控制环境建设

内审负责人应作为员工守则制定小组的成员,对员工道德行为、反舞弊意识等企业文化建设事项提供咨询建议。对企业高级管理人员管理舞弊风险的能力进行定期评估,了解高管层对反舞弊的理念和基调。推进各级人员的反舞弊意识,定期对员工开展道德培训,包括对企业政策和程序的遵循、浪费、腐败以及不当管理行为的识别和警惕等。内部审计章程中应明确规定内部审计在舞弊风险管理中的职责。

2. 舞弊风险识别和评估

对舞弊风险评估流程的有效性进行测试和评价。内部审计在制定审计计划时应考虑银行对舞弊风险的评估结果。与开展舞弊风险评估的人员进行定期沟通和访谈,确保相关舞弊风险得到了恰当的考虑和处理。内部审计可以定期审阅业务部门风险识别结果的全面性和充分性,特别是对于管理层凌驾控制的风险识别。

3. 舞弊风险应对措施

内部审计可代表审计委员会对银行员工,特别是高管人员招聘的背景调查流程执行"穿行测试"和评价。对举报流程和银行热线的设置情况进行"穿行测试"和评价,协助审计委员会了解这一流程。对舞弊控制活动的运行有效性进行测试和评价。

4. 舞弊信息沟通

监督和评价员工沟通渠道的有效性,例如员工调查工作是否定期执行,员工调查内容是否包含反舞弊意识、舞弊风险识别和举报的相关内容等。对举报热线或相关内外部信息沟通途径进行监控,确保其有效运行。还有就是舞弊事件的识别和调查情况与审计委员会进行及时沟通。

5. 舞弊调查和监控

对内外部举报热线(合规、道德、贪污举报等)接收的问题处理情况进行监控和跟进,有效改进举报流程的透明度。对参与舞弊检查人员的资格、技能和独立性进行评估。发起或配合相关各方开展舞弊调查,分析舞弊产生的根本原因,提出潜在改进建议。内审负责人应对内审人员开展舞弊调查培训,使内部审计人员了解、熟悉相关的舞弊迹象特征。

三、内部审计在企业发展中的反舞弊应用

国内经济体系的日渐成熟和全球经济市场一体化的融合,极大地促进了国内市场经济的快速、稳定和高水平的建设。在这种情况下,中国还没有制定相关法律法规,因此一些国内企业经常会遭遇法律漏洞,面临的欺诈问题更是层出不穷。为此,本文对国内外公司审计与舞弊控制的状况进行了回应研究,分析了内部审计在促进国内公司管理中的作用,以及舞弊现象对公司的影响,并指出了存在的一些问题。寻找国内审计和内部审计控制舞弊的弊端和优势,分析舞弊的原因,解决舞弊问题,并提出合理有效的对策,以改善公司管理的内部审计。

舞弊是种在利益共享过程的产物。在社会组织中,由于经济问题与政治问题之间产生的理解分歧,舞弊现象的产生是不可避免的。与其他相关类型的社会企业一样,国有企业是分享经济与政治效益的重要场所,国有企业分享经济政治利益的过程更加复杂,尤其在分享经济效益的过程中,难度更高也会产生更多的不确定性。在这些情况下,仍存在许多复杂多样的舞弊行为。因此,纠正错误和防治舞弊现象已成为内部审计人员持续坚持其工作的重要组成部分。

(一)目前国有企业发生的舞弊现象

1. 舞弊的含义

随着市场经济的不断发展,舞弊现象已经引起了各国的高度关注,不同的国家对此有着不同的想法和解释。中国内部审计准则对舞弊的学术解释如下。在一个组织或企业中,舞弊者利用欺诈或其他不正当手段来阻碍该组织或企业的经济利益,从而

获取不正当的个人利益。《韦氏新大学词典》认为舞弊是一种故意隐瞒真相,导致他人或者机构为实现自身利益而损失宝贵财产的行为。"朗文词典"的定义为,舞弊是利用欺诈或其他不正当方式获取利润,这种行为应该受到法律法规的严厉惩罚。对于专业内部审计师,依据我国的内部审计规则、审计法与其他相关法律,已经发布了《内部审计具体原则第6号舞弊的预防,筛选和报告》,其中规定欺诈是为了盈利的刑事案件。这条法规的颁布是国有企业防范舞弊现象的重要指导性文件。

2. 舞弊的危害

会计舞弊的风险包括:第一是舞弊带来的错误信息会误导了重大决策,破坏了市场管理机制,影响了国家的宏观调控。第二是它损害了国家金融法律法规与会计制度严肃性,干扰了社会平稳发展的经济秩序。第三是它侵犯了企业和公民合法的权益等,危害了企业机构的生存与发展,影响了社会的稳定。第四是因舞弊偷税行为会造成国家税收损失。第五舞弊行为也严重助长了个人腐败的延续。

(二)国有企业舞弊的现象概述

随着现代经济的发展,舞弊行为频繁发生,并且各个国家的利益和对于舞弊行为的定义逐渐不同。我国颁布的关于内部审计标准中有明确规定。对于舞弊,可以理解为企业或协会的管理可能以不适当的方式或通过欺骗他人来损害企业和社会团体的经济效益,夺取不属于自身的非法利益。同时,同一词典对舞弊一词的解释也不尽相同。有些人认为舞弊是主观意图的一种状态,并使用一种诱惑方法来掩盖事物的真相并利用他人或公司的财产,以此来获得不正当利润。

同时,有些词典的含义与上述解释相同,但有些人认为此类行为应受到国内法律法规的限制和制裁。在我国国有企业进行舞弊预防与检查时,该定义基于我国发布的有关文件,该文件详细介绍了舞弊预防和检查的措施等,并在我国进行有关内部审计的相关工作。除了我国颁布的相关法律法规之外,内部审计人员还必须严格遵守相关文件。此外,本文重点介绍了诈骗者欺诈手段的种类。若舞弊者的目的是获得相关利益,并且如果它伴有作弊行为,则将面临着严厉的刑事处罚。

总而言之,我国国有企业的范围内,可以分析真实存在的欺诈现象。首先,这种现象与方式违反了我国的法律规定。同时,当舞弊者实施欺诈手段时,他们一直处于主观意图状态,故意隐藏事实的真相,其次,要预先计划实施舞弊手段。最后,这种舞弊现象使诈骗舞弊者获得了可观的经济收益,但其行为更严重侵犯了企业,社会和国家的经济利益,国家利益的损失会无助于公司和国家发展经济。根据综合定义,在我国的国有企业舞弊行为特性主要包括:第一,这实际上是非法的。第二,主观意图的本质。第三,它具有侵犯企业和国家利益的特质。第四,它具有获得不正当利润的性质。

四、舞弊现象泛滥的原因

我国相关会计制度目前尚不够完善,仍然存在许多缺陷与不足。在我国国有企业的管理中,仍然存在会计制度不健全的现象。当一家公司以公允价值评估资产、衡量资产数量并将其应用于公司的实际管理时,它将是第一批会计系统之一,包括在非货币的经济交易中对资产进行公允价值评估,如果能够发现这一系统下的缺陷或不足并利用这一问题来管理和报告公司的资产问题,与相关会计报表的收入相关的项目列的收入的增加导致虚假的资产报告、拥有更高质量资产的机会以及劣质资产等的出现,这是一种欺骗行为,换句话说,他们利用制度制定的缺陷,采取非法措施,控制并提高自己的收入,以获取不公平的利益。会计制度之所以实施具体做法,主要是因为这一会计制度的建立和推出必须有我国企业管理部门的不断深化改革,而资产评估市场的发展仍处于起始阶段。因此,在我国国有企业管理中,制度漏洞经常被滥用,不当的手段严重损害国有资产,导致我国国有企业资产的迅速流失。

我国对于舞弊行为的惩罚制度尚未完善。在国有资本企业的经营与管理中,舞弊者利用其不正当的方式手段,将企业的大量资产骗取为自己的私有财产,以获取不正当的利润。但是,如果所赚取的利润低于舞弊行为暴露时所承担的负债,那么舞弊者将无法继续行骗。根据我国现行的关于舞弊惩处的法律法规,企业会计舞弊行为的处罚尚不完善,循环经济还没有得到优化和完善。由于国有企业的性质不同于其他具有一定控股性质的企业,即使管理失当,也很难区分所获利润是属于个人,企业还是国家。如果您因欺诈活动而被罚款,通常需要所涉及的法人实体根据损失赔偿。刑事或民事事务针对个人。一般来说,舞弊惩罚的效果微弱的,根本不能起到法律的威慑作用。因此,在国有企业的经营与管理中,舞弊行为越来越严重。

五、内部审计工作在企业舞弊的管理和改善中发挥着极其重要的作用

在国有企业中内部审计的影响及作用内部审计工作在企业舞弊的管理和改善中发挥着极其重要的作用。主要表现方式可以通过企业的经营管理、运营管理、生产管理和内部控制,从企业管理升级,提供更准确的数据作为企业业务活动决策的基础。所谓内部审计,不仅仅是确定企业的错误,防止企业的不利,而是判断企业和部门的经济活动是否与国家经济政策一致,判断企业的规则和规定是否完善,以及经济计划是否正在实施。同时,企业发展的确立目标,交互性的完成进度,业务决策的信息,是企业内部审计实现的全部功能。内部审计使企业能够提供市场前景、质量、产品多样性等数据信息。信息数据的供应(如生产规模)可以有力地支持企业的决策。内部审计既可以明确企业经营的问题,也可以改善医疗行业的结构,在促进企业进步方面发挥很大的作用。今天,国内经济的发展促进了企业部门的完成和发展。企业部门的

第二章　内部控制与内部审计

活动必须严格遵循中国的法律、规章制度和金融体系,大大前进。为此,企业需要了解并持续改进内部问题。内部审计能够客观地分析、监督和评价企业内部经营的进展情况。通过诚实准确的数据,有力地支持企业的发展。企业可以通过加强内部控制的波动和抑制,实现利润发展的目标

对于国有企业内部审计的不足之处:随着我国市场经济的日渐发展,商业形式变得越来越复杂化。企业规模的不断扩大增加了企业的收入效益,同时企业必须要根据其起源地和目的地的不同采用多种分级管理方法来完成其业务。然而,在内部审计法、审计部门的构成以及中国劳动人员的素质等方面都存在着明显的矛盾和差距。所以,在我国国内的内部审计市场中很难察觉到企业舞弊现象。即使采取了这些控制措施,舞弊仍然给社会和各相关企业的经营与管理带来重大的障碍,并继续给公司所有者和利益的相关者造成经济损失。

(一)严重缺少独立的特性

由于审计人员需要客观地评估部门之间的经济活动,因此内部审计通常需要一定程度的独立性,这是内部审计部门和机构顺利运作的前提。内部审计最大的管理能力是其他部门所没有的独立性。然而,国内许多企业的内部审计师和部门无法从公平、客观的角度对企业的财务行为进行调查和评价。因此,我们的内部审计互动通常不能对企业的财务状况提供合理、合法、客观或公平的评估。内部审计人员无法阻止和解决欺诈问题,尤其是如果诈骗者是企业领导或实体。一些舞弊者还使用贿赂手段,这样诈骗者就可以采取帮助诈骗者获取经济利益的含蓄态度。因此,审计部门往往不能发挥这一作用。当审计部门对高级企业用户进行审计时,它受到企业结构和组织结构的限制。企业审计和管理部门也将受到严格的限制,显然对审计质量和审计角色会产生非常不利的影响。

(二)审计人员技能与素质缺失

目前来说,包括国有企业在内的所有企业都在为适应这个时代的发展而争,人才竞争正日益取代现有的生产技术和产品质量的地位,各大企业之间的经济竞争日益加剧。如何更好地利用现有的人力资源和资本,吸收素质更高的专业人才,提高内部员工的整体素质,已经成为现代企业管理的核心内容。在我国处理审计工作的最严重的问题是开发速度远远低于计算会计的进展。据笔者理解,国内企业的大部分审计员人员不擅长使用电脑进行审计和检查,不了解现代技术,没有办法快速有效地完成审计工作。许多审计员主要是由财务和其他部门组建设的。大多数情况下,审计员的技能和能力不能满足审计运营的工作要求。另外,会有部分内部审计工作人员不考虑职业道德,从其他部门转移而来,因此根据各部门的要求,只追求所有个人利益的审计员,不仅失去了企业的经济利益,还失去了审计人员的形象。

（三）审计机构与组织设计不合理

系统化和制度是使审计部门高效工作的一个重要前提。依据规定，监察部门一般只在特定部门或负责人的指导下开发特定的课题。但是由于中国的国情，国内大部分企业的内部审计工作仍然由财政部门的财务负责人主导或修改。很多中小企业也没有内部审计专家，但将它作为兼职形式整合到委员会监督委员会的修订部分。正是由于缺乏专业的审查委员和专业审计机关领导，法官缺乏适当的法律和组织支持，必然无法保障工作过程中的权力和独立权。这也由此表明中国大企业和中小型企业内部审计机制的构建仍然不合理。

六、反舞弊应用的途径

独立的特性是内部审计生存的必要条件之一。内部审计的独立定位更是内部审计的内在特征之一，也是审计工作能够进行下去的独特要求之一。只要内部审计工作人员保持独立的特质，才能保证审计质量，对增强内部审计工作水平的提升有很大的帮助。独立性主要对公司的最高管理者或董事会管理并直接向其报告，企业有权直接的处置最高管理层和董事会，并明确授予适当的职权给审计人员，以便内部审计的报告能够吸引公司管理层的足够关注。

（一）企业目标的可行性

组织目标选定不适当，超出了执行者的个人职能范围，反而影响了执行者的心理压力，在不适当的各种压力的压迫下，执行者可以采取各种措施来实现他们的目标，甚至是采用舞弊手段。因此，树立坚定的目标并且充分考虑组织的实际情况并恰当地完成它，目标可以通过努力工作来实现。

（二）控制意识和态度的科学性

控制意识与态度的正确性、科学性，直接或间接地决定了企业和组织能否制定出符合该企业实际情况并且高效的内部控制策略。

（三）审计人员的行为规范

员工行为规范的合理性和有效性内部审计人员的行为规范能否合理、有效，将会是判断员工的各种行为能否与组织目标一致的一个重要判断依据。

（四）经营活动授权制度的适当性

业务审批系统是监控所有类型舞弊的最直接手段之一，这使得各级执行者难以给出超越其权限的指示，限制了违法行为产生的可能性，并确保减少了导致舞弊产生的损失。

第二章　内部控制与内部审计

(五)面对风险发生的管理机制产生的有效性

风险管理机制是企业应对、消除面临的多种风险的方式与策略。其最终结果的有效性对于最大程度地消除和减小风险带来的损失,具有非常重要的制度意义。

(六)管理信息系统的有效性

组织的管理信息系统不仅处理组织内的信息,还处理组织外的信息。组织内的信息交流和沟通使员工能够履行职责。同时,管理信息系统收集和整理信息也能够有效地限制员工的工作,降低违法行为的可能性。以更加具有专一性的方式提出问题的解决方案。

七、政府部门需要发布相关制度

(一)创建独立且客观的审计制度

自企业生存和发展以来,大多数企业的不公正现象的发生都为现代企业内部的审计工作奠定了良好的基础。当今各种法律法规的发展和颁布确保了企业内部审计工作的重要性。为了更好地使舞弊防控工作在内部审计中起到有效的作用,有必要提高内部审计部门的地位,加强内部审计部门在内部审计运作和发展中的独立性。企业的内部审计部门在日常审计中与企业的高层管理人员联系,不受缺乏独立性的影响,因为它对企业的审计结果有负面影响。通过改善内部审计部门的状况,我们可以利用内部审计来预防和管理企业舞弊,并尽最大努力为企业的健康发展做出贡献。

(二)在常规审计中建立内部审计评价机制

为了防止和控制现有内部审计中的舞弊行为,内部审计工作人员必须始终意识到并关注企业中可能发生舞弊行为的部门。审核人员应充分利用他们的专业知识与审核经验,通过各部门收集的审核信息来评估可能存在舞弊的部门。通过为该企业的内部部门建立审计和评估机制,可以随时关注和观察贵企业相关服务中可能出现的潜在舞弊行为。这是打击企业内部舞弊、及时提供纠正通知和进行后续调查的有效方法。

(三)建立专业的舞弊调查审计部门

当今社会正发生着各种各样的舞弊行为,其手段和方式更是使人琢磨不透,层出不穷,我国企业的舞弊行为也越来越严重。在这种情况下,内部审计相关部门单单依靠传统的审计要求预防和管理舞弊是远远不够的。企业的现代内部审计操作要求我们应该更加仔细地分析和评估欺诈预防的工作,深入调查与分析可能存在的舞弊风险,知悉舞弊原因,由审计工作人员进行详细预测和分析,并提供特殊部门来确定是否发生舞弊现象。随着舞弊审计服务的建立,我们正在努力通过合理分配内部审计部门的行政资源来提高内部审计能力。通过检测与分析得出,帮助内部审计工作人员来确认舞弊行为的存在和舞弊者的具体身份,以便更好地进行调查和操纵。

(四)提高内部审计人员的整体素质

企业内部审计工作更是一项长期并且高度严格的一项监督任务。只有在工作质量符合特定要求的情况下,内部审计师才能提供全面的内部审计欺诈预防功能。企业内部审计人员必须学会不断提高其识别舞弊的能力,提高其专业的知识和技能,吸收和接受各种舞弊预防和管理经验,并确保限制和识别内部欺诈。内部审计师应该对舞弊行为采取相应的行动措施。认真了解防治舞弊行为的方法和特点,加强企业内部审计人员的素质培训和业务培训,现在的重点是对于内部审计舞弊的预防。

基于上文所述,为有效的防止我国国有企业发展,在极其艰难复杂的外部环境下和巨大的竞争压力中走上财务舞弊的不归路,国有企业领导人首先应该建立对于自主创新能力的发掘、建造符合我国社会主义市场经济价值体系并且具有一定程度弹性的优良企业文化,总而言之,就是创造一个良好的控制环境。同时更应该建立与该企业文化互相匹配的企业制度,主要包括完善的内部控制、内部监督制度和公司的治理机制,进而实现整体的内部一体化,最终才可以在复杂的社会竞争环境中稳定前进发展,使企业转危为安。注册会计师行业的管制机构与相关政府职能部门应根据《反垄断法》的相关要求,为我国会计师事务所创造一个公平、公正且合理的市场竞争环境。

第四节 内部审计价值的提升

一、内部审计的概念

内部审计是指对本单位及其所属单位的财政财务收支、经济活动、内部控制、风险管理,以及所属单位主要负责人经济责任履行情况等,实施独立、客观的监督、评价和建议,以促进单位完善治理、实现目标的活动。

(一)内部审计的特点

1.内部审计以内向服务为其工作目的

内部审计是为了加强经济管理和控制,提高经济效益而开展的审计,其目的是对内提供服务,促进本单位改进经营管理、提高经济效益、实现自身目标。

2.服务内容越广泛则审查范围越广泛

内部审计根据服务内容确定审查范围,服务内容越广泛则审查范围越广泛。按照国家有关规定和本单位的要求,内部审计的审查范围主要包括:本单位及所属单位贯彻落实国家重大政策措施情况;本单位及所属单位发展规划、战略决策、重大措施以及年度业务计划执行情况;本单位及所属单位财政财务收支、固定资产投资项目;

本单位及所属单位内部控制及风险管理情况;本单位及所属单位履行自然资源资产管理和生态环境保护责任情况;本单位内部管理的领导人员履行经济责任情况等。

3.能够保持一定程度的独立性

内部审计在本单位主要负责人的直接领导下开展工作,其本身不参与本单位的经营管理活动,能够保持一定程度的独立性。但审计人员能否正常行使权限、能否不受限制地开展工作,与单位对内部审计工作的重视程度直接相关,因此其独立性是相对有限的。

由于内部审计不具有对外鉴证功能,所以内部审计的审计报告一般只在单位内部使用,未经授权不得对外公开和使用。

(二)内部审计价值的内涵

1.直接价值

直接价值是指通过开展预算管理和财务收支、基建维修、领导干部履职和离任等审计监督,揭示违规违纪、损失浪费等行为,帮助组织预防和减少的直接损失。直接价值的主要载体是审计报告、单位作出的审计处理意见或决定等。

2.间接价值

间接价值是指通过从内部审计项目中揭示的个性问题中总结提炼出共性问题,从体制、机制、制度等方面分析问题产生的原因,找出深层次缺陷,提出优化完善建议,并最终促进健全制度、完善机制所带来的价值。由于制度和体制机制方面的优化完善往往需要较长一段时间,内部审计潜在的价值也要经过一段时间才能体现出来,但这也是其中最关键的因素。间接价值的主要载体是审计报告、审计信息、专题分析和综合分析报告等。

3.威慑价值

由于内部审计充当组织中的监督控制角色,客观上会对组织各层面产生潜在的威慑作用,使其自觉维护良好内控系统,并努力改善工作绩效。威慑价值主要通过内部审计成果问责、通报等机制的建立,促使各部门加强自查和整改,自觉维护良好内控系统,提升管理水平。

二、内部审计价值提升的路径

(一)转变内部审计理念实现价值提升

要以价值驱动内部审计作业,深入了解管理层的需求,科学制订审计方案,夯实价值提升的基础。一是项目立项突出针对性。按照上级提出的要求,主动了解党委最关注的工作重点是什么,最需要内部审计提供的服务是什么,从立项开始就考虑项目的价值点在哪里,找准最能体现最高价值目标和最优监督效能的切入点,从而有的放矢地制订项目计划;二是实施方案增强操作性。要在审前调查上下足功夫,特别对项目的潜在价值点要做好充分评估,在实施方案中加以体现,做到内容、重点、步骤、方法明确,切实解决好审计实施方案针对性、操作性不强的问题,提高工作预见性,掌握工作主动权。

(二)发掘内部审计深度实现价值提升

质量是内部审计的生命线,要以高质量的审计项目促进实现内部审计价值最大化。一是深化审计实施。现场审计在内部审计价值链条中处于核心和基础地位,要围绕项目价值点,加强全过程质量控制,注重研究分析方法的运用,充分挖掘现场实施价值,切实解决好审计问题查深查透力度不够问题,力争实施的项目有深度、有影响力;二是写好审计报告。审计报告作为内部审计的主要成果,必须符合使用者的需求,要站在组织管理者的角度分析问题,切实解决好以往篇幅过长、建议太虚、可读性不强、揭露问题不够的问题,围绕价值提升,突出可读可用,优化格式篇幅,重点反映审计发现的主要问题和审计建议,不断提升报告使用者的满意度,以获得更多实质性批示。

(三)重视成果运用实现价值提升

成果开发和审计整改往往是影响内部审计价值体现的"瓶颈"问题,也是最终实现内部审计价值的主要抓手。一是着力开发内部审计成果。内部审计不仅要发现和查处具体问题,还要着眼于更高层面的全局性问题,以保证组织的健康运行。因此,要深入挖掘提炼内部审计成果中蕴含的价值,把微观成果提升到宏观层面,善于从体制、机制和制度上研究解决问题和化解风险的方法,开发出高端成果,为管理层提供决策参考建议,实现"审计一项、规范一块、促进一片"的效果;二是着力提升整改工作层次。内部审计应着力推动解决问题,通过强化销号整改、后续审计、跟踪督查,推动问责制的建立和落实,进一步促进企业加强管理、完善制度、优化体制机制建设,进而达成预期效果。

(四)对内部审计的期望

1.内部审计在内部控制中的职责

内部审计在内部控制中的职责有:对内部控制系统进行持续监督;定期评价内部控制系统的有效性;发现内部控制系统的问题并提出改进建议;跟踪改进措施的实施情况,协助管理层维持有效的内部控制。

2.各主体对内部审计的期望

(1)董事会

传统的纠错防弊、事后监督职能无法满足战略需要。董事会不仅需要"警察"和"卫士",更需要"谋士"。

(2)业务部门

内审不仅是业务监督和检查,更要提供具有价值的流程和控制咨询。另外内部审计应成为业务合作伙伴,提升业务运营绩效。

(3)外部监管机构

内审在组织中应保持实质的独立性和客观性。对营运管理、风险管理、合规和其他控制职能进行评估、审阅和改进。

(4)外部审计

与外审保持互助合作和持续沟通。实现控制评估信息的共享,最大限度上减少工作重复。还有就是作为外审与审计委员沟通的协调人和推动者。

三、构建增加价值的内部审计

结合内部审计的特点,内部审计帮助企业增加价值框架应围绕增值这个宗旨和核心,构建增加价值的框架。

(一)审计环境

审计环境是内部审计的基础和前提,对其他维度具有一定的制约作用,影响审计目标的确定以及审计工作方式、流程途径等的选择。从层次和范围上来说,审计环境既包括内部审计机构这个内部小环境,也包括内部审计所在机构的中观环境,还离不开外部环境,内部审计同时受到三个不同层次的环境的影响。

内部审计面临的是动态变化的内外部环境,内部审计部门要不断评价和预测面临的环境情况,积极采取措施,为维护良好的审计环境而努力。

(二)审计目标

审计目标是内部审计要实现的宗旨和目标,是判断内部审计是否成功的唯一标准。只要审计目标实现了,就可以合理认为内部审计实现了增加价值的宗旨。增值型内部审计具体目标可以分为:战略目标;财务和运营信息的可靠性与完整性;运营的效率和效果;人员和资产的安全;对法律、法规及合同遵守等五个具体目标。审计目标不同于公司目标,审计目标根据公司目标制定,但公司目标并不必然就是审计目标。

(三)增加价值方式

内部审计可以通过帮助企业把握可能的机会以增加效益、减少支出或避免可能的损失的方式来增加公司的价值,也可以通过提高审计的效率降低审计成本以节约公司支出帮助企业增加价值。内部审计帮助企业增加价值的方式可以分为直接增加价值和间接增加价值。直接增加价值就是内部审计可以通过促进增收节支创造直接的有形价值;间接增加价值就是通过促进规范管理、完善制度、堵住漏洞,帮助企业改善组织的运营和完善公司的治理来间接地增强公司的控制力和执行力,最终提高经济效益,实现企业价值和股东财富的最大化。

（）审计对象

审计对象或审计客体,即参与审计活动关系并享有审计权力和承担审计义务的主体所作用的对象,它是对被审计单位和审计的范围所作的理论概括。以其定义可知,审计对象包含两层含义:其一是外延上的审计实体,即被审计单位;其二是内涵的审计内容或审计内容在范围上的限定。

纵观中外审计史,传统审计对象和现代审计对象是不同的。传统审计的对象主要是被审计单位的财政财务收支。它是以会计资料及其所反映的财务收支为主要对象的审计。如古代的早期的簿记审计;20世纪前流行对所有会计报表及凭证、账簿进行详细审计;20世纪后流行资产负债表及财务报表审计,以及中国的财政财务审计,都是以会计资料及其所反映的财务收支为主要对象的传统审计方式。其特点是实施这一审计是为了评价、确认、解脱受托的经营管理者在财务收支上的经济责任。审计的核心是审计评价经济责任的履行情况。而现代审计的对象主要是被审计单位的财政财务收支及其有关经济活动。20世纪下半叶,为了适应经济的发展,审计的外延有所扩大。在西方出现了经营审计、管理审计、"三E"审计或绩效审计等等,以及在中国实施的经济效益审计,其审查对象都超出了原有的财政财务收支活动的范围,而扩展到影响经济效益的生产经营管理等各个方面。而对被审计事项已实现和预计实现的经济效益进行事前事后的审计和评价,其中包括收支活动在内的各项经营管理活动的信息,除了会计资料外,还有计划、统计以及其他各种资料,如合同、协议、决策、预算、章程等。因而现代审计的对象既包括会计资料及其所反映的财务收支活动,也包括其他经济资料及其所反映的各项生产经营管理活动。其特点是实施这一审计是审查对象的扩展,是由于评价受托经营管理者的经济责任的扩大,它不但包括财务收支方面的经济责任,也包括与经济效益高低有关的各种经营管理方面的经济责任。根据中国干部制度改革需要,把经济审计方法引入对干部考核管理,建立任期经济责任审计,提拔前和离任时均要进行审计。特别是对经济部门、金融机构、企事业单位的领导干部必须进行审计。这就使中国审计范围更加扩大了。

（五）工作性质

随着内部审计的宗旨发生变化,内部审计的工作性质也相应地进行调整,由专一从事确认业务转变为确认业务和咨询业务并重。确认与咨询服务不是互相排斥的,确认服务和咨询性服务目标是一致的,都是为了实现组织的总目标。由于内部审计人员对本组织的情况最为熟悉,对内提供咨询服务有其独特的优势。内部审计必须适应环境的变化和组织的需要,提供多种多样的服务,来保证组织目标的实现。

（六）流程途径

增值型内部审计必须坚持"以风险导向为基础"审计模式并按照系统化、规范化的方法实施审计过程,其具体流程按照"了解企业目标、熟悉风险管理环境、确定风险事项、风险评估,根据初步风险评估的高低确定审计对象并制定年度审计计划、根据进一步的风险评估制定项目计划,审核确定风险管理对象、风险沟通、后续审计"思路来开展。风险导向审计的步骤如下:

第一战略分析,在战略层面了解被审计单位及其所处的市场和行业。

第二企业风险识别和评估,企业风险识别和评估是帮助企业识别关键风险并优化风险管理框架的一个过程。评估结果有助于内部审计计划的制定,并通过风险导向原则使内审师集中关注高风险领域,从而提高工作效率。

第三制定内部审计计划,内部审计计划应基于风险导向原则而制定。

第四执行内部审计计划,了解业务流程,制定内部审计方案并开展审计工作。执行审计计划还包括了对控制活动的验证和测试,以及对发现问题的记录。

第五报告审计结果,指导在战略分析/了解业务流程以及执行内部审计等各阶段的报告工作,包括向审计委员会进行的报告,如年度报告和季度的更新情况报告。

第六落实跟进审计发现,对审计发现的解决和跟进。

(七)审计资源

审计资源是指为实现审计目标所需要的基础性条件的总称。它有广义和狭义之分,广义的审计资源,是指为审计机关拥有或能够支配的,服务于审计执法的人力、财物、方法技术、信息情报等各种资源的总和。狭义的审计资源则主要指审计人力资源,因为"人"是各种资源要素中最活跃的因素。

1.审计资源的整合

整合各种审计资源,包括人员、设备、系统软件、技术、数据信息、沟通交流等,是增值型内部审计成功的资源支持和技术保证。审计人员是最重要的审计资源,也是其他资源的基础和前提,配备恰当数量和素质的审计人员至关重要,同时也要优化内部审计人员结构并加强后续教育;为了适应信息化的需要,还需要加强内部审计的信息化建设,包括设备、系统软件、技术的掌握、熟练和创新;采用系统化、规范化的科学方法收集需要的数据信息并恰当地交流都是影响审计效果的重要因素,也是审计的重要资源支持。

(1)审计机关内设机构的整合

审计机关在内部机构设置中,首先要考虑审计法所赋予的职责和权利,对所有的监督对象和审计重点,都要归集到内设机构的监督职责中,突出内设机构的主要职能和兼顾范围,确保审计计划项目和交办项目的全面落实,不留监督盲区。其次,要根据专业特点,保持专业审计机构的稳定性和审计工作的连续性,使重点监督工作坚强有力。其三,搞好分工协作,实现统一调配。有的审计项目,不仅局限于某一事项的单方面审计,可能涉及财经、金融、商贸、工程等多方面的复杂问题,审计机关的内设机构,不可能做到样样精通。针对复杂的审计项目,实现多部门的协作配合尤为重要。

(2)审计机关人力资源的整合

审计工作的质量与效率的提高,关键在于审计人员能动性的发挥。审计人力资源的整合,要围绕提高人员的个人素质和工作主动性,最大限度地发挥整体合力来进行。

突出专长,量才而用。针对人员的学识水平和工作技能,赋予相应的岗位职责,努力实现人尽其才,学有所用,避免人力资源的闲置浪费,提高资源的综合效益。注重发挥领导班子成员的作用,坚持科学的分工协作,用其之长,尽其所能。

加强教育,与时俱进。要建立长效的教育培训机制,加大审计人员的培训教育工作力度,实现人人学习、终身学习。要做好培训教育计划安排,正确处理工学矛盾,合理引导学习的内容和方向,在审计人员学习的时间、工作和生活等方面给予必要的关照,创造有利条件,提高学习的质量和效果。

开拓创新,调动积极性。要建立有效的激励机制,鼓励和调动审计人员的工作积极性、主动性。根据岗位职责和年度工作任务,科学制定目标责任管理办法。加强目标管理的考评监控,把职务升降、工资福利分配等政治、经济措施引入管理机制,实现能者上、庸者下,奖勤罚懒,奖优罚劣,促使审计人员各尽其能,全身心地投入到审计工作当中,实现审计机关整体效能的最大化。

(3)审计机关财物资源的整合

要充分发挥审计机关财物资源的价值和作用,为审计执法提供可靠的财力物力保障。

理顺财政资金供给渠道,确保经费保障。实践中,有些地方审计机关存在经费紧缺现象。究其原因,一是地方财力紧张;二是工作关系不够协调。审计机关要积极服务于地方政治经济建设,查处重大经济案件和信访突出问题。要深入开展调查研究,提供有远见、有价值的审计建议,为领导决策提供科学依据。审计机关通过自身的卓越贡献,确立在政治经济生活中的地位,达到社会满意,领导信任,审计机关的地位就会得到巩固和提高,有所为便会有其位,审计机关的经费保障问题才能得到妥善解决。

改善办公条件,实现审计技术现代化。要加快审计信息化系统建设,积极推行审计信息化和计算机辅助审计,要筹措资金,科学规划,逐步添置现代化办公设备,推广应用先进的审计方法和技术,降低劳动强度,提高审计效率和质量。要搞好审计数据库建设,努力构建审计对象、审计法规、审计专家等数据库和共享作业平台,为审计执法提供可靠的智力支持和信息资源保障。

充分利用媒体资料,发现审计线索和突破契机。要充分利用审计档案资料,关注单位的机构设置、经济性质、财政财务管理及以往存在的违纪违规问题等情况。结合单位的现实情况,有的放矢地进行审计查证,避免盲目性,防止工作疏漏。要经常关注政治经济动态和社会媒体资料,广泛搜集与审计相关的信息,了解和掌握有助于审计工作的线索和资料,通过相互佐证,寻找案件突破口,揭露隐蔽的、深层次的问题,摆脱就账论账的僵化模式,达到事半功倍的效果。

(4)审计机关审计职权的整合

宪法确立了审计监督制度,审计法等法律法规赋予了审计机关广泛的检查权、调查权、处理处罚权、报告权、公告权和移送处理等职权,明确了审计监督的范围。审计机关应当结合审计实践,综合运用各种审计职权,从容应对审计工作中的复杂局面。

第三章 审计的其他工作

第一节 审计目标和审计计划

一、审计目标

审计目标是指通过财务报表审计所期望达到的最终结果,它包括财务报表审计总目标以及与各交易、账户余额和披露相关的具体审计目标两个层次。

(一)审计总目标

1.审计总目标的一般抽象

根据审计产生和发展的动因——受托经济责任关系,审计总目标是通过对受托经济责任履行情况的审查,确保和促进受托经济责任的履行。

受托经济责任包括经管责任(也称为行为责任)和报告责任。在行为责任方面,受托经济责任的主要内容是按照保全性、合法(规)性、经济性、效率性、效果性和社会性以及控制性等要求经管受托经济资源,它们分别构成受托经济责任的某个方面,分别赋予其特定的名称,即保全责任、遵纪守法责任、节约责任、效率责任、效果责任和社会责任以及控制责任;从报告责任方面来说,受托经济责任的主要内容是按照公允性或可信性的要求编报财务报表。报告责任实际上是在记录经管责任履行情况的基础上所进行的汇总和报告。由于受托经济责任内容众多,因而在一般情况下,任何一次审计均难以对受托经济责任履行情况进行全面审查和评价,通常仅侧重于其中的一个方面或多个方面。如在财务审计中,一般侧重于对经管责任中的保全性,合法(规)性、控制性和报告责任的审查,进而确保和促进这些责任的履行;在绩效审计中,则侧重于对经管责任中的经济性、效率性、效果性和控制性的审查,进而确保和促进其更好地履行。

2.注册会计师审计总目标的演进

注册会计师审计产生于工业革命时代。当时,财产所有者对财产经营者最关心的是其真实性,他们想了解会计人员是否存在舞弊行为。因而,此时的审计目标是查错防弊。

在19世纪末和20世纪初,随着资本主义经济的发展和企业规模的日益扩大,会计业务也日趋复杂。此时,审计对象已由会计账目扩大到资产负债表,审计的主要目标是通过对资产负债表数据的审查,判断企业的财务状况和偿债能力。在此阶段,查错防弊这一目标依然存在,但已退居第二位,审计的功能从防护性发展到公证性。

进入20世纪30~40年代,随着世界资本市场的迅猛发展,证券市场的涌现及广大投资者对投资收益情况的关心,整个社会注意力转而集中于收益表上。特别是1929~1933年间的世界经济危机,从客观上促使企业利益相关者从仅仅关心企业财务状况,转变到更加关心企业盈利水平和偿债能力。在此期间,审计总目标是判定被审单位一定时期内的财务报表是否公允地反映其财务状况和经营业绩,以确定会计报表的可信性。

20世纪中叶以后,资本主义从自由竞争发展到垄断阶段,各经济发达国家通过各种渠道推动本国的企业向海外拓展,跨国公司得到空前发展。国际间资本的相互渗透,使审计对象日趋复杂。激烈的市场竞争,使审计目标也从原来的仅限于验证企业财务报表的公允性扩展到内部控制、经营决策、职能分工、企业素质、工作效率、经营效益等方面。因此,经营审计、管理审计、绩效审计等便从传统审计中分离出来,评价企业工作的经济性、效率性、效果性成为独立审计工作的主要目标。

3.我国财务报表审计的总目标

审计的目的是提高财务报表预期使用者对财务报表的信赖程度。这一目的可以通过注册会计师对财务报表是否在所有重大方面按照适用的财务报表编制基础编制,并发表审计意见得以实现。就大多数通用目的财务报告编制基础而言,注册会计师针对财务报表是否在所有重大方面按照财务报告编制基础编制并实现公允反映来发表审计意见。注册会计师按照审计准则和相关职业道德要求执行审计工作,能够形成这样的意见。

(1)财务报表审计的总目标

执行财务报表审计工作时,注册会计师的总体目标:一是对财务报表整体是否不存在由于舞弊或错误导致的重大错报获取合理保证,使得注册会计师能够对财务报表是否在所有重大方面按照适用的财务报告编制基础编制发表审计意见;二是按照审计准则的规定,根据审计结果对财务报表出具审计报告,并与管理层和治理层沟通。

财务报表使用者之所以希望注册会计师对财务报表的合法性和公允性发表意见,主要有四方面原因。

①利益冲突

财务报表使用者往往有着各自的利益,且这种利益与被审计单位管理层的利益大不相同。出于对自身利益的关心,财务报表使用者常常担心为管理层提供了带有偏见、不公正甚至欺诈性的财务报表。为此,他们往往向外部注册会计师寻求鉴证服务。

②财务信息的重要性

财务报表是财务报表使用者进行经济决策的重要信息来源,在有些情况下,还是唯一的信息来源。在进行投资、贷款和其他经济决策时,财务报表使用者期望财务报表中的信息相关、可靠,并且期待注册会计师确定被审计单位是否按公认会计原则编制财务报表。

③复杂性

由于会计业务的处理及财务报表的编制日趋复杂,财务报表使用者因缺乏会计知识而难以对财务报表的质量做出评估,所以他们要求注册会计师对财务报表的质量进行鉴证。

④间接性

绝大多数财务报表使用者都不参与被审计单位的经营,这种限制导致财务报表使用者不可能接触到编制财务报表所依据的会计记录和会计账簿,即使使用者可以接触,但往往由于时间和成本的限制,而无法对其进行审查。在这种情况下,使用者有两种选择:一是相信这些会计信息的质量;二是依赖第三者的鉴证。显然,使用者喜欢选择第二种方式。

(2)审计总目标的导向作用

财务报表审计的目标对注册会计师的审计工作发挥着导向作用,它界定了注册会计师的责任范围,直接影响注册会计师计划和实施审计程序的性质、时间和范围,决定了注册会计师如何发表审计意见。例如,既然财务报表审计目标是对财务报表整体发表审计意见,注册会计师就可以只关注与财务报表编制和审计有关的内部控制,而不对内部控制本身发表鉴证意见。同样,注册会计师关注被审计单位的违反法规行为,是因为这些行为影响到财务报表,而不是对被审计单位是否存在违反法规行为提供鉴证。

4.管理层和治理层的责任

法律法规规定了管理层和治理层与财务报表相关的责任。尽管不同的国家或地区对这些责任的范围或表述方式的规定可能不尽相同,但注册会计师按照审计准则的规定执行审计工作的前提是相同的,即管理层和治理层已认可并理解其应当承担的责任。

(1)管理层和治理层的概念

管理层是指对被审计单位经营活动的执行负有经营管理责任的人员。治理层是指对被审计单位战略方向以及管理层履行经营管理责任负有监督责任的人员或组

第三章 审计的其他工作

织。治理层的责任包括监督财务报告过程。在某些被审计单位,治理层可能包括管理层,如治理层中负有经营管理责任的人员,或业主兼经理。

企业的所有权与经营权分离后,经营者负责企业的日常经营管理并承担受托责任。管理层通过编制财务报表反映受托责任的履行情况。为了借助公司内部之间的权力平衡和制约关系保证财务信息的质量,现代公司治理结构往往要求治理层对管理层编制财务报表的过程实施有效的监督。

(2)管理层和治理层的责任

财务报表是由被审计单位管理层在治理层的监督下编制的。管理层和治理层认可与财务报表相关的责任,是注册会计师执行审计工作的前提,构成注册会计师按照审计准则的规定执行审计工作的基础。与管理层和治理层责任相关的执行审计工作的前提,是指管理层和治理层认可并理解其应当承担下列责任,这些责任构成注册会计师按照审计准则的规定执行审计工作的基础:①按照适用的财务报告编制基础编制财务报表,并使其实现公允反映;②设计、执行和维护必要的内部控制,以使财务报表不存在由于舞弊或错误导致的重大错报;③向注册会计师提供必要的工作条件,包括允许注册会计师接触与编制财务报表相关所有信息(如记录、文件和其他事项),向注册会计师提供审计所需的其他信息,允许注册会计师在获取审计证据时不受限制地接触其认为必要的内部人员和其他相关人员。

5.注册会计师的责任

按照中国注册会计师审计准则的规定,对财务报表发表审计意见是注册会计师的责任。注册会计师作为独立的第三方,对财务报表发表审计意见,有利于提高财务报表的可信赖程度。为履行这一职责,注册会计师应当遵守相关职业道德要求,按照审计准则的规定计划和实施审计工作,获取充分、适当的审计证据,并根据获取的审计证据得出合理的审计结论,发表恰当的审计意见。注册会计师通过签署审计报告确认其责任。

财务报表审计不能减轻被审计单位管理层和治理层的责任。财务报表编制和财务报表审计是财务信息生成链条上的不同环节,两者各司其职。法律法规要求管理层和治理层对编制财务报表承担责任,有利于从源头上保证财务信息质量。同时,在某些方面,注册会计师与管理层和治理层之间可能存在信息不对称。管理层和治理层作为内部人员,对企业的情况更为了解,更能作出适合企业特点的会计处理决策和判断,因此,管理层和治理层理应对编制财务报表承担完全责任。尽管在审计过程中,注册会计师可能向管理层和治理层提出调整建议,甚至在不违反独立性的前提下为管理层编制财务报表提供协助,但管理层仍然对编制财务报表承担责任,并通过签署财务报表确认这一责任。

如果财务报表存在重大错报,而注册会计师在审计中没有能够发现,也不能因为财务报表通过了注册会计师审计这一事实而减轻管理层和治理层对财务报表的责任。

6.审计的固有限制

不应期望注册会计师将审计风险降至零,事实上注册会计师也不可能将审计风险降至零,因此不能对财务报表不存在由于舞弊或错误导致的重大错报获取绝对保证。这是由于审计存在固有限制,导致注册会计师据以得出结论和形成审计意见的大多数审计证书是说服性而非结论性的。审计的有限制源于财务报告的性质、审计程序的性质和在合理的时间内以合理的成本完成审计的需要。

(1)财务报告的性质

管理层编制财务报表,需要根据被审计单位的事实和情况运用适用的财务报告编制基础的规定,在这一过程中需要作出判断。此外,许多财务报表涉及主观决策、评估或一定程序的不确定性,并且可能存在一系列可接受的解释或判断。因此,某些财务报表的项目的金额本身就存在一定的变动幅度,这种变动幅度不能通过实施追加的审计程序来消除。例如,某些会计估计通常如此,即便如此,审计准则要求注册会计师特别考虑在适用的财务报告编制基础下会计估计是否合理,相关披露是否充分,会计实务的质量是否良好。

(2)审计程序的性质

注册会计师获取审计证据的能力受到实务和法律上的限制。

第一,管理层或其他人员可能有意或无意地不提供与财务报表编制相关的或注册会计师要求的全部信息。因此,即使实施了旨在保证获取所有相关信息的审计程序,注册会计师也不能保证完整性。

第二,舞弊可能涉及精心策划和蓄意实施以进行隐瞒。因此,用以收集审计证据的审计程序可能对于发现舞弊是无效的,例如,错报涉及串通伪造文件,使得注册会计师误以为有效证据实际上是无效的,注册会计师没有接受文件真伪鉴定方面的培训,不应被期望成为鉴定文件真伪的专家。

第三,审计不是对涉嫌违法行为的官方调查。因此,注册会计师没有被授予特定的法律权力,而这种权力对调查是必要的。

(3)在合理的时间内以合理的成本完成审计需要

审计中的困难、时间或成本等事项,本身不能作为注册会计师省略不可替代的审计程序或满足于说服力不足的审计证据的正当理由。制定适当的审计计划有助于保证执行审计工作需要的充分的时间和资源,尽管如此,信息的相关性及其价值会随着时间的推移而降低,所以需要在信息的可靠性和成本之间进行权衡,这在某些财务报告编制基础中已得到认可。要求注册会计师处理所有可能存在的信息是不切实际的,基于信息存在错误或舞弊,除非能提供反证的假设,竭尽可能地追查每一个事项也是不切实际的。正是因为认识到这一点,财务报表使用者的期望是,注册会计师在合理的时间内以合理的成本对财务报表形成审计意见。

为了在合理的时间内以合理的成本对财务报表形成审计意见,注册会计师有必要:①计划审计工作,以使审计工作以有效的方式得到执行;②将审计资源投向最可能存在重大错报风险的领域,并相应地在其他领域减少审计资源;③运用测试和其他方法检查总体中存在的错报。

审计准则对计划和实施审计工作作出了规定,并要求注册会计师执行下列工作(包括但不限于):①实施风险评估程序和开展相关活动,以作为识别和评估财务报表层次及认定层次的重大错报风险的基础;②运用测试和其他方法检查总体,从而为注册会计师对总体得出结论提供合理的基础。

(4)影响审计固有限制的其他事项

对某些认定或审计事项而言,固有限制对注册会计师发现重大错报能力的潜在影响尤为重要。这些认定或审计事项包括:①舞弊,特别是涉及高级管理人员的舞弊或串通舞弊;②关联方关系和交易的存在及完整性;③违反法律法规行为的发生;④可能导致被审计单位无法持续经营的未来事项或情况。相关审计准则规定了具体审计程序,这些程序有助于减轻固有限制的影响。

由于审计的固有限制,即使按照审计准则的规定适当地计划和执行审计工作,也不可避免地存在财务报表的某些重大错报时可能未被发现的风险。相应地,完成审计工作后发现由于舞弊或错误导致的财务报表重大错误,其本身并不表明注册会计师没有按照审计准则的规定执行审计工作。尽管如此,审计的固有限制并不能作为注册会计师满足于说服力不足的审计证据的理由。注册会计师是否按照审计准则的规定执行了审计工作,取决于注册会计师在具体情况下实施的审计程序,由此获取的审计证据的充分性和适当性,以及根据总体目标和对审计证据的评价结果而出具审计报告的恰当性。

(二)审计具体目标

1.认定

(1)认定的含义

认定,是指管理层在财务报表中作出的明确或隐含的表达,注册会计师将其用于考虑可能发生的不同类型的潜在错报。认定与审计目标密切相关,注册会计师的基本职责就是确定被审计单位管理层对其财务报表的认定是否恰当。注册会计师了解了认定,就很容易确定每个项目的具体审计目标。通过考虑可能发生的不同类型的潜在错报,注册会计师运用认定评估风险,并据此设计审计程序以应对评估的风险。

当管理层声明财务报表已按照适用的财务报告编制基础编制,在所有重大方面作出公允反映时,就意味着管理层对财务报表各组成要素的确认、计量、列报以及相关的披露作出了认定。管理层在财务报表上的认定有些是明确表达的,有些则是隐含表达的。例如,管理层在资产负债表中列报存货及其金额,意味着作出下列明确的认定:①记录的存货是存在的;②存货以恰当的金额包括在财务报表中,与之相关的计价或分摊调整已恰当记录。同时,管理层也作出下列隐含的认定:①所有应当记录的存货均已记录;②记录的存货都由被审计单位所有。

注册会计师的审计工作就是要确定管理层对财务报表各组成要素作出的认定是否恰当。

(2)与所审计期间各类交易和事项相关的认定

注册会计师对所审计期间的各类交易和事项运用的认定通常分为下列类别:

①发生

记录的交易或事项已发生,且与被审计单位有关。

②完整性

所有应当记录的交易和事项均已记录。

③准确性

与交易和事项有关的金额及其他数据已恰当记录。

④截止

交易和事项已记录于正确的会计期间。

⑤分类

交易和事项已记录于恰当的账户。

(3)与期末账户余额相关的认定

注册会计师对期末账户余额运用的认定通常分为下列类别:

①存在

记录的资产、负债和所有者权益是存在的。

②权利和义务

记录的资产由被审计单位拥有或控制,记录的负债是被审计单位应当履行的偿还义务。

③完整性

所有应当记录的资产、负债和所有者权益均已记录。

④计价和分摊

资产、负债和所有者权益以恰当的金额包括在财务报表中,与之相关的计价或分摊调整已恰当记录。

(4)与列报和披露相关的认定

各类交易和账户余额的认定正确只是为列报正确打下了必要的基础,财务报表还可能因被审计单位误解有关列报的规定或舞弊等而产生错报。另外,还可能因被

第三章 审计的其他工作

审计单位没有遵守一些专门的披露要求而导致财务报表错报。因此，即使注册会计师审计了各类交易和账户余额的认定，实现了各类交易和账户余额的具体审计目标，也不意味着获取了足以对财务报表发表审计意见的充分、适当的审计证据。注册会计师还应当对各类交易、账户余额及相关事项在财务报表中列报的正确性实施审计。基于此，注册会计师对列报和披露运用的认定通常分为下列类别：①发生以及权利和义务：披露的交易、事项和其他情况已发生，且与被审计单位有关；②完整性：所有应当包括在财务报表中的披露均已包括；③分类和可理解性：财务信息已被恰当地列报和描述，且披露内容表述清楚；④准确性和计价：财务信息和其他信息已公允披露，且金额恰当。

注册会计师可以按照上述分类运用认定，也可按其他方式表述认定，但应涵盖上述所有方面。例如，注册会计师可以选择将有关交易和事项的认定与有关账户余额的认定综合运用。又如，当发生和完整性认定包含了对交易是否记录于正确会计期间的恰当考虑时，就可能不存在与交易和事项截止相关的单独认定。

2. 具体审计目标

注册会计师了解认定后，就很容易确定每个项目的具体审计目标，并以此作为评估重大错报风险以及设计和实施进一步审计程序的基础。

（1）与所审计期间各类交易和事项相关的审计目标

①发生

由发生认定推导的审计目标是确认已记录的交易是真实的。例如，如果没有发生销售交易，但在销售日记账中记录了一笔销售，则违反了该目标。

发生认定所要解决的问题是管理层是否把那些不曾发生的项目列入财务报表，它主要与财务报表组成要素的高估有关。

②完整性

由完整性认定推导的审计目标是确认已发生的交易确实已经记录。例如，如果发生了销售交易，但没有在销售明细账和总账中记录，则违反了该目标。

发生和完整性两者强调的是相反的关注点。发生目标针对多记、虚构交易（高估），而完整性目标则针对漏记交易（低估）。

③准确性

由准确性认定推导出的审计目标是确认已记录的交易是按正确金额反映的。例如，如果在销售交易中，发出商品的数量与账单上的数量不符，或是开账单时使用了错误的销售价格，或是账单中的乘积或加总有误，或是在销售明细账中记录了错误的金额，则违反了该目标。

准确性与发生、完整性之间存在区别。例如，若已记录的销售交易是不应当记录的（如发出的商品是寄销商品），则即使发票金额是准确计算的，仍违反了发生目标。

再如，若已入账的销售交易是对正确发出商品的记录，但金额计算错误，则违反了准确性目标，没有违反发生目标。在完整性与准确性之间也存在同样的关系。

④截止

由截止认定推导出的审计目标是确认接近于资产负债表日的交易记录于恰当的期间。例如，如果本期交易推到下期，或下期交易提到本期，均违反了截止目标。

⑤分类

由分类认定推导出的审计目标是确认被审计单位记录的交易经过适当分类。例如，如果将现销记录为赊销，将出售经营性固定资产所得的收入记录为营业收入，则导致交易分类的错误，违反了分类的目标。

(2) 与期末账户余额相关的审计目标

①存在

由存在认定推导的审计目标是确认记录的金额确实存在。例如，如果不存在某顾客的应收账款，在应收账款明细表中却列入了对该顾客的应收账款，则违反了存在性目标。

②权利和义务

由权利和义务认定推导的审计目标是确认资产归属于被审计单位，负债属于被审计单位的义务。例如，将他人寄售商品列入被审计单位的存货中，违反了权利目标；将不属于被审计单位的债务记入账内，违反了义务目标。

③完整性

由完整性认定推导的审计目标是确认已存在的金额均已记录。例如，如果存在某顾客的应收账款，而应收账款明细表中却没有列入，则违反了完整性目标。

④计价和分摊

资产、负债和所有者权益以恰当的金额包括在财务报表中；与之相关的计价或分摊调整已恰当记录。

(3) 与列报和披露相关的审计目标

①发生以及权利和义务

将没有发生的交易、事项，或与被审计单位无关的交易和事项包括在财务报表中，则违反该目标。例如，复核董事会会议记录中是否记载了固定资产抵押等事项，询问管理层固定资产是否被抵押，即是对列报的权利认定的运用。如果被审计单位拥有被抵押的固定资产，则需要将其在财务报表中列报，并说明与之相关的权利受到限制。

②完整性

如果应当披露的事项没有包括在财务报表中，则违反了该目标。例如，检查关联方和关联交易，以验证其在财务报表中是否得到充分披露，即是对列报的完整性认定的运用。

③分类和可理解性

财务信息已被恰当地列报和描述,且披露内容表述清楚。例如,检查存货的主要类别是否已披露,是否将一年内到期的长期负债列为流动负债,即是对列报的分类和可理解性认定的运用。

④准确性和计价

财务信息和其他信息已公允披露,且金额恰当。例如,检查财务报表附注是否分别对原材料、在产品和产成品等存货成本核算方法做了恰当说明,即是对列报的准确性和计价认定的运用。

通过上面介绍可知,认定是确定具体审计目标的基础。注册会计师通常将认定转化为能够通过审计程序予以实现的审计目标。针对财务报表每一项目所表现出的各项认定,注册会计师相应地确定一项或多项审计目标,然后通过执行一系列审计程序获取充分、适当的审计证据以实现审计目标。

二、审计计划

计划审计工作是指注册会计师为了完成审计业务,达到预期的审计目标,在具体执行审计程序之前对审计工作所作的合理规划和安排。计划审计工作对于注册会计师顺利完成审计工作和控制审计风险具有非常重要的意义。计划审计工作是一项持续的过程,注册会计师通过在前一期审计工作结束后即开始开展本期的计划审计工作,并查到本期审计工作结束为止。在计划审计工作时,注册会计师需要进行初步业务活动,制定总体审计策略和具体审计计划。

(一)初步业务活动

注册会计师在计划审计工作前,需要开展初步业务活动,为制订审计计划做好前期准备工作。

1.初步业务活动的目的

在本期审计业务开始时,注册会计师需要开展初步业务活动,以实现以下三个主要目的:①具备执行业务所需的独立性和能力;②不存在因管理层诚信问题而可能影响注册会计师保持该项业务的意愿的事项;③与被审计单位之间不存在对业务约定条款的误解。

2.初步业务活动的内容

注册会计师应当开展下列初步业务活动:

(1)针对保持客户关系和具体审计业务实施相应的质量控制程序

针对保持客户关系和具体审计业务实施质量控制程序,并且根据实施相应程序的结果作出适当的决策是注册会计师控制审计风险的重要环节。《中国注册会计师审计准则第1121号——对财务报表审计实施的质量控制》及《质量控制准则第5101号——会计师事务所对执行财务报表审计和审阅、其他鉴证和相关服务业务实施的质量控制》含有与客户关系和具体业务的接受与保持相关的要求,注册会计师应当按照其规定开展初步业务活动。

(2)评价遵守相关职业道德要求的情况

评价遵守相关职业道德要求的情况也是一项非常重要的初步业务活动。质量控制准则含有包括独立性在内的有关职业道德要求,注册会计师应当按照其规定执行。虽然保持客户关系及具体审计业务和评价职业道德的工作贯穿审计业务的全过程,但是这两项活动需要安排在其他审计工作之前,以确保注册会计师已具备执行业务所需要的独立性和专业胜任能力,且不存在因管理层诚信问题而影响注册会计师保持该项业务的意愿等情况。在连续审计的业务中,这些初步业务活动通常是在上期审计工作结束后不久或将要结束时就已经开始了。

(3)就审计业务约定条款达成一致意见

在作出接受或保持客户关系及具体审计业务的决策后,注册会计师应当按照《中国注册会计师审计准则第1111号——就审计业务约定条款达成一致意见》的规定,在审计业务开始前,与被审计单位就审计业务约定条款达成一致意见,签订或修改审计业务约定书,以避免双方对审计业务的理解产生分歧。

3.审计业务约定书

审计业务约定书是指会计师事务所与被审计单位签订的,用以记录和确认审计业务的委托与受托关系、审计目标和范围、双方的责任以及报告的格式等事项的书面协议。会计师事务所承接任何审计业务,都应与被审计单位签订审计业务约定书。

(1)审计业务约定书的基本内容

审计业务约定书的具体内容和格式可能因被审计单位的不同而不同,但应当包括以下主要内容:①财务报表审计的目标与范围;②注册会计师的责任;③管理层的责任;④指出用于编制财务报表所适用的财务报告编制基础;⑤提及注册会计师拟出具的审计报告的预期形式和内容,以及对在特定情况下出具的审计报告可能不同于预期形式和内容的说明。

(2)审计业务约定书的特殊考虑

①考虑特定需要

如果情况需要,注册会计师还应当考虑在审计业务约定书中列明下列内容:详细说明审计工作的范围,包括提及适用的法律法规、审计准则,以及注册会计师协会发布的职业道德守则和其他公告;对审计业务结果的其他沟通形式;说明由于审计和内部控制的固有限制,即使审计工作按照审计准则的规定得到恰当的计划和执行,仍不可避免地存在某些重大错报未被发现的风险;计划和执行审计工作的安排,包括审计项目组的构成;管理层确认将提供书面声明;管理层同意向注册会计师及时提供财务报表草稿和其他所有附带信息,以使注册会计师能够按照预定的时间表完成审计工作;管理层同意告知注册会计师在审计报告日至财务报表报出日之间注意到的可能影响财务报表的事实;收费的计算基础和收费安排;管理层确认收到审计业务约定书并同意其中的条款;在某些方面对利用其他注册会计师和专家工作的安排;对审计涉及的内部审计人员和被审计单位其他员工工作的安排;在首次审计的情况下,与前任注册会计师(如存在)沟通的安排;说明对注册会计师责任可能存在的限制;注册会计师与被审计单位之间需要达成进一步协议的事项;向其他机构或人员提供审计工作底稿的义务。

②组成部分的审计

如果母公司的注册会计师同时也是组成部分注册会计师,需要考虑下列因素,决定是否向组成部分单独致送审计业务约定书:组成部分注册会计师的委托人;是否对组成部分单独出具审计报告;与审计委托相关的法律法规的规定;母公司占组成部分的所有权份额;组成部分管理层相对于母公司的独立程度。

③连续审计

对于连续审计,注册会计师应当根据具体情况评估是否需要对审计业务约定条款作出修改,以及是否需要提醒被审计单位注意现有的条款。注册会计师可以决定不在每期都报送新的审计业务约定书或其他书面协议。然而,下列因素可能导致注册会计师修改审计业务约定条款或提醒被审计单位注意现有的业务约定条款:有迹象表明被审计单位误解审计目标和范围;需要修改约定条款或增加特别条款;被审计单位高级管理人员近期发生变动;被审计单位所有权发生重大变动;被审计单位业务的性质或规模发生重大变化;法律法规的规定发生变化;编制财务报表采用的财务报告编制基础发生变更;其他报告要求发生变化。

(二)总体审计策略

注册会计师应当为审计工作制定总体审计策略。总体审计策略用以确定审计范围、时间安排和方向,并指导具体审计计划的制定。在制定总体审计策略时,应当考虑以下主要事项:

1.审计范围

在确定审计范围时,需要考虑下列具体事项:①编制拟审计的财务信息所依据的财务报告编制基础,包括是否需要将财务信息调整至按照其他财务报告编制基础编制;②特定行业的报告要求,如某些行业监管机构要求提交的报告;③预期审计工作涵盖的范围,包括应涵盖的组成部分的数量及所在地点;④母公司和集团组成部分之间存在的控制关系的性质,以确定如何编制合并财务报表;⑤由组成部分注册会计师审计组成部分的范围;⑥拟审计的经营分部的性质,包括是否需要具备专门知识;⑦

外币折算,包括外币交易的会计处理、外币财务报表的折算和相关信息的披露;⑧除为合并目的执行的审计工作之外,对个别财务报表进行法定审计的需求;⑨内部审计工作的可获得性及注册会计师拟信赖内部审计工作的程度;⑩被审计单位使用服务机构的情况,及注册会计师如何取得有关服务机构内部控制设计和运行有效性的证据;⑪对利用在以前审计工作中获取的审计证据(如获取的与风险评估程序和控制测试相关的审计证据)的预期;⑫信息技术对审计程序的影响,包括数据的可获得性和对使用计算机辅助审计技术的预期;⑬协调审计工作与中期财务信息审阅的预期涵盖范围和时间安排,以及中期审阅所获取的信息对审计工作的影响;⑭与被审计单位人员的时间协调和相关数据的可获得性。

2. 报告目标、时间安排及所需沟通

为计划报告目标、时间安排和所需沟通,需要考虑下列事项:①被审计单位对外报告的时间表,包括中间阶段和最终阶段;②与管理层和治理层举行会谈,讨论审计工作的性质、时间安排和范围;③与管理层和治理层讨论注册会计师拟出具的报告的类型和时间安排以及沟通的其他事项(口头或书面沟通),包括审计报告、管理建议书和向治理层通报的其他事项;④与管理层讨论预期就整个审计业务中审计工作的进展进行的沟通;⑤与组成部分注册会计师沟通拟出具的报告的类型和时间安排,以及与组成部分审计相关的其他事项;⑥项目组成员之间沟通的预期性质和时间安排,包括项目组会议的性质和时间安排,以及复核已执行工作的时间安排;⑦预期是否需要和第三方进行其他沟通,包括与审计相关的法定或约定的报告责任。

3. 审计方向

总体审计策略的制定应当包括考虑影响审计业务的重要因素,以确定项目组工作方向,包括确定适当的重要性水平,初步识别可能存在较高的重大错报风险的领域,初步识别重要的组成部分和账户余额,评价是否需要针对内部控制的有效性获取审计证据,识别被审计单位、所处行业、财务报告要求及其他相关方面最近发生的重大变化等。

在确定审计方向时,注册会计师需要考虑下列事项:

第一,重要性方面。具体包括:①为计划目的确定重要性;②为组成部分确定重要性且与组成部分的注册会计师沟通;③在审计过程中重新考虑重要性;④识别重要的组成部分和账户余额。

第二,重大错报风险较高的审计领域。

第三,评估的财务报表层次的重大错报风险对指导、监督及复核的影响。

第四,项目组人员的选择(在必要时包括项目质量控制复核人员)和工作分工,包括向重大错报风险较高的审计领域分派具备适当经验的人员。

第五,项目预算,包括考虑为重大错报风险可能较高的审计领域分配适当的工作时间。

第六，如何向项目组成员强调在收集和评价审计证据过程中保持职业怀疑的必要性。

第七，以往审计中对内部控制运行有效性进行评价的结果，包括所识别的控制缺陷的性质及应对措施。

第八，管理层重视设计和实施健全的内部控制的相关证据，包括这些内部控制得以适当记录的证据。

第九，业务交易量规模，以基于审计效率的考虑确定是否依赖内部控制。

第十，对内部控制重要性的重视程度。

第十一，影响审计单位经营的重大发展变化，包括信息技术和业务流程的变化，关键管理人员变化，以及收购、兼并和分立。

第十二，重大的行业发展情况，如行业法规变化和新的报告规定。

第十三，会计准则及会计制度的变化。

第十四，其他重大变化，如影响被审计单位的法律环境的变化。

4.审计资源

注册会计师应当在总体审计策略中清楚地说明审计资源的规划和调配，包括确定执行审计业务所必需的审计资源的性质、时间安排和范围。

第一，向具体审计领域调配的资源，包括向高风险领域分派有适当经验的项目组成员，就复杂的问题利用专家工作等；

第二，向具体审计领域分配资源的多少，包括分派到重要地点进行存货监盘的项目组成员的人数，在集团审计中复核组成部分注册会计师工作的范围，向高风险领域分配的审计时间预算等；

第三，何时调配这些资源，包括是在期中审计阶段还是在关键的截止日期调配资源等；

第四，如何管理、指导、监督这些资源，包括预期何时召开项目组预备会和总结会，预期项目合伙人和经理如何进行复核，是否需要实施项目质量控制复核等。

(三)具体审计计划

注册会计师应当为审计工作制订具体审计计划。具体审计计划比总体审计策略更加详细，其内容包括为获取充分、适当的审计证据以将审计风险降至可接受的低水平，项目组成员拟实施的审计程序的性质、时间安排和范围。可以说，为获取充分、适当的审计证据而确定审计程序的性质、时间安排和范围是具体审计计划的核心。具体审计计划应当包括风险评估程序、计划实施的进一步审计程序和其他审计程序。

1.风险评估程序

具体审计计划应当包括按照《中国注册会计师审计准则第1211号——通过了解

被审计单位及其环境识别和评估重大错报风险》的规定,为了充分识别和评估财务报表重大错报风险,注册会计师计划实施的风险评估程序的性质、时间安排和范围。

2. 计划实施的进一步审计程序

具体审计计划应当包括按照《中国注册会计师审计准则第1231号——针对评估的重大错报风险采取的应对措施》的规定,针对评估的认定层次的重大错报风险,注册会计师计划实施的进一步审计程序的性质、时间安排和范围。进一步审计程序包括控制测试和实质性程序。

需要强调的是,随着审计工作的推进,对审计程序的计划会一步步深入,并贯穿于整个审计过程。例如,计划风险评估程序通常在审计开始阶段进行,计划进一步审计程序则需要依据风险评估程序的结果进行。因此,为达到制订具体审计计划的要求,注册会计师需要完成风险评估程序,识别和评估重大错报风险,并针对评估的认定层次的重大错报风险,计划实施进一步审计程序的性质、时间安排和范围。

通常,注册会计师计划的进一步审计程序可以分为进一步审计程序的总体方案和拟实施的具体审计程序(包括进一步审计程序的具体性质、时间安排和范围)两个层次。进一步审计程序的总体方案主要是指注册会计师针对各类交易、账户余额和披露决定采用的总体方案(包括实质性方案和综合性方案);具体审计程序则是对进一步审计程序的总体方案的延伸和细化,它通常包括控制测试和实质性程序的性质、时间安排和范围。在实务中,注册会计师通常单独制定一套包括这些具体程序的"进一步审计程序表",待具体实施审计程序时,注册会计师将基于所计划的具体审计程序,进一步记录所实施的审计程序及结果,并最终形成有关进一步审计程序的审计工作底稿。

另外,完整、详细的进一步审计程序的计划包括对各类交易、账户余额和披露实施的具体审计程序的性质、时间安排和范围,包括抽取的样本量等。在实务中,注册会计师可以统筹安排进一步审计程序的先后顺序,如果对某类交易、账户余额或披露已经作出计划,则可以安排先行开展工作,与此同时再制定其他交易、账户余额和披露的进一步审计程序。

3. 计划其他审计程序

具体审计计划应当包括根据审计准则的规定,注册会计师针对审计业务需要实施的其他审计程序。计划的其他审计程序可以包括上述进一步程序的计划中没有涵盖的、根据其他审计准则的要求注册会计师应当执行的既定程序。

在审计计划阶段,除了按照《中国注册会计师审计准则第1211号——通过了解被审计单位及其环境识别和评估重大错报风险》进行计划工作,注册会计师还需要兼顾其他准则中规定的、针对特定项目在审计计划阶段应执行的程序及记录要求。例如,《中国注册会计师审计准则第1141号——财务报表审计中与舞弊相关的责任》《中国注册会计师审计准则第1324号——持续经营》《中国注册会计师审计准则第1142号——财务报表审计中对法律法规的考虑》及《中国注册会计师审计准则第1323号——关联方》等准则中对注册会计师针对这些特定项目在审计计划阶段应当执行的程序及其记录作出了规定。当然,由于被审计单位所处行业、环境各不相同,特别项目可能也有所不同。例如,有些企业可能涉及环境事项、电子商务等,在实务中注册会计师应根据被审计单位的具体情况确定特定项目并执行相应的审计程序。

4.审计过程中对计划的更改

计划审计工作并非审计业务的一个孤立阶段,而是一个持续的、不断修正的过程,贯穿于整个审计业务的始终。由于未预期事项、条件的变化或在实施审计程序中获取的审计证据等原因,在审计过程中,注册会计师应当在必要时对总体审计策略和具体审计划作出更新和修改。

审计过程可以分为不同阶段,通常前面阶段的工作结果会对后面阶段的工作计划产生一定的影响,而后面阶段的工作过程中又可能发现需要对已制订的相关计划进行相应的更新和修改。通常来讲,这些更新和修改可能涉及比较重要的事项。例如,对重要性水平的修改,对某类交易、账户余额和披露的重大错报风险的评估和进一步审计程序(包括总体方案和拟实施的具体审计程序)的更新和修改等。一旦计划被更新和修改,审计工作也就应当进行相应的修正。

例如,如果在制订审计计划时,注册会计师基于对材料采购交易的相关控制的设计和执行获取的审计证据,认为相关控制设计合理并得以执行,因此未将其评价为高风险领域并且计划执行控制测试。但是在执行控制测试时获得的审计证据与审计计划阶段获得的审计证据相矛盾,注册会计师认为该类交易的控制没有得到有效执行,此时,注册会计师可能需要修正对该类交易的风险评估,并基于修正的评估风险修改计划的审计方案,如采用实质性方案。

如果注册会计师在审计过程中对总体审计策略或具体审计计划作出重大修改,应当在审计工作底稿中记录作出的重大修改及其理由。

三、审计重要性

(一)审计重要性的含义

审计重要性作为一个非常重要的概念贯穿于审计全过程,正确理解审计重要性的含义并加以有效运用对于审计质量的保证和审计目标的实现都非常重要。

财务报告编制基础通常从编制和列报财务报表的角度阐释重要性概念。财务报告编制基础可能以不同的术语解释重要性,但通常而言,重要性概念可从以下方面进行理解:首先,如果合理预期错报(包括漏报)单独或汇总起来可能影响财务报表使用者依据财务报表作出的经济决策,则通常认为错报是重大的;其次,对重要性的判断是根据具体环境作出的,并受错报的金额或性质的影响,或受两者共同作用的影响;最后,判断某事项对财务报表使用者是否重大,是在考虑财务报表使用者整体共同的财务信息需求的基础上作出的。由于不同财务报表使用者对财务信息的需求可能差异很大,因此不考虑错报对个别财务报表使用者可能产生的影响。

(二)审计重要性的评估原则

1. 重要性的评估需要合理运用职业判断

审计重要性水平的确定需要审计人员运用职业判断,由于审计人员的判断能力、判断方法和专业胜任能力因人而异,因此在对同一被审计单位的财务报表进行重要性水平判断时,不同的审计人员会得出不同的结论。

2. 重要性的评估要兼顾审计效果与效率

现代企业集团日益增多,企业规模不断扩大以及组织结构日趋复杂,使得审计人员不得不用抽样审计的方法取代详细审计。在抽样审计方法下,审计人员需要考虑重要性来提高审计效率;同时抽样审计下的审计人员还必须对未抽查部分的正确性承担一定的审计风险。风险的大小与重要性的评估相关,因此,审计人员必须对重要性予以正确判断才能保证审计质量。

3. 重要性的评估要同时结合错报或漏报的金额与性质

注册会计师可能将低于某一金额的错报界定为明显微小的错报,对这类错报不需要累计,因为注册会计师认为这些错报的汇总数明显不会对财务报表产生重大影响。这些明显微小的错报,无论单独或者汇总起来,无论从规模、性质或其发生的环境来看都是明显微不足道的。

一般情况下,较大金额的错报或漏报要比较小金额的错报或漏报更重要,但有些时候,金额相对较少的错报或漏报可能会对财务报表产生重大影响,即性质上是重要的。例如,涉及舞弊或违法行为的错报或漏报、可能涉及法律责任后果和影响收益趋势的错报或漏报。在这种情况下,单单靠金额大小来判断某项错报或漏报是否重大可能会得出错误的结论,因此,需要综合考虑错报或漏报的金额和性质。

4. 重要性的评估不能忽视小额错报或漏报的累计影响

注册会计师应当累计审计过程中识别出的错报,除非错报明显微小。单个小额错报或漏报看起来对财务报表无足轻重,但如果这个小额错报或漏报月月发生,甚至天天发生,那么加总起来的影响就相当可观了,极有可能变成大额的错报或漏报,此时对财务报表就将形成重大影响,因此,审计人员在确定重要性水平时也应对此予以关注。

5. 重要性的评估要从财务报表和交易账户两个层次加以考虑

审计的总体目标是对财务报表的合法性、公允性和会计处理方法的一贯性发表意见,因此,注册会计师应当确定财务报表整体的重要性。由于财务报表中提供的信息均来源于各个账户或各项交易,注册会计师仍需通过各账户和各交易来获得对财务报表整体性的结论,因此,注册会计师还必须考虑账户和交易层次的重要性。对于账户和交易层次的重要性水平的确定,注册会计师可采取将财务报表层次的重要性水平分配至各个账户和交易类别的方法,也可单独进行确定。

(三)审计重要性的判断

1.财务报表层次的重要性水平

在制定总体审计策略时,注册会计师应当确定财务报表整体的重要性。注册会计师通常先选定一个基准,再乘以某一百分比作为财务报表整体的重要性。选择适合具体情况的适当基准和百分比是注册会计师运用职业判断的结果。

确定适当的基准时,注册会计师需要站在财务报表使用者的角度,充分考虑被审计单位的性质、所处的生命周期阶段以及所处行业和经济环境,选用如资产、负债、所有者权益、收入和费用等财务报表要素,或报表使用者特别关注的项目作为适当的基准。注册会计师为被审计单位选择的基准在各年度中通常会保持稳定,但是并非必须保持一贯不变。注册会计师可以根据经济形势、行业状况和被审计单位具体情况的变化,在各年度中作出调整。

由于百分比和选定的基准之间存在一定的联系,因此,百分比常常需要根据选定的基准并运用职业判断来确定。在确定百分比时,除了考虑被审计单位是否为上市公司或公众利益实体外,其他因素也会影响注册会计师对百分比的选择,这些因素包括但不限于:①财务报表是否分发给广大范围的使用者;②被审计单位是否由集团内部关联方提供融资或是否有大额对外融资(如债券或银行贷款);③使用者是否对基准数据特别敏感(如特殊目的财务报表的使用者);④其他因素。

2.各类交易、账户余额或披露的认定层次的重要性水平

根据被审计单位的特定情况,如果存在一个或多个特定类别的交易、账户余额或披露,其发生的错报金额虽然低于财务报表整体的重要性,但合理预期可影响财务报表使用者依据财务报表作出的经济决策,注册会计师应当确定适用这些交易、账户余额或披露的一个或多个重要性水平。

下列因素可能表明需要确定适用于这些交易、账户余额或披露的一个或多个重要性水平:一是法律法规或适用的财务报告编制基础是否影响财务报表使用者对特定项目(如关联方交易、管理层和治理层的薪酬)计量或披露的预期;二是与被审计单位所处行业相关的关键性披露(如制药企业的研究与开发成本);三是财务报表使用者是否特别关注财务报表中单独披露的业务的特定方面(如新收购的业务)。

3.实际执行的重要性

实际执行的重要性,是指注册会计师确定的低于财务报表整体重要性的一个或多个金额,旨在将未更正和未发现错报的汇总数超过财务报表整体重要性的可能性

降至适当的低水平。如果适用,实际执行的重要性还指注册会计师确定的低于特定类别的交易、账户余额或披露的重要性水平的一个或多个金额。

审计准则要求注册会计师确定低于财务报表整体重要性的一个或多个金额作为实际执行的重要性,注册会计师无须通过将财务报表整体的重要性平均分配或按比例分配至各个报表项目的方法来确定实际执行的重要性,而是根据对报表项目的风险评估结果,确定如何确定一个或多个实际执行的重要性。例如,根据以前期间的审计经验和本期审计计划阶段的风险评估结果,注册会计师认为可以以财务报表整体重要性的75%作为大多数报表项目的实际执行的重要性;与营业收入项目相关的内部控制存在控制缺陷,而且以前年度审计中存在审计调整,因此考虑以财务报表整体重要性的50%作为营业收入项目实际执行的重要性,从而有针对性地对高风险领域执行更多的审计工作。

注册会计师应当确定实际执行的重要性以评估重大错报风险并确定进一步审计程序的性质、时间安排和范围。确定实际执行的重要性并非简单机械的计算,需要注册会计师运用职业判断,并将对被审计单位的了解、前期审计工作中识别出的错报的性质和范围、根据前期识别出的错报对本期错报作出的预期这些因素纳入考虑范围。审计风险的大小也会影响实际执行的重要性的确定,例如,对于审计风险较高的审计项目,就需要确定较低的实际执行的重要性。

(四)审计重要性的运用

1. 计划审计工作时重要性的运用

在计划审计工作时,注册会计师需要对重要性作出判断,以便为确定风险评估程序的性质、时间安排和范围,识别和评估重大错报风险以及确定进一步审计程序的性质、时间安排和范围提供基础。

注册会计师在计划审计工作中确定重要性水平时,需要考虑以下因素:

(1)对被审计单位及其环境的了解程度

重要性水平与被审计单位的行业状况、法律环境、监管环境、规模大小、业务性质、对会计政策的选择和应用等因素均相关,因此,对被审计单位及其环境的了解程度将影响审计人员对重要性水平的判断。

(2)审计的目标

财务报表使用者对于信息的要求会影响审计人员对重要性水平的确定。

(3)财务报表各个项目的性质以及相互关系

对于不同的财务报表项目,财务报表使用者对其关心的程度也不同,一般而言,流动性较高的项目比流动性弱的项目更受关注,因而需要制定更严格的重要性水平,再者,财务报表各项目之间是相互联系的,因此在确定重要性水平时也应将这一因素纳入考虑范围。

(4)财务报表项目的金额及其变动幅度

财务报表使用者可能会对不同的财务报表项目金额及其变动幅度作出不同的反应,因此,审计人员在确定重要性水平时,应当考虑这些项目的金额及其变动幅度。

注册会计师在计划审计工作时可能根据实际执行的重要性确定需要对哪些类型的交易、账户余额和披露实施进一步审计程序,即通常选取金额超过实际执行的重要性的财务报表项目,因为这些财务报表项目有可能导致财务报表出现重大错报。但是,这不代表注册会计师可以对所有金额低于实际执行的重要性的财务报表项目不实施进一步审计程序,这主要出于以下考虑:一是单个金额低于实际执行的重要性的财务报表项目汇总起来可能金额重大(可能远远超过财务报表整体的重要性),注册会计师需要考虑汇总后的潜在错报风险;二是对于存在低估风险的财务报表项目,不能仅仅因为其金额低于实际执行的重要性而不实施进一步审计程序;三是对于识别出存在舞弊风险的财务报表项目,不能因为其金额低于实际执行的重要性而不实施进一步审计程序。

2.审计实施阶段对重要性的运用

在审计实施阶段,审计人员也需要考虑重要性来判断所发现的错报或漏报是否重要,从而决定是否应作为审计调整或重分类建议向被审计单位提出。其次,确定一项分类错报是否重大,需要进行定性评估,此时也需要用到重要性水平。例如,注册会计师识别出某项应付账款误计入其他应付款的错报,金额超过财务报表整体的重要性。但由于该错报不影响经营业绩和关键财务指标,故注册会计师认为该项错报不重大。在执行审计工作阶段,实际执行的重要性也将直接影响注册会计师的审计工作量及需要获取的审计证据,主要体现在运用实际执行的重要性确定进一步审计程序的性质、时间安排和范围。例如,在实施实质性分析程序时,注册会计师确定的已记录金额与预期值之间的可接受差异额通常不超过实际执行的重要性;在运用审计抽样实施细节测试时,注册会计师可以将可容忍错报的金额设定为等于或低于实际执行的重要性。

3.审计结果评价阶段重要性的运用

在审计结果评价阶段,注册会计师必须根据所发现的错报或漏报决定是否需要修正初始重要性水平,进而评价是否已获取了充分适当的审计证据使总体审计风险维持在可接受的水平之下。由于在审计过程中,审计情况可能发生重大变化,注册会计师获取了新信息或通过进一步审计程序对被审计单位及其经营环境有了新的了解等原因,注册会计师可能需要修改财务报表整体的重要性和特定类别的交易、账户余额或披露的重要性水平。

四、审计风险与审计风险模型

随着时代与环境的变化,审计模式也不断得到进步与发展,过去的账项导向与制度导向的审计已逐渐退出历史的舞台,而风险导向审计模式成为目前审计的主流。顾名思义,所谓风险导向的审计模式,就是指注册会计师通过评估企业的重大错报风险,来确定审计工作的时间、性质和范围,并以此来控制检查风险,从而将审计风险降至可接受的低水平,为客户的财务报表提供合理的保障。

(一)审计风险的含义

所谓审计风险,是指审计风险是指会计报表存在重大错误或漏报,而注册会计师审计后发表不恰当审计意见的可能性。具体来说,审计风险又可以分成重大错报风险与检查风险两个组成部分。

(二)审计风险的特征

1. 审计风险具有客观性

审计风险存在于整个审计过程,这是一种客观的现实,不会因为人的意志而转移或者消失。因而,审计人员只能采取有效的审计方法,经过有效的审计程序,去抑制、降低或控制审计风险。

2. 审计风险具有不确定性

这种不确定性具体表现为:经济后果发生与否的不确定性、造成经济损失严重程度的不确定性、审计人员承担审计责任大小的不确定性,等等,因而它也是一种潜在风险。

3. 审计风险造成的经济损失是严重的

审计风险一旦发生,就会造成严重的经济后果。就会计师事务所而言,审计风险的发生必然会降低其可信度,影响注册会计师的形象,严重时还会招惹官司;就被审计单位而言,审计风险发生后,企业某些重大的经济事项信息必然会被披露,这就可能严重影响企业的形象和资信度,尤其是上市公司,其股票价格必然会产生剧烈的震荡;就社会公众,广大投资者而言,由于是审计风险最直接的受害者,在不恰当的审计报告的误导下,他们可能会做出错误的投资决策,使自己的经济利益受损。

4. 审计风险贯穿于审计过程的始终

尽管审计风险是通过最终的审计结论与预期的偏差表现出来的,但这种偏差是由多方面的因素造成的,审计程序的每一个环节都可能导致审计风险的产生。因此,不同的审计计划和审计程序会产生与之相应的审计风险,并会影响最终的审计结论。

5. 审计风险具有可控性

虽然审计风险的产生及其后果是难以预料的,但人们仍然可以通过主观努力对其进行适当的控制,将其限制在可接受的范围之内。由于审计是可以控制的,因此审计人员不必对其产生惧怕心理,在审计过程中可以通过识别风险领域和种类,采取相应的措施,将审计风险降低至可接受水平。

(三)审计风险的种类

1. 重大错报风险

重大错报风险是指财务报表在审计前存在重大错报的可能性。它是由被审计单位自身的特点和风险所决定的,而与财务报表的审计与否无关。注册会计师在进行审计时,应该从以下两个层次考虑重大错报风险。

(1)两个层次的重大错报风险

财务报表层次重大错报风险与财务报表整体存在广泛联系,可能影响多项认定。此类风险通常与控制环境有关,但也可能与其他因素有关,如经济萧条。此类风险难以界定于某类交易、账户余额和披露的具体认定;相反,此类风险增大了认定层次发生重大错报的可能性,与注册会计师考虑由舞弊引起的风险尤其相关。

注册会计师同时考虑各类交易、账户余额和披露认定层次的重大错报风险,考虑的结果直接有助于注册会计师确定认定层次上实施的进一步审计程序的性质、时间安排和范围。注册会计师在各类交易、账户余额和披露认定层次获取审计证据,以便能够在审计工作完成时,以可接受的低审计风险水平对财务报表整体发表审计意见。

(2)固有风险和控制风险

认定层次的重大错报风险又可以进一步地划分为固有风险和控制风险。

固有风险是指在假定被审计单位不存在相关的内部控制的情形下,某类交易、账户余额或披露的某一认定发生重大错报的可能性。固有风险源于被审计单位的经营及其业务的特征,独立于审计而存在。举例来说,涉及复杂计算的业务相比只需简单计算的业务更容易出错,这是由业务本身的性质决定的。因此,注册会计师无法决定和改变被审计单位的固有风险,而只能对这一风险进行评估,并根据评估的结果来对审计工作的性质、时间和范围进行调整。

控制风险是指某类交易、账户余额或披露的某一认定发生重大错报,而该错报未能被相关内部控制及时防止或发现并纠正的可能性。控制风险取决于与财务报表编制有关的内部控制的设计和运行的有效性,有效的内部控制能够降低被审计单位发生重大错报的概率,但由于内部控制存在固有局限性,奢望于内部控制能够发现并防止所有重大错报显然是不现实的。因此,一定程度的控制风险始终存在。

在实际工作中,注册会计师可以分别对固有风险和控制风险进行单独评估,进而确定被审计单位的重大错报风险,也可以将他们合并评估。具体采用何种评估方法取决于注册会计师对审计技术的偏好以及实际工作中的具体考虑。

2. 检查风险

检查风险是指如果存在某一重大错报,而注册会计师没有发现这种错报的风险的可能性。检查风险取决于审计程序的设计和执行的有效性。虽然注册会计师无法改变重大错报风险,但是注册会计师能够通过调整审计的性质、时间和范围来降低检查风险。

(四)审计风险模型

审计风险、重大错报风险及控制风险的关系可以用以下公式表示:

审计风险=重大错报风险×控制风险

上述公式即为审计风险模型。根据上述模型,不难发现,在审计风险既定的条件下,可接受的检查风险与评估的重大错报风险之间存在着反向变动的关系,即重大错报风险越高,可接受的检查风险越低,反之,如果评估后所得到的重大错报风险越低,注册会计师可以接受的检查风险就越高。

在实际工作中,针对某一具体的审计事项,注册会计师往往会事先设定一个可以接受的审计风险,然后通过风险评估程序来评估被审计单位的重大错报风险,最后注册会计师会通过合理设计审计的性质、时间和范围来控制检查风险,从而将最终的审计风险降低到上述设计的水平之下。

比如,在注册会计师对某一认定进行审计时,将可接受的审计风险水平设定为3%,在实施了风险评估程序后,注册会计师将重大错报风险设定为20%。根据这一模型,注册会计师可以接受的最大检查风险为3%÷20%=15%,于是注册会计师可以据此来设计和计划其审计工作,从而将检查风险降低到15%以下。

当然,在实际工作中,确定各个风险的具体数值是非常困难的,注册会计师常常会使用"低""中""高"等文字来进行定量描述。

第二节 审计证据和审计工作底稿

一、审计证据

(一)审计证据的含义

审计凭证据"说话",在审计过程中,注册会计师应当获取充分、适当的审计证据,作为得出合理的审计结论、形成恰当审计意见的基础。所谓审计证据,是指注册会计师为了得出审计结论、形成审计意见而使用的所有信息。这些信息包括构成财务报表基础的会计记录所含有的信息和其他信息。

1.会计记录中含有的信息

会计记录是各种会计账簿、会计凭证、会计报表及发票、合同、签约等其他原始资料的统称。会计记录主要包括原始凭证、记账凭证、总分类账和明细分类账、未在记账凭证中反映的对财务报表的其他调整,以及支持成本分配、计算、调节和披露的手工计算表和电子数据表。会计记录是编制财务报表的基础,是注册会计师执行财务报表审计业务所需获取的审计证据的重要部分。

会计记录取决于相关交易的性质,它既包括被审计单位内部生成的手工或电子形式的凭证,也包括从与被审计单位进行交易的其他企业收到的凭证。除此之外,会计记录还可能包括:①销售发运单和发票、顾客对账单以及顾客的汇款通知单;②附有验货单的订货单、购货发票和对账单;③考勤卡和其他工时记录、工薪单、个别支付记录和人事档案;④支票存根、电子转移支付记录、银行存款单和银行对账单;⑤合同记录;⑥记账凭证;⑦分类账账户调节表。

2.其他信息

会计记录中含有的信息本身并不足以提供充分的审计证据作为对财务报表发表审计意见的基础,注册会计师还应当获取用做审计证据的其他信息。其他信息的内容比较广泛,包括被审计单位所在行业的信息、被审计单位内外部环境的其他信息等。

可用作审计证据的其他信息包括:

第一,注册会计师从被审计单位内部或外部获取的会计记录以外的信息,如被审计单位会议记录、内部控制手册、询证函的回函、分析师的报告、与竞争者的比较数据等;

第二,通过询问、观察和检查等审计程序获取的信息,如通过检查存货获取存货存在的证据等;

第三,注册会计师自身编制或获取的可以通过合理推断得出结论的信息,如注册会计师编制的各种计算表、分析表等。

财务报表依据的会计记录中包含的信息和其他信息共同构成了审计证据,两者缺一不可。如果没有前者,审计工作将无法进行;如果没有后者,可能无法识别重大错报风险。只有将两者结合在一起,才能将审计风险降至可接受的低水平,为注册会计师发表审计意见提供合理基础。

(二)审计证据的充分性和适当性

审计证据的性质就是指其充分性与适当性,注册会计师应当保持职业怀疑态度,运用职业判断,评价审计证据的充分性和适当性。

1.审计证据的充分性

审计证据的充分性是对审计证据数量的衡量,它是指审计证据的数量要足以支持注册会计师的审计意见。

客观公正的审计意见是建议在足够数量的审计证据的基础上的,注册会计师获取的审计证据要足以将与每一重要认定相关的审计风险限制在可接受的水平。注册会计师判断证据是否充分,应当考虑以下主要因素:

（1）样本量

审计证据的充分性，主要与注册会计师确定的样本量有关。例如，对某个审计项目实施某一选定的审计程序，从200个样本项目中获得的证据要比从100个样本项目中获得的证据更充分。

（2）重大错报风险

注册会计师需要获取的审计证据的数量受重大错报风险的影响。在可接受的审计风险水平一定时，重大错报风险越大，可接受的检查风险就越低，注册会计师就应实施越多的测试工作，获取充分的审计证据，以将审计风险控制在可接受的低水平范围内。例如，注册会计师在对某电器公司进行审计，经过分析认为，受被审计单位行业性质的影响，存货陈旧的可能性相当高，存货计价的错报可能性就比较大。为此，注册会计师在审计时，就要选取更多的存货样本进行测试，以确定存货的陈旧程度，从而确定存货价值是否被高估。

（3）审计证据质量

注册会计师需要获取的审计证据的数量也受到审计证据质量的影响。审计证据质量越高，需要的审计证据数量可能越少；反之，审计证据的需要量就应增加。

2. 审计证据的适当性

审计证据的适当性，是对审计证据质量的衡量，即审计证据在支持审计意见所依据的结论方面具有的相关性和可靠性。相关性和可靠性是审计证据适当性的核心内容。

（1）审计证据的相关性

审计证据的相关性，是指用作审计证据的信息与审计程序的目的和所考虑的相关认定之间的逻辑联系。用作审计证据的信息的相关性可能受测试方向的影响。例如，如果某审计程序的目的是测试应付账款的多计错报，则测试已记录的应付账款可能是相关的审计程序。如果某审计程序的目的是测试应付账款的漏记错报，则测试已记录的应付账款很可能不是相关的审计程序，相关的审计程序可能是测试期后支出、未支付发票、供应商结算单以及发票未到的收货报告单等。

在确定审计证据的相关性时，注册会计师应当考虑：①特定的审计程序可能只为某些认定提供相关的审计证据，而与其他认定无关；②针对同一项认定可以从不同来源获取审计证据或获取不同性质的审计证据；③只与特定认定相关的审计证据并不能替代与其他认定相关的审计证据。

（2）审计证据的可靠性

审计证据的可靠性是指证据的可信程度。审计证据的可靠性受其来源和性质的影响，并取决于获取审计证据的具体环境。注册会计师通常按照下列原则考虑审计证据的可靠性：①从外部独立来源获取的审计证据比从其他来源获取的审计证据更可靠;②内部控制有效时内部生成的审计证据比内部控制薄弱时内部生成的审计证据更可靠;③直接获取的审计证据比间接获取或推论得出的审计证据更可靠;④以文件、记录形式(无论是纸质、电子或其他介质)存在的审计证据比口头形式的审计证据更可靠;⑤从原件获取的审计证据比从传真件或复印件获取的审计证据更可靠。

注册会计师在按照上述原则评价审计证据的可靠性时,还应当注意可能出现的重要例外情况。例如,审计证据虽然是从独立的外部来源获得的,但如果该证据是由不知情者或不具有资格者提供,审计证据也可能是不可靠的。同样,如果注册会计师不具备评价证据的专业能力,那么即便是直接获取的证据,也可能是不可靠的。

3.充分性与适当性的关系

充分性和适当性是审计证据的两个重要特征,两者缺一不可,只有充分且适当的审计证据才是有证明力的。

审计证据的适当性影响审计证据的充分性。审计证据质量越高,需要的审计证据数量可能越少。例如,被审计单位内部控制健全时生成的审计证据更可靠,注册会计师只需获取适量的审计证据,就可以为发表审计意见提供合理的基础。

但如果审计证据的质量存在缺陷,那么注册会计师仅靠获取更多的审计证据可能无法弥补其质量上的缺陷。例如,注册会计师应当获取与销售收入完整性相关的证据,实际获取的却是有关销售收入真实性的证据,审计证据与完整性目标不相关,即使获取的证据再多,也证明不了收入的完整性。同样,如果注册会计师获取的证据不可靠,那么证据数量再多也难以起到证明作用。

4.评价充分性和适当性时的特殊考虑

评价审计证据的充分性和适当性时,应对下列事项做特殊考虑:

(1)对文件记录可靠性的考虑

审计工作通常不涉及鉴定文件记录真伪,注册会计师也不是鉴定文件记录真伪的专家,但应当考虑用作审计证据的信息的可靠性,并考虑与这些信息生成与维护相关控制的有效性。

如果在审计过程中识别出的情况使其认为文件记录可能是伪造的,或文件记录中的某些条款已发生变动,注册会计师应当做出进一步调查,包括直接向第三方询证,或考虑利用专家的工作以评价文件记录的真伪。例如,如发现某银行询证函回函有伪造或篡改的迹象,注册会计师应作进一步的调查,并考虑是否存在舞弊的可能性。必要时,应当通过适当方式聘请专家予以鉴定。

(2)使用被审计单位生成信息的考虑

如果在实施审计程序时使用被审计单位生成的信息,注册会计师应当评价该信息对实现审计目的是否足够可靠,包括根据具体情况在必要时实施下列程序:①获取有关信息准确性和完整性的审计证据;②评价信息对实现审计目的是否足够准确和详细。例如,在审计收入项目时,注册会计师应当考虑价格信息的准确性以及销售数量的完整性和准确性。在某些情况下,为实现审计目标,注册会计师可能还需要实施额外的审计程序,如利用计算机辅助审计技术来重新计算这些信息,测试与信息生成有关的控制等。

(3)证据相互矛盾时的考虑

如果针对某项认定从不同来源获取的审计证据或获取的不同性质的审计证据能够相互印证时,审计证据较可靠;如果从不同来源获取的审计证据或获取的不同性质的审计证据不一致,则表明某项审计证据可能不可靠,注册会计师应当追加必要的审计程序。例如,注册会计师通过检查委托加工协议发现被审计单位有委托加工材料,且委托加工材料占存货比重较大,经发函询证后证实委托加工材料确实存在。委托加工协议和询证函这两个不同来源的审计证据相互印证,可以证明委托加工材料真实存在。如果注册会计师发函询证后证实委托加工材料已加工完成并返回被审计单位,委托加工协议和询证函回函这两个不同来源的审计证据不一致,委托加工材料是否确实存在就应受到质疑。这时注册会计师就应追加审计程序,确认委托加工材料收回后是否未入库或被审计单位收回后已销售而未入账。

(4)获取审计证据时对成本的考虑

注册会计师可以考虑获取审计证据的成本与所获取信息的有用性之间的关系,在保证获取充分、适当审计证据的前提下追求成本最小化,但不应以获取审计证据的困难和成本为由减少不可替代的审计程序。例如,在某些情况下,存货监盘是证实存货存在性认定的不可替代的审计程序,注册会计师在审计中不得以检查成本高和难以实施为由而不执行该程序。

二、审计程序

(一)审计程序的定义

审计程序是指注册会计师在审计过程中的某个时间,对将要获取的某类审计证据如何进行收集的详细指令。注册会计师的主要任务之一就是通过实施审计程序,获取充分、适当的审计证据,以满足对财务报表发表审计意见。注册会计师时利用审计程序获取审计证据涉及以下四个方面的决策:一是选用何种审计程序;二是对选定的审计程序,应当选取多大的样本规模;三是应当从总体中选取那些项目;四是何时执行这些审计程序。

在设计审计程序时,注册会计师通常使用规范的措辞或术语,以使审计人员能够准确理解和执行。在确定样本规模之后,注册会计师应当确定测试总体中的哪个或哪些项目。注册会计师执行函证程序的时间可选择在资产负债表日后任意时间,但通常受审计完成时间、审计证据的有效性和审计项目组人力充足性的影响。

(二)审计程序的种类

1.按目的划分

按审计程序的目的划分,可将注册会计师为获取充分、适当的审计证据而实施的审计程序分为风险评估程序、控制测试(必要时或决定测试时)和实质性程序。

(1)风险评估程序

注册会计师应当实施风险评估程序,以此作为评估财务报表层次和认定层次重大错报风险的基础。

风险评估程序为注册会计师确定重要性水平,识别需要特别考虑的领域、设计和实施进一步的审计程序提供了重要的基础,有助于注册会计师合理分配审计资源,获取充分、适当的审计证据。

需要注意的是,风险评估程序并不能识别出所有的重大错报风险,虽然它可以作为评估财务报表层次和认定层次重大错报风险的基础,但风险评估程序本身并不能为发表审计意见提供充分、适当的审计证据,注册会计师还应当实施进一步审计程序,包括实施控制测试(必要时或决定测试时)和实质性程序。

(2)控制测试

实施控制测试的目的是测试内部控制在防止、发现并纠正认定层次重大错报方面的运行有效性,从而支持或修正重大错报风险的评估结果,据以确定实质性程序的性质、时间、范围。

当存在下列情形之一时,控制测试是必要的:①在评估认定层次重大错报风险时,预期控制的运行是有效的,注册会计师应当实施控制测试以支持评估结果;②仅实施实质性程序不足以提供认定层次充分、适当的审计证据,注册会计师应当实施控制测试,以获取内部控制运行有效性的审计证据。

(3)实质性程序

注册会计师应当计划和实施实质性程序,以应对评估的重大错报风险。实质性程序包括对各类交易、账户余额、列报的细节测试以及实质性分析程序。

注册会计师对重大错报风险的评估是一种判断,并且由于内部控制存在固有局限性,无论评估的重大错报风险结果如何,注册会计师均应当针对所有重大的各类交易、账户余额、列报实施实质性程序,以获取充分、适当的审计证据。

2.按获取手段划分

(1)检查

检查是指注册会计师对被审计单位内部或外部生成的,以纸质、电子或其他介质形式存在的记录或文件进行审查,或对资产进行实物审查。

检查记录或文件可提供可靠程度不同的审计证据,审计证据的可靠性取决于记录或文件的来源和性质。外部记录或文件通常被认为比内部文件或记录可靠,因为外部文件经被审计单位的客户出具,又经被审计单位认可,表明交易双方对凭证上记录的信息和条款达成一致意见。另外,某些外部凭证的编制过程非常谨慎,通常由律师或其他有资格的专家进行复核,因而具有较高的可靠性,如土地使用权证、保险单、契约和合同等文件。而内部记录或文件的可靠性则取决于生成该记录或文件的内部控制的有效性。

检查有形资产是指注册会计师对资产实物进行审查。检查有形资产程序主要适用于存货和现金,也适用于有价证券、应收票据和固定资产等。检查有形资产可为其存在性提供可靠的审计证据,但不一定能够为权利和义务计价认定提供可靠的审计证据。

(2)观察

观察是指注册会计师查看相关人员正在从事的活动或实施的程序。例如,注册会计师对被审计单位人员执行的存货盘点或控制活动进行观察。观察可以提供执行有关过程或程序的审计证据,但观察所提供的审计证据仅限于观察发生的时点,并且当人们已知自己被观察时,他们从事活动或执行程序可能会与平常不同,从而影响注册会计师对真实情况的了解,因而观察提供的审计证据有其局限性。

(3)询问

询问是指注册会计师以书面或口头方式,向被审计单位内部或外部的知情人员获取财务信息和非财务信息,并对答复进行评价的过程。作为其他审计程序的补充,询问广泛应用于整个审计过程中。

知情人员对询问的答复可能为注册会计师提供尚未获悉的信息或佐证证据,也可能提供与已获悉信息存在重大差异的信息。注册会计师应当根据询问结果考虑修改审计程序或实施追加的审计程序。

询问本身不足以发现认定层次存在的重大错报,也不足以测试内部控制运行的有效性,注册会计师还应当实施其他审计程序获取充分、适当的审计证据。

(4)函证

函证是指注册会计师直接从第三方(被询证者)获取书面答复以作为审计证据的过程,书面答复可以采用纸质、电子或其他介质等形式。由于函证来自独立于被审计单位的第三方,因而是受到高度重视和经常使用的证据获取程序。函证常用于对银行存款、应收账款等特定账户余额及其项目相关的认定;但是,函证不必仅仅局限于账户余额,它还适用于对协议和交易条款进行函证;另外,函证程序还可以用于获取不存在某些情况的审计证据,如不存在可能影响被审计单位收入确认的"背后协议"。

(5)重新计算

重新计算是指注册会计师以人工方式或使用计算机辅助审计技术,对记录或文件中的数据计算准确性进行核对。在财务报表审计中,注册会计师往往需要大量地运用加总技术来获取必要的审计证据。重新计算通常包括计算销售发票和存货的总金额、加总日记账或明细账、检查折旧费用和预付费用的计算、检查应纳税额的计算等。

(6)重新执行

重新执行是指注册会计师以人工方式或使用计算机辅助审计技术,重新独立执行作为被审计单位内部控制组成部分的程序或控制。

(7)分析程序

分析程序是指注册会计师通过研究不同财务数据之间以及财务数据与非财务数据之间的内在关系,对财务信息做出评价。分析程序还包括调查识别出的、与其他相关信息不一致或与预期数据严重偏离的波动和关系。

三、函证

(一)函证的含义

函证是指注册会计师直接从第三方(被询证者)获取书面答复以作为审计证据的过程。

根据函证的定义可以得知,函证的主体是注册会计师,但是询证函通常以被审计单位的名义编制和发出,函证的对象是拥有相关信息的第三方,函证的目的是通过向函证对象提出书面请求,要求提供影响财务报表认定的特定项目的信息。函证包括相互联系的两个步骤:一是向拥有相关信息的第三方提出书面请求并获得回函;二是在得到第三方对有关信息和现存状况的声明后注册会计师须进行跟进和评价。

(二)函证的决策

在做出决策时,注册会计师应当考虑如下两个因素:

1.评估的认定层次重大错报风险

一般来说,评估的认定层次重大错报风险水平越高,注册会计师对通过实质性程序获取的审计证据的相关性和可靠性的要求越高。这种情况下,函证程序的运用对于提供充分、适当的审计证据可能是有效的。反之,评估的认定层次重大错报风险水平越低,注册会计师需要从实质性程序中获取的审计证据的相关性和可靠性的要求越低。例如,被审计单位可能有一笔以前年度形成的应收账款,假设注册会计师在以前年度已对其进行了函证。如果注册会计师实施的其他工作表明该项应收账款发生重大错报风险被评估为低水平时,注册会计师实施的实质性程序可能只限于判断该笔应收账款发生坏账的可能性,而不必再次向债务人直接函证这笔应收账款。

如果注册会计师认为某项风险属于特别风险,注册会计师需要考虑是否能通过函证特定事项以降低检查风险。例如,与简单的交易相比,异常或复杂的交易可能导致更高的错报风险。如果被审计单位从事了异常或复杂的、容易导致较高重大错报风险的交易,除检查被审计单位持有的文件凭证外,注册会计师可能还需考虑是否向交易对方函证交易的真实性和详细条款。

2.实施其他审计程序获取的审计证据如何将检查风险降至可接受的水平

针对同一项认定可以从不同来源获取审计证据或获取不同性质的审计证据。这里的其他审计程序是指除函证程序以外的其他审计程序。例如,对应收账款期末余额存在性认定,注册会计师可能实施对形成应收账款余额的销售交易和收款交易的细节进行测试,实施实质性分析程序,并根据这些程序的结果确定和实施函证程序,如果实施其他审计程序获取的审计证据能将检查风险降至可接受的水平,注册会计师可不实施函证,如果不能则注册会计师需要运用函证程序。

(三)函证的内容

1.函证的对象

函证程序适用的范围非常广泛,只要存在了解情况的第三方,注册会计师就可以根据具体情况和实际需要对有关内容实施函证。

(1)银行存款、借款及与金融机构往来的其他重要信息

注册会计师应当对银行存款(包括零余额账户和在本期内注销的账户)、借款及与金融机构往来的其他重要信息实施函证程序,除非有充分证据表明某一银行存款、借款及与金融机构往来的其他重要信息对财务报表不重要且与之相关的重大错报风险很低。如果不对这些项目实施函证程序,注册会计师应当在审计工作底稿中说明理由。

(2)应收账款

注册会计师应当对应收账款实施函证程序,除非存在以下两种情形:①根据审计重要性原则,有充分证据表明应收账款对财务报表不重要;②注册会计师认为函证很可能无效。

如果不对应收账款函证,注册会计师应当在工作底稿中说明理由。如果认为函证很可能无效,注册会计师应当实施替代审计程序,获取充分、适当的审计证据。针对应收账款存在性认定的替代程序主要包括:①检查期后收款记录;②检查销售合同、销售发票和发货记录等证明交易确实已经发生的证据;③检查被审计单位与客户之间的函电记录。

(3)函证的其他内容

注册会计师可以根据具体情况和实际需要对下列内容(包括但并不限于)实施函证:①交易性金融资产;②应收票据;③其他应收款;④预付账款;⑤由其他单位代为保管、加工或销售的存货;⑥长期股权投资;⑦应付账款;⑧预收账款;⑨保证、抵押或质押;⑩或有事项;⑪重大或异常的交易。

2.函证程序实施的范围

第三章 审计的其他工作

审计准则规定注册会计师在确定实质性程序的范围时,应当考虑评估的认定层次重大错报风险和实施控制测试的结果两个重要的因素。如果注册会计师评估的认定层次重大错报风险越高,需要实施实质性测试程序的范围越广。例如,如果被审计单位与应收账款存在性有关的内部控制设计良好并有效运行,注册会计师可适当减少函证的样本量;如果注册会计师对控制测试结果不满意,注册会计师应当考虑扩大实质性程序的范围。审计准则还规定在设计细节测试时,注册会计师除了从样本量的角度考虑测试范围外,还应考虑选样方法的有效性等因素。

在确定函证程序实施的范围时,注册会计师应根据对被审计单位的了解、评估的重大错报风险以及所测试总体的特征等,确定从总体中选取特定项目进行测试。如果注册会计师采用审计抽样的方式确定函证程序的范围,无论采用统计抽样方法,还是非统计抽样方法,选取的样本应当足以代表总体。选取项目的性质应根据审计目标和认定来确定,如在证实某个资产项目的存在性时,选取的特定项目可能包括金额较大的项目、账龄较长的项目;如果需要获取某个项目完整性的证据时,选取特定项目可能包括交易频繁但期末余额较小的项目;另外,不管何种情况下,重大关联方交易、重大或异常的交易、可能存在争议以及产生重大舞弊或错误的交易都是可能被选取的特定项目。

3.函证的时间

注册会计师通常以资产负债表日为截止日,在资产负债表日后适当时间内实施函证。如果重大错报风险评估为低水平,注册会计师可选择资产负债表日前适当日期为截止日实施函证,并对所函证项目自该截止日起至资产负债表日止发生的变动实施实质性程序。

根据评估的重大错报风险,注册会计师可能会决定函证非期末的某一日的账户余额,例如,当审计工作将在资产负债表日之后很短的时间内完成时,可能会这么做。对于各类在年末之前完成的工作,注册会计师应当考虑是否有必要针对剩余期间获取进一步的审计证据。

以应收账款为例,注册会计师通常在资产负债表日后某一天函证资产负债表日的应收账款余额。如果在资产负债表日前对应收账户余额实施函证程序,注册会计师应当针对询证函指明的截止日期与资产负债表日之间实施进一步的实质性程序,或将实质性程序和控制测试结合使用,以将期中测试得出的结论合理延伸至期末。

4.管理层要求不实施函证时的处理

当被审计单位管理层要求对拟函证的某些账户余额或其他信息不实施函证时,注册会计师应当考虑该项要求是否合理,并获取审计证据予以支持。如果认为管理层的要求合理,注册会计师应当实施替代审计程序,以获取与这些账户余额或其他信息相关的充分、适当的审计证据。如果认为管理层的要求不合理,且被其阻挠而无法实施函证,注册会计师应当视为审计范围受到限制,并考虑对审计报告可能产生的影响。

分析管理层要求不实施函证的原因时,注册会计师应当保持职业怀疑态度,并考虑:①管理层是否诚信;②是否可能存在重大的舞弊或错误;③替代审计程序能否提供与这些账户余额或其他信息相关的充分、适当的审计证据。

(四)询证函的设计

1.询证函设计的一般原则

注册会计师应当根据特定审计目标设计询证函。询证函的设计服从于审计目标的需要。通常,在针对账户余额的存在性认定获取审计证据时,注册会计师在询证函中列明相关信息,要求对方核对确认。但在针对账户余额的完整性认定获取审计证据时,注册会计师则需要改变询证函的内容设计或者采用其他审计程序。

2.设计询证函需要考虑的因素

(1)识别出的重大错报风险(包括舞弊风险)

函证应针对识别出的重大错报风险。注册会计师应当了解被审计单位与第三方之间交易的实质以及可能存在的重大错报风险,来确定哪些信息需要进行函证。例如,对那些非常规合同或交易,注册会计师不仅应对账户余额或交易金额进行函证,还应当考虑对交易或合同的条款实施函证,是否存在重大口头协议,客户是否有自由退货的权利,付款方式是否有特殊安排等。

(2)询证函的版面设计和表述方式

询证函所函证信息是否便于被询证者回答,影响到回函率和所获取审计证据的性质。例如,某些被询证者的信息系统十分便于对形成账户余额的每笔交易进行函证,而不是对账户余额本身进行函证。另外,询证函中可以列明拟函证的账户余额或其他信息,要求被询证者确认所函证的款项是否正确;也可以在询证函中不列明账户余额或其他信息,而要求被询证者填写有关信息或提供进一步信息。不管如何,设计询证函的版面和表述方式时必须考虑对审计目标的实现。

(3)以往审计或类似业务的经验

在判断实施函证程序的可靠性时,注册会计师通常会考虑来自以前年度审计或类似审计业务的经验,包括回函率、以前年度审计中发现的错报以及回函所提供信息的准确程度等。当注册会计师根据以往经验认为,即使询证函设计恰当,回函率仍很低,应考虑从其他途径获取审计证据。

(4)沟通的方式

函证沟通的方式包括以纸质、电子或其他介质等形式。被询证者以传真、电子邮件等方式回函确实能让注册会计师及时得到回函信息,但由于这些方式易被截留、篡改或难以确定回函者的真实身份。因此,在设计询证函时需要考虑沟通的方式。

(5)管理层对被询证者的授权或是否鼓励被询证者向注册会计师回函

询证函询问的是被审计单位相关的信息,只有询证函包含管理层授权时,被询证者可能才愿意回函。因此,询证函一般以被审计单位的名义来撰写,并需要被审计单位和相关人员的签章。

(6)预期的被询证者确认或提供信息的能力

注册会计师应当对所询证信息知情的第三方发送询证函。例如,对交易性金融资产和可供出售投资或持有至到期投资等,注册会计师通常向股票、债券专门保管或登记机构发函询证或向接受投资的一方发函询证;对应收票据,通常向出票人或承兑人发函询证;对其他应收款,向形成其他应收款的有关方发函询证;对预付账款、应付账款,通常向供货单位发函询证;对委托贷款,通常向有关的金融机构发函询证;对预收账款,通常向购货单位发函询证;对保证、抵押或质押,通常向有关金融机构发函询证;对或有事项,通常向律师等发函询证;对重大或异常的交易,通常向有关的交易方发函询证。

(五)函证的方式

函证有两种方式:积极函证与消极函证。注册会计师可以采用积极方式或者消极方式实施函证,也可以将两种方式结合使用。

1. 积极的函证方式

积极的函证方式又被称为肯定式函证,是指注册会计师要求被询证者直接向注册会计师回复,表明是否同意询证函所列示的信息或填列所要求的信息的一种询证方式。

积极的函证方式又分为两种:一种是在询证函中列明拟函证的账户余额或其他信息,要求被询证者确认所函证的款项是否正确。一般认为,对这种询证函的回复能够提供可靠的审计证据。但是,被询证者可能对所列示信息根本就不加以验证就予以回函确认,因此有其缺陷性。所以注册会计师会采用另外一种询证函来降低这种风险,即在询证函中不列明账户余额或其他信息,而要求被询证者填写有关信息或提供进一步信息。由于这种询证函要求被询证者作出更多的努力,可能会导致回函率降低,进而使得注册会计师执行更多的替代程序。

在采用积极的函证方式时,只有注册会计师收到回函,才能为财务报表认定提供审计证据。注册会计师没有收到回函,可能是由于被询证者根本不存在,或是由于被询证者没有收到询证函,也可能是由于询证者没有理会询证函,因此无法证明所函证信息是否正确。

2. 消极的函证方式

消极的函证方式又称否定式函证,是指注册会计师要求被询证者仅在不同意询证函列示信息时才直接向注册会计师回复的一种询证方式。

在采用消极的函证方式时,如果收到回函,能够为财务报表认定提供说服力强的审计证据。未收到回函可能是因为被询证者根本就没有收到询证函,而不是因为被询证者已收到询证函且核对无误。对消极式询证函而言,未收到回函并不能明确表明预期的被询证者已经收到询证函或已经核实了询证函中包含的信息的准确性。因此,未收到消极式询证函的回函提供的审计证据,远不如积极式询证函的回函提供的审计证据有说服力。如果询证函中的信息对被询证者不利,则被询证者更有可能回函表示其不同意;反之,如果询证函中的信息对被询证者有利,回函的可能性就会相对很小。例如,被审计单位的供应商如果认为询证函低估了被审计单位的应付账款余额,则其更有可能回函;如果高估了该余额,则回函的可能性很小。因此,注册会计师在考虑这些余额是否可能低估时,向供应商发出消极式询证函可能是有用的程序。但是,利用这种程序收集余额高估的证据就未必有效。因此,积极的函证方式通常比消极的函证方式提供的审计证据可靠。因此,在采用消极的方式函证时,注册会计师通常还需辅之以其他审计程序。

消极式函证比积极式函证提供的审计证据的说服力低。除非同时满足下列条件,注册会计师不得将消极式函证作为唯一实质性程序,以应对评估的认定层次重大错报风险:①注册会计师将重大错报风险评估为低水平,并已就与认定相关的控制的运行的有效性获取充分、适当的审计证据;②需要实施消极式函证程序的总体由大量的小额、同质的账户余额、交易或事项构成;③预期不符事项的发生率很低;④没有迹象表明接收询证函的人员或机构不认真对待函证。

当同时存在下列情况时,注册会计师可考虑采用消极的函证方式:①重大错报风险评估为低水平;②涉及大量余额较小的账户;③预期不存在大量的错误;④没有理由相信被询证者不认真对待函证。

3.两种方式的结合使用

在实务中,注册会计师也可将这两种方式结合使用。以应收账款为例,当应收账款的余额是由少量的大额应收账款和大量的小额应收账款构成时,注册会计师可以对所有的或抽取的大额应收账款样本采用积极的函证方式,而对抽取的小额应收账款样本采用消极的函证方式。

(六)询证函的内容和格式

无论是哪种函证方式下的询证函都应包含以下几个组成部分:

1.询证函的名称

企业之间询证某一事项叫作"企业询证函",企业向银行进行询证发出的询证函叫作"银行询证函"。

2.询证函的致送方

询证函是以企业的名义发出的,企业在上面盖章,写清楚发函证的用途,并注明会计师事务所的详细信息。

3. 对函证原因的说明

如"本公司聘请的××会计师事务所正在对本公司××年度财务报表进行审计,按照中国注册会计师执业准则的要求,应当询证本公司与贵公司的往来账项等事项"。

4. 对函证内容的说明

一般应分别列出需要函证的内容和金额。如果需要对方填写内容的金额应明确说明。为了简明扼要,函证内容可以用表格形式表示。

5. 寄送回函的地址

函证的回函要求被函证的单位直接寄送到会计师事务所,因此在询证函上应明确指出回函的地址、邮政编码、电话、传真、联系人等信息。也可以随询证函寄送已写好回函地址的信封。

6. 被函证方的回复部分

如果是积极式函证,需要列出内容相符和内容不相符两种情况,要求被函证方填写。如果是消极式函证,只需列出内容不相符的情况,要求被函证方填写。

(七) 函证的实施与评价

1. 函证的步骤

在函证决策之后,注册会计师需要根据函证决策的内容实施函证程序。以应收账款函证为例,函证程序一般包括以下的具体步骤:①注册会计师取得或编制应收账款明细余额一览表,将一览表中的内容与企业应收账款明细账核对,并将其加总与总账核对一致,保证作为函证基础的一览表的正确性;②将应收账款一览表上的数据按照一定的标准分层,为抽样做准备。如果数据分层特征不明显,则不需要分层。之后,为每一个项目连续编号;③按照一定的标准抽样,在保证样本代表性的同时还应保证证据的充分性,将所抽取的样本在"应收账款函证结果汇总表"中填列;④根据需要编写询证函并寄发询证函;⑤收取回函,并将函证结果填写在"应收账款函证结果汇总表"中;⑥对回函不符事项进行调查分析;⑦对一定时间如两周后没有收到回函的项目寄发第二封询证函;⑧对没有回函的项目采用替代程序进行审查;⑨对函证获得的证据进行总体的分析评价,并得出结论。

2. 函证实施过程的控制

当实施函证时,注册会计师应当对选择被询证者、设计询证函以及发出和收回询证函保持控制。审计准则规定,注册会计师应当采取下列措施对函证实施过程进行控制:①将被询证者的名称、地址与被审计单位有关记录核对;②将询证函中列示的账户余额或其他信息与被审计单位有关资料核对;③在询证函中指明直接向接受审计业务委托的会计师事务所回函;④询证函经被审计单位盖章后,由注册会计师直接发出;⑤将发出询证函的情况形成审计工作记录;⑥将收到的回函形成审计工作记录,并汇总统计函证结果。

3.积极式函证未收到回函时的处理

审计准则规定,如果在合理的时间内没有收到询证函回函时,注册会计师应当要求对方回应或者再次函证。如果还是未得到被询证者的回应,注册会计师应当实施必要的替代审计程序。这些替代审计程序应当能提供实施函证所能提供的同样效果的审计证据。例如,对应付账款的完整性认定,应检查收货单等入库记录和凭证。

4.评价审计证据的充分性和适当性应考虑的因素

审计准则规定,如果注册会计师认为取得积极式函证回函是获取充分、适当的审计证据的必要程序,则替代程序不能提供注册会计师所需要的审计证据。这属于审计范围受到限制。

在某些情况下,注册会计师可能识别出认定层次重大错报风险,且取得积极式询证函回函是获取充分、适当的审计证据的必要程序。这些情况可能包括:①可获取的佐证管理层认定的信息只能从被审计单位外部获得;②存在特定舞弊风险因素,例如,管理层凌驾于内部控制之上,员工和(或)管理层串通使注册会计师不能信赖从被审计单位获取的审计证据。

5.评价函证的可靠性

函证所获取的审计证据的可靠性主要取决于注册会计师设计询证函、实施函证程序和评价函证结果等程序的适当性。

在评价函证的可靠性时,注册会计师应当考虑:①对询证函的设计、发出及收回的控制情况;②被询证者的胜任能力、独立性、授权回函情况、对函证项目的了解及其客观性;③被审计单位施加的限制或回函中的限制。

因此,如果可行的话,注册会计师应当努力确保询证函被送交给适当的人员。例如,如果要证实被审计单位的某项长期借款合同已经被终止,注册会计师应当直接向了解这笔长期贷款事项和有权提供这一信息的贷款方人员进行函证。

对以电子形式收到的回函,由于回函者的身份及其授权情况很难确定,对回函的更改也难以发觉,因此可靠性存在风险。注册会计师和回函者采用一定的程序为电子形式的回函创造安全环境,可以降低该风险。如果注册会计师确信这种程序安全并得到适当控制,则会提高相关回函的可靠性。电子函证程序涉及多种确认发件人身份的技术,如加密技术、电子数码签名技术、网页真实性认证程序。

如果被询证者利用第三方协调和提供回函,注册会计师可以实施审计程序以应对下列风险:①回函来源不合适;②回函者未经授权;③信息传输的安全性遭到破坏。

如果认为询证函回函不可靠,注册会计师应当评价其对评估的相关重大错报风险(包括舞弊风险),以及其他审计程序的性质、时间安排和范围的影响。例如,注册会计师可以通过直接打电话给被询证者等方式以验证回函的内容和来源。

6.对不符事项的处理

不符事项,是指被询证者提供的信息与询证函要求确认的信息不一致,或与被审计单位记录的信息不一致。审计准则规定,注册会计师应当调查不符事项,以确定是否表明存在错报。询证函回函中指出的不符事项可能显示财务报表存在错报或潜在错报。例如,注册会计师可能认为询证函回函的差异是由于函证程序的时间安排、计量或书写错误造成的。

四、分析程序

(一)分析程序的含义

分析程序,是指注册会计师通过分析不同财务数据之间以及财务数据与非财务数据之间的内在关系,对财务信息做出评价。分析程序还包括在必要时对识别出的、与其他相关信息不一致或与预期值差异重大的波动或关系进行调查。

理解分析程序的含义时,应注意以下两点:

第一,研究不同财务数据之间以及财务数据和非财务数据之间的内在关系,是分析程序区别于其他审计程序的主要特征。通常某些财务数据之间以及财务数据与非财务数据之间存在一定的内在关系,除非情况发生变化,这种关系将持续存在。例如,销售毛利和营业收入之间一般存在一定关系,除非售价、销售组合或成本结构等发生变动,否则该关系将维持不变。再如,根据客房数量、每间客房的收费标准和客房入住率等数据估计得出的某宾馆客房总收入,应与其账面记录的收入基本一致。

分析财务数据之间以及财务数据和非财务数据之间的内在关系,是分析程序的切入点,是分析程序区别于其他审计程序的主要特征,也是分析程序得名的原因。

第二,注册会计师运用分析程序的目的是对财务信息做出评价,不同阶段运用分析程序的方法和步骤有所不同。但完整的分析程序一般包括以下几个步骤:①选择适当的数据关系;②对数据关系进行分析;③识别异常的数据关系和波动;④调查异常的数据关系和波动;⑤得出结论。

(二)分析程序的目的

1.用作风险评估程序,以了解被审计单位及其环境

注册会计师实施风险评估程序的目的在于了解被审计单位及其环境,并评估财务报表层次和认定层次的重大错报风险。在风险评估程序中使用分析程序也服务于这一目的。分析程序可以帮助注册会计师发现财务报表中的异常变化,或者预期发生而未发生的变化,识别存在潜在重大错报风险的领域。分析程序还可以帮助注册会计师发现财务状况或盈利能力发生变化的信息和征兆,识别那些表明被审计单位持续经营能力问题的事项。

2.用作实质性程序,以提高审计工作效率

在审计过程中,注册会计师应当针对评估的认定层次的重大错报风险设计和实施实质性程序。实质性程序包括对各类交易、账户余额、列报的细节测试以及实质性分析程序。一般而言,实质性分析程序所花代价比细节测试小得多,因此,大多数注册会计师都希望尽可能地以分析程序代替细节测试。对准确性、完整性、分类等审计目标来说,分析程序所取得的证据具有较强的证明力,有些账户只需通过分析程序便可得出审计结论。

当使用分析程序比细节测试能更有效地将认定层次的检查风险降至可接受的水平时,注册会计师可将分析程序作为实质性程序,以提高审计工作的效率。

3.在审计结束或临近结束时对财务报表进行总体复核

在审计结束或临近结束时,注册会计师应当运用分析程序,在已收集的审计证据的基础上对财务报表整体的合理性作最终的把握,评价报表仍然存在重大错报风险而未被发现的可能性,考虑是否需要追加审计程序,以便为发表审计意见提供合理的基础。

(三)分析程序用作风险评估程序时的原则与要求

1.总体要求

注册会计师在实施风险评估程序时,应当运用分析程序,以了解被审计单位及其环境。在实施风险评估程序时,运用分析程序的目的是了解被审计单位及其环境并评估重大错报风险,注册会计师应当围绕这一目的运用分析程序。在这个阶段运用分析程序是强制要求。

2.在风险评估程序中的具体运用

注册会计师在将分析程序用作风险评估程序时,应当遵守《中国注册会计师审计准则第1211号——通过了解被审计单位及其环境识别和评估重大错报风险》的相关规定。注册会计师可以将分析程序与询问、检查和观察程序结合运用,以获取对被审计单位及其环境的了解,识别和评估财务报表层次及具体认定层次的重大错报风险。

在运用分析程序时,注册会计师应重点关注关键的账户余额、趋势和财务比率关系等方面,对其形成一个合理的预期,并与被审计单位记录的金额、依据记录金额计算的比率或趋势相比较。如果分析程序的结果显示的比率、比例或趋势与注册会计师对被审计单位及其环境的了解不一致,并且被审计单位管理层无法提出合理的解释,或者无法取得相关的支持性文件证据,注册会计师应当考虑其是否表明被审计单位的财务报表存在重大错报风险。

例如,注册会计师根据对被审计单位及其环境的了解,得知本期在生产成本中占较大比重的原材料成本大幅上升。因此,注册会计师预期在销售收入未有较大变化的情况下,由于销售成本的上升,毛利率应相应下降。但是,注册会计师通过分析程序发现,本期与上期的毛利率变化不大。注册会计师可能据此认为销售成本或销售收入存在重大错报风险,应对其给予足够的关注。

需要注意的是,注册会计师无须在了解被审计单位及其环境的每一方面时都实施分析程序。例如,在对内部控制的了解中,注册会计师一般不会运用分析程序。

3.风险评估过程中运用的分析程序的特点

风险评估程序中运用的分析程序主要目的在于识别那些可能表明财务报表存在重大错报风险的异常变化,因此有以下特点:①所使用的数据汇总性比较强,其对象主要是财务报表中账户余额及其相互之间的关系;②所使用的分析程序通常包括对账户余额变化的分析,并辅之以趋势分析和比率分析;③在风险评估过程中使用的分析程序所进行比较的性质、预期值的精确程度,以及所进行的分析和调查的范围都并不足以提供很高的保证水平。

(四)分析程序用作实质性程序时的原则与要求

1.总体要求

注册会计师应当针对评估的认定层次重大错报风险设计和实施实质性程序。实质性程序包括对各类交易、账户余额、列报(包括披露,下同)的细节测试以及实质性分析程序。

实质性分析程序是指用作实质性程序的分析程序。它与细节测试都可用于收集审计证据,以识别财务报表认定层次的重大错报风险。当使用分析程序比细节测试能更有效地将认定层次的检查风险降至可接受水平时,注册会计师可以考虑单独或结合细节测试运用实质性分析程序。实质性分析程序不仅仅是细节测试的一种补充,在某些审计领域,如果重大错报风险较低且数据之间具有稳定的预期关系,注册会计师可以单独使用实质性分析程序获取充分、适当的审计证据。实质性分析程序的运用包括以下几个步骤:①识别需要运用分析程序的账户余额或交易;②确定期望值;③确定可接受的差异额;④识别需要进一步调查的差异;⑤调查异常数据关系;⑥评估分析程序的结果。

尽管分析程序有特定的作用,但并未要求注册会计师在实施实质性程序时必须使用分析程序。这是因为针对认定层次的重大错报风险,注册会计师实施细节测试而不实施分析程序,同样可以实现实质性程序的目的。另外,分析程序也有其运用的前提和基础,它并不适用于所有的财务报表认定。

需要强调的是,相对于细节测试而言,实质性分析程序能够达到的精确度可能受到种种限制,所提供的证据在很大程度上是间接证据,证明力相对较弱。从审计过程整体来看,注册会计师不能仅依赖实质性分析程序,而忽略对细节测试的运用。

在设计和实施实质性分析程序时,无论单独使用或与细节测试结合使用,注册会计师都应当:①考虑针对所涉及认定评估的重大错报风险和实施的细节测试,确定特定实质性分析程序对这些认定的适用性;②考虑可获得信息的来源、可比性、性质和相关性以及与信息编制相关的控制,评价在对已记录的金额或比率做出预期时使用数据的可靠性;③对已记录的金额或比率做出预期,并评价预期值是否足够精确以识别重大错报;④确定已记录金额与预期值之间可接受的,且无需作进一步调查的差异额。

2. 确定实质性分析程序对特定认定的适用性

并不是所有的认定都适用实质性分析程序。研究不同财务数据之间以及财务数据和非财务数据之间的内在关系是运用分析程序的基础,如果数据之间不存在稳定的可预期关系,注册会计师将无法运用实质性分析程序,而只能考虑利用检查、函证等其他审计程序收集充分、适当的审计证据,作为发表审计意见的合理基础。

在信赖实质性分析程序的结果时,注册会计师应当考虑实质性分析程序存在的风险,即分析程序的结果显示数据之间存在预期关系而实际上却存在重大错报。例如,被审计单位的业绩落后于行业平均水平,但管理层篡改了被审计单位的经营业绩,以使其看起来与行业平均水平接近。在这种情况下,使用行业数据进行分析程序可能会误导注册会计师。再如,被审计单位在行业内占有极重要的市场份额时,将行业统计资料用于分析程序,数据的独立性可能受到损害,因为在这种情况下被审计单位的数据在很大程度上决定了行业数据。在确定实质性分析程序对特定认定的适用性时,注册会计师应当考虑下列因素:

(1)评估的重大错报风险

鉴于实质性分析程序能够提供的精确度受到种种限制,评估的重大错报风险水平越高,注册会计师应当越谨慎使用实质性分析程序。如果针对特别风险仅实施实质性程序,注册会计师应当使用细节测试,或将细节测试和实质性分析程序结合使用,以获取充分、适当的审计证据。

(2)针对同一认定的细节测试

在对同一认定实施细节测试的同时,实施实质性分析程序可能是适当的。例如,注册会计师在考虑应收账款的可收回性时,除了对期后收到现金的情况进行细节测试之外,也可以针对应收账款的账龄实施实质性分析程序。

3. 数据的可靠性

注册会计师对已记录的金额或比率做出预期时,需要采用内部或外部的数据。

来自被审计单位内部的数据包括:①前期数据,并根据当期的数据进行调整;②当期的财务数据;③预算或预测;④非财务数据等。

外部数据包括:①政府或政府有关部门发布的信息,如通货膨胀率、利率、有关部门确定的生产或进出口配额等;②行业监督者、贸易协会以及行业调查单位发布的信息,如行业平均增长率等;③经济预测组织包括某些银行发布的预测消息,如某些行业的业绩指标等;④公开出版的财务信息;⑤证券交易所发布的信息等。

数据的可靠性直接影响根据数据形成的预期值。数据的可靠性越高,预期值的准确性也将越高,分析程序将更有效。注册会计师计划获取的保证水平越高,对数据可靠性的要求也就越高。

数据的可靠性受其来源及性质的影响,并有赖于获取该数据的环境。在确定实质性分析程序使用的数据是否可靠时,注册会计师应当考虑下列因素:

(1)可获得信息的来源

数据来源的客观性和独立性越强,所获取数据的可靠性越高;来源不同的审计证据相互印证时比单一来源的数据更可靠。

(2)可获得信息的可比性

实施分析程序使用的相关数据必须具有可比性。通常,被审计单位所处行业的数据与被审计单位的数据具有一定的可比性。但应当注意,对于生产和销售专门产品的被审计单位,注册会计师应考虑获取广泛的相关行业数据,以增强信息的可比性,进而提高数据的可靠性。

(3)可获得信息的性质和相关性

例如,被审计单位管理层制定预算时,是将该预算作为预期的结果还是作为将要达到的目标。若作为预期的结果,则预算的相关程度较高;若仅作为希望达到的目标,则预算的相关程度较低。此外,可获得的信息与审计目标越相关,数据就越可靠。

(4)与信息编制相关的内部控制

与信息编制相关的内部控制越有效,该信息越可靠。

4.评价预期值的准确程度

准确度是对预期值与真实值之间接近程度的度量,也称精确度。分析程序的有效性很大程度上取决于注册会计师形成的预期值的准确性。预期值的准确性越高,注册会计师通过分析程序获取的保证水平将越高。

在评价做出预期的准确程度是否足以在计划的保证水平上识别重大错报时,注册会计师应当考虑下列主要因素:

(1)对实质性分析程序的预期结果做出预测的准确性

例如,与各年度的研究开发和广告费用支出相比,注册会计师通常预期各期的毛利率更具有稳定性。

(2)信息可分解程度

信息可分解程度是指用于分析程序的信息详细程度,如按月份或地区分布分解的数据。通常,数据的可分解程度越高,预期值的准确性越高,注册会计师相应获取的保证水平就越高。当被审计单位经营复杂或多元化时,分解程度高的详细数据更重要。

数据需要具体到哪个层次,受被审计单位性质、规模、复杂程度及记录详细程度等因素的影响。如果被审计单位从事多个不同的行业,或者拥有非常重要的子公司或者在多个地点进行经营活动,注册会计师可能需要考虑就每个重要的组成部分分别取得财务信息。但是,注册会计师也应当考虑分解程度高的数据的可靠性。例如,季度数据可能因为未经审计或相关控制相对较少,其可靠性将不如年度数据。

(3)财务和非财务信息的可获得性

在设计实质性分析程序时,注册会计师应考虑是否可以获得财务信息(如预算和预测)以及非财务信息(如已生产或已销售产品的数量),以有助于运用分析程序。

5.已记录的金额与预期值之间可接受的差异额

预期值只是一个估计数据,大多数情况下与已记录金额并不一致。为此,在设计和实施实质性分析程序时,注册会计师应当确定已记录金额与预期值之间可接受的差异额。可接受的差异额是指已记录金额与预期值之间的差额,注册会计师认为该差额无须作进一步的调查。注册会计师应当将识别出的差额与可接受的差异额进行比较,以确定差异是否重大,是否需要做进一步的调查。

在确定可接受的差异额时,注册会计师应当主要考虑各类交易、账户余额、列报以及相关认定的重要性和计划的保证水平。通常,可容忍错报越低,可接受的差异额越小;计划的保证水平越高,可接受的差异额越小。

如果在期中实施实质性程序,并计划针对剩余期间实施实质性分析程序,注册会计师应当考虑实质性分析程序对特定认定的适用性、数据的可靠性、做出预期的准确程度以及可接受的差异额,并评估这些因素如何影响针对剩余期间获取充分、适当的审计证据的能力。注册会计师还应考虑某项交易的期末累计发生额或账户余额在金额、相对重要性及构成方面能否被合理预期。如果认为仅实施实质性分析程序不足以收集充分、适当的审计证据,注册会计师还应测试剩余期间相关控制运行的有效性或针对期末实施细节测试。

(五)分析程序用于总体复核时的原则和要求

1.总体要求

在审计结束或临近结束时,注册会计师运用分析程序的目的是确定财务报表整体是否与其对被审计单位的了解一致,注册会计师应当围绕这一目的运用分析程序。注册会计师在这个阶段运用分析程序是强制要求。

2.总体复核阶段分析程序的特点

在总体复核阶段执行分析程序,所进行的比较和使用的手段与风险评估程序中使用的分析程序基本相同,但两者的目的不同。在总体复核阶段实施的分析程序主要在于强调并解释财务报表项目自上个会计期间以来发生的重大变化,以证实财务报表中列示的所有信息与注册会计师对被审计单位及其环境的了解一致,与注册会计师取得的审计证据一致。因此,两者的主要区别在于实施分析程序的时间和重点不同。另外,因为在总体复核阶段实施的分析程序并非为了对特定账户余额和披露提供实质性的保证水平,因此并不如实质性分析程序那样详细和具体,而往往集中在财务报表层次。

3.再评估重大错报风险

在运用分析程序进行总体复核时,如果识别出以前未识别的重大错报风险,注册会计师应当重新考虑对全部或部分各类交易、账户余额、列报评估的风险是否恰当,并在此基础上重新评价之前计划的审计程序是否充分,是否有必要追加审计程序。

五、审计工作底稿

(一)审计工作底稿的含义及编制目的

审计工作底稿,是指注册会计师对制订的审计计划、实施的审计程序、获取的相关审计证据,以及得出的审计结论做出的记录。审计工作底稿是审计证据的载体,是注册会计师在审计过程中形成的审计工作记录和获取的资料。它形成于审计过程,也反映整个审计过程。

注册会计师应当及时编制审计工作底稿,以实现下列目的:

第一,提供充分、适当的记录,作为审计报告的基础。审计工作底稿是注册会计师形成审计结论,发表审计意见的直接依据。及时编制审计工作底稿有助于提高审计工作的质量,便于在出具审计报告之前,对取得的审计证据和得出的审计结论进行有效的复核和评价。

第二,提供证据,证明执业的注册会计师按照审计准则的规定执行了审计工作。在会计师事务所因执业质量而涉及诉讼或有关监管机构进行执业质量检查时,审计工作底稿能够提供证据,证明注册会计师是否按照审计准则的规定执行了审计工作。

(二)审计工作底稿的编制要求

注册会计师编制的审计工作底稿,应当使未曾接触该项审计工作的有经验的专业人士清楚地了解:①按照审计准则和相关法律法规的规定实施的审计程序的性质、时间安排和范围;②实施审计程序的结果和获取的审计证据;③审计中遇到的重大事项和得出的结论,以及在得出结论时做出的重大职业判断。有经验的专业人士,是指会计师事务所内部或外部的具有审计实务经验,并且对下列方面有合理了解的人士:①审计过程;②审计准则和相关法律法规的规定;③被审计单位所处的经营环境;④与被审计单位所处行业相关的会计和审计问题。

(三)审计工作底稿的内容

审计工作底稿通常包括总体审计策略、具体审计计划、分析表、问题备忘录、重大事项概要、询证函回函、管理层声明书、核对表、有关重大事项的往来信件(包括电子邮件),以及对被审计单位文件记录的摘要或复印件等。此外,审计工作底稿通常还包括业务约定书、管理建议书、项目组内部或项目组与被审计单位举行的会议记录、与其他人士(如其他注册会计师、律师、专家等)的沟通文件及错报汇总表等。

审计工作底稿通常不包括已被取代的审计工作底稿的草稿或财务报表的草稿、对不全面或初步思考的记录、存在印刷错误或其他错误而作废的文本,以及重复的文件记录等。由于这些草稿、错误的文本或重复的文件记录不直接构成审计结论和审计意见的支持性证据,因此,注册会计师通常无须保留这些记录。

(四)审计工作底稿的存在形式

审计工作底稿可以以纸质、电子或其他介质形式存在。

无论审计工作底稿以哪种形式存在,会计师事务所都应当针对审计工作底稿设计和实施适当的控制,以实现下列目的:①使审计工作底稿清晰地显示其生成、修改以及复核的时间和人员;②在审计业务的所有阶段,尤其是在项目组成员共享信息或通过互联网将信息传递给其他人员时,保护信息的完整性和安全性;③防止未经授权改动审计工作底稿;④允许项目组和其他经授权的人员为适当履行职责而接触审计工作底稿。

在实务中,为了便于会计师事务所内部进行质量控制和外部执业质量检查或调查,注册会计师可以将以电子或其他介质形式存在的审计工作底稿通过打印,转换成纸质形式的审计工作底稿,并一并归档,同时单独保存这些以电子或其他介质形式存在的审计工作底稿。

(五)审计工作底稿的要素

通常,审计工作底稿包括下列全部或部分要素:

1.审计工作底稿的标题

每一张审计工作底稿上都应当注明被审计单位的名称、审计项目的名称以及资产负债表日或底稿覆盖的会计期间。

2.审计过程记录

审计工作底稿是注册会计师进行审计工作的轨迹,在审计工作中要求对审计程序实施的全过程进行记录。在审计工作底稿中需要记录审计证据的搜集和评价情况,包括对被审计单位内部控制的评价、对于具体被审计项目的测试和确认、注册会计师所做出的职业判断以及最终审计结论形成的过程。在记录审计过程时,应当特别注意以下几个重要方面:

(1)特别项目或事项的识别特征

在记录实施审计程序的性质、时间和范围时,注册会计师应当记录测试的特定项目或事项的识别特征。记录特定项目或事项的识别特征可以实现多种目的。例如,这能反映项目组履行职责的情况,也便于对例外事项或不符事项进行调查,以及对测试的项目或事项进行复核。

识别特征是指被测试的项目或事项表现出的征象或标志。识别特征因审计程序的性质和所测试的项目或事项不同而不同。对某一个具体项目或事项而言,其识别特征通常具有唯一性,这种特性可以使其他人员根据识别特征在总体中识别该项目或事项并重新执行该测试。为帮助理解,以下列举部分审计程序中所测试的样本的识别特征。

如在对被审计单位生成的订购单进行细节测试时,注册会计师可能以订购单的日期或编号作为测试订购单的识别特征。需要注意的是,在以日期或编号作为识别特征时,注册会计师需要同时考虑被审计单位对订购单编号的方式,例如,若被审计单位按年对订购单依次编号,则识别特征是××年的××号;若被审计单位仅以序列号进行编号,则可以直接将该号码作为识别特征。

对于需要选取或复核既定总体内一定金额以上的所有项目的审计程序,注册会计师可以记录实施程序的范围并指明该总体。例如,银行存款日记账中一定金额以上的所有会计分录。

对于需要系统化抽样的审计程序,注册会计师可能会通过记录样本的来源、抽样的起点及抽样间隔来识别已选取的样本。

对于需要询问被审计单位中特定人员的审计程序,注册会计师可能会以询问的时间、被询问人的姓名及职位作为识别特征。

对于观察程序,注册会计师可能会以观察的对象或观察过程、观察的地点和时间作为识别特征。

(2)重大事项及相关重大职业判断

注册会计师应当根据具体情况判断某一事项是否属于重大事项。重大事项通常包括:①引起特别风险的事项;②实施审计程序的结果,该结果表明财务信息可能存在重大错报,或需要修正以前对重大错报风险的评估和针对这些风险拟采取的应对措施;③导致注册会计师难以实施必要审计程序的情形;④导致出具非标准审计报告的事项。

注册会计师应当及时记录与管理层、治理层和其他人员对重大事项的讨论,包括所讨论的重大事项的性质以及讨论的时间、地点和参加人员。有关重大事项的记录可能分散在审计工作底稿的不同部分,注册会计师应将这些分散在审计工作底稿中的有关重大事项的记录汇编在重大事项概要中,这不仅可以帮助注册会计师集中考虑重大事项对审计工作的影响,还有助于审计工作的复核人员全面、快速地了解重大事项,提高复核的效率。对于大型、复杂的审计项目,重大事项概要的作用显得尤为明显。

(3)针对重大事项如何处理不一致的情况

在审计过程中,注册会计师如果发现识别出的信息与针对某重大事项得出的最终结论相矛盾或不一致,应当记录形成最终结论时如何处理该矛盾或不一致的情况。上述情况包括但不限于:①注册会计师针对该信息执行的审计程序;②项目组成员对某事项的职业判断不同而向专业技术部门的咨询情况;③项目组成员和被咨询人员不同意见的解决情况。

记录如何处理识别出的信息与针对重大事项得出的结论相矛盾或不一致的情况是非常必要的,它有助于注册会计师关注这些矛盾或不一致,并对此执行必要的审计程序以恰当地解决这些矛盾或不一致。

3.审计结论

审计工作的每一部分都应包含已实施审计程序的结果、是否已实现既定审计目标的结论,以及审计程序识别出的例外情况和重大事项如何得到解决的结论。在记录审计结论时需注意,在审计工作底稿中记录的审计程序和审计证据是否足以支持所得出并记录的审计结论。

4.审计标识及其说明

审计标识被用于已实施审计程序相关的底稿。每张底稿都应包含对已实施程序的性质和范围所作的解释,以支持每一个标识的含义。审计工作底稿中可使用各种审计标识,但应说明其含义,并保持前后一致。

5.索引号及编号

通常,审计工作底稿需要注明索引号及顺序编号,相关审计工作底稿之间需要保持清晰的勾稽关系。为了汇总及便于交叉索引和复核,每个事务所都会制定特定的审计工作底稿归档流程。工作底稿中包含的信息通常需要与其他相关工作底稿中的相关信息进行交叉索引,例如,现金盘点表与列示所有现金余额的导引表进行交叉索引。利用计算机编制工作底稿时,可以采用电子索引和链接。随着审计工作的推进,链接表还可予以自动更新。例如,审计调整表可以链接到试算平衡表,当新的调整分录编制完后,计算机会自动更新试算平衡表,为相关调整分录插入索引号。同样,评估的固有风险或控制风险可以与针对特定风险领域设计的相关审计程序进行交叉索引。

6.编制人员和复核人员及执行日期

为了明确责任,在各自完成与特定工作底稿相关的任务之后,编制者和复核者都应在工作底稿上签名并注明编制日期和复核日期。

在记录已实施审计程序的性质、时间安排和范围时,注册会计师应当记录:①测试的具体项目或事项的识别特征;②审计工作的执行人员及完成该项审计工作的日期;③审计工作的复核人员及复核的日期和范围。

在需要项目质量控制复核的情况下,还需要注明项目质量控制复核人员及日期。

通常,需要在每一张审计工作底稿上注明执行审计工作的人员和复核人员、完成该项审计工作的日期以及完成复核的日期。

(六)审计工作底稿的归档

1.审计工作底稿归档的性质

在出具审计报告前,注册会计师应完成所有必要的审计程序,取得充分、适当的审计证据并得出适当的审计结论。由此,在审计报告日后将审计工作底稿归整为最终审计档案是一项事务性的工作,不涉及实施新的审计程序或得出新的结论。

如果在归档期间对审计工作底稿做出的变动属于事务性的,注册会计师可以做出变动,主要包括:①删除或废弃被取代的审计工作底稿;②对审计工作底稿进行分类、整理和交叉索引;③对审计档案归整工作的完成核对表签字认可;④记录在审计报告日前获取的、与项目组相关成员进行讨论并达成一致意见的审计证据。

2.审计档案的类别

在审计实务中,审计档案可以分为永久性档案和当期档案,这主要是基于具体实务中对审计档案适用的时间而划分的。

(1)永久性档案

永久性档案是指那些记录内容相对稳定,具有长期使用价值,并对以后审计工作具有重要影响和直接作用的审计档案。如被审计单位的组织结构、批准证书、营业执照、章程、重要资产的所有权或使用权的证明文件复印件等。如果永久性档案中的某些内容已经发生变化,注册会计师应当及时予以更新。为保持资料的完整性以便满足日后查阅历史资料的需要,永久性档案中被替换下来的资料一般也需要保留。

(2)当期档案

当期档案是指那些记录内容经常变化,主要供当期和下期审计使用的审计档案。如审计策略、具体审计计划等。

目前,由于电子形式的审计工作底稿的普遍使用,一些大型国际会计师事务所不再区分永久性档案和当期档案。

3.审计工作底稿的归档期限

审计工作底稿的归档期限为审计报告日后60天内。如果注册会计师未能完成审计业务,审计工作底稿的归档期限为审计业务中止后的60天内。

如果针对客户的同一财务信息执行不同的委托业务,出具两个或多个不同的报告,会计师事务所应当将其视为不同的业务,根据会计师事务所内部制定的政策和程序,在规定的归档期限内分别将审计工作底稿归整为最终审计档案。

4.审计工作底稿归档后的变动

(1)需要变动审计工作底稿的情形

注册会计师发现有必要修改现有审计工作底稿或增加新的审计工作底稿的情形

主要有以下两种：

第一，注册会计师已实施了必要的审计程序，取得了充分、适当的审计证据并得出了恰当的审计结论，但审计工作底稿的记录不够充分。

第二，审计报告日后，发现例外情况要求注册会计师实施新的或追加审计程序，或导致注册会计师得出新的结论。例外情况主要是指审计报告日后发现与已审计财务信息相关，且在审计报告日已经存在的事实，该事实如果被注册会计师在审计报告日前获知，可能影响审计报告。例如，注册会计师在审计报告日后才获知法院在审计报告日前已对被审计单位的诉讼、索赔事项做出最终判决结果。

(2)变动审计工作底稿时的记录要求

在完成最终审计档案的归整工作后，如果发现有必要修改现有审计工作底稿或增加新的审计工作底稿，无论修改或增加的性质如何，注册会计师均应当记录下列事项：①修改或增加审计工作底稿的理由；②修改或增加审计工作底稿的时间和人员，以及复核的时间和人员。

5.审计工作底稿的保存期限

会计师事务所应当自审计报告日起，对审计工作底稿至少保存10年。如果注册会计师未能完成审计业务，会计师事务所应当自审计业务中止日起，对审计工作底稿至少保存10年。

在完成最终审计档案的归整工作后，注册会计师不应在规定的保存期届满前删除或废弃任何性质的审计工作底稿。

第四章 风险评估和应对

第一节 风险评估与应对概述

一、审计风险准则的出台

审计风险准则项目最早由国际审计与鉴证准则理事会(IAASB)起草,并受到联合工作组(Joint Working Group)和美国公共监督理事会(Public Oversight Board)的审计效率研究工作组(原美国注册会计师协会下设组织)的影响。

国际审计与鉴证准则理事会和美国审计准则委员会(ASB,原美国注册会计师协会下设组织)都确定了有关项目,应对审计环境变化,并考虑联合工作组和公共监督理事会的研究建议。由于两个准则制定机构面临相似的问题,具有提高审计质量的共同目的,因此两个项目小组合并成立了联合风险评估工作组,制定共同的审计风险准则,从源头上实现国际协调。

在审计风险准则项目开始的初期,相继发生了一些国际知名公司财务舞弊丑闻,严重损害了社会公众对审计有效性的信心,并导致准则制定机构对注册会计师的工作进行大量和深入的调查。尽管国际审计与鉴证准则理事会(IAASB)起草的审计风险准则项目并不是直接针对这些审计失败而直接做出的应对,但准则项目随后的调整、修改和完善(特别是对整个审计过程加以改进的思路)的确受到了这些重大事件的影响。国际审计与鉴证准则理事会(IAASB)也希望借这些准则提高全球范围内的审计实务标准及其运用的一致性。

随着经济全球化进程的加快,我国经济的快速发展,以及企业经营环境的急速变化我国审计准则建设面临许多挑战,主要体现在:行业面临的风险有日益增大的趋势;现行审计实务不能有效应对财务报表重大错报风险;审计风险准则的出台导致国际审计准则出现很大变化;我国与其他国家和地区的经济依存度日益提高,审计准则国际趋同的要求越来越迫切。面对上述挑战,出台审计风险准则,以提高审计质量,降低行业风险。

二、审计风险准则体现出的重大变化

我国出台的审计风险准则,包括《中国注册会计师审计准则第1101号——财务报表审计的目标和一般原则》《中国注册会计师审计准则第1301号——审计证据》、《中国注册会计师审计准则第1211号——了解被审计单位及其环境并评估重大错报风险》和《中国注册会计师审计准则第1231号——针对评估的重大错报风险实施的程序》。通过修订审计风险模型,要求注册会计师必须了解被审计单位及其环境,包括内部控制,以充分识别和评估财务报表重大错报的风险,针对评估的重大错报风险设计和实施控制测试和实质性程序。

与现行审计准则相比,审计风险准则的重大变化体现在以下方面:

第一,要求注册会计师加强对被审计单位及其环境的了解。注册会计师应当实施程序,更广泛和更深入地了解被审计单位及其环境的各个方面,包括了解内部控制,为识别财务报表层次以及各类交易、账户余额、列报和披露认定层次重大错报风险提供更好的基础。

第二,要求注册会计师在审计的所有阶段都要实施风险评估程序。注册会计师应当将识别的风险与认定层次可能发生错报的领域相联系,实施更为严格的风险评估程序,而不能直接将风险设定为高水平。

第三,要求注册会计师将识别和评估的风险与实施的审计程序挂钩。在设计和实施进一步审计程序(控制测试和实质性测试)时,注册会计师应当将审计程序的性质、时间和范围与识别、评估的风险相联系,以防止机械地利用程序表从形式上迎合审计准则对程序的要求。

第四,要求注册会计师针对重大的各类交易、账户余额、列报和披露实施实质性测试。注册会计师对重大错报风险评估是一种判断,被审计单位内部控制存在固有限制,无论评估的重大错报风险结果如何,注册会计师均应当针对重大的各类交易、账户余额、列报和披露实施实质性程序,不得将实质性测试仅集中在例外事项上。

第五,要求注册会计师将识别、评估和应对风险的关键程序形成审计工作记录,以保证执业质量,明确执业责任。

审计风险准则的出台,有利于降低审计失败发生的概率,增强社会公众对行业的信心;有利于严格审计程序,识别、评估和应对重大错报风险;有利于明确审计责任,实施有效的质量控制;有利于促使注册会计师掌握新知识和新技能,提高整个行业的专业水平。同时,审计风险准则对注册会计师风险评估程序,以及依据风险评估结果实施进一步审计程序的影响很大,因此,也影响到审计工作的各个方面。

审计风险准则的出台,有利于降低审计失败发生的概率,增强社会公众对行业的信心;有利于严格审计程序,识别、评估和应对重大错报风险;有利于明确审计责任,实施有效的质量控制;有利于促使注册会计师掌握新知识和新技能,提高整个行业的专业水平。同时,审计风险准则对注册会计师风险评估程序,以及依据风险评估结果实施进一步审计程序的影响很大,因此,也影响到审计工作的各个方面。

三、风险评估和风险应对概述

(一)风险评估概述

《中国注册会计师审计准则第1211号——了解被审计单位及其环境并评估重大错报风险》作为专门规范风险评估的准则,规定注册会计师应当了解被审计单位及其环境,以足够识别和评估财务报表重大错报风险,设计和实施进一步审计程序。

了解被审计单位及其环境是必要程序,特别是为注册会计师在下列关键环节作出职业判断提供重要基础:(1)确定重要性水平,并随着审计工作的进程评估对重要性水平的判断是否仍然适当;(2)考虑会计政策的选择和运用是否恰当,以及财务报表的列报(包括披露,下同)是否适当;(3)识别需要特别考虑的领域,包括关联方交易、管理层运用持续经营假设的合理性,或交易是否具有合理的商业目的等;(4)确定在实施分析程序时所使用的预期值;(5)设计和实施进一步审计程序,以将审计风险降至可接受的低水平;(6)评价所获取审计证据的充分性和适当性。

了解被审计单位及其环境是一个连续和动态地收集、更新与分析信息的过程,贯穿于整个审计过程的始终。注册会计师应当运用职业判断确定需要了解被审计单位及其环境的程度。

评价对被审计单位及其环境了解的程度是否恰当,关键是看注册会计师对被审计单位及其环境的了解是否足以识别和评估财务报表重大错报风险。如果了解被审计单位及其环境获得的信息足以识别和评估财务报表重大错报风险,设计和实施进一步审计程序,那么了解的程度就是恰当的。当然,要求注册会计师对被审计单位及其环境了解的程度,要低于管理层为经营管理企业而对被审计单位及其环境需要了解的程度。

(二)风险应对概述

《中国注册会计师审计准则第1231号——针对评估的重大错报风险实施的程序》规定,注册会计师应对重大错报风险,应当遵循以下规定:

(1)注册会计师针对财务报表层次的重大错报风险制定总体应对措施,包括向审计项目组强调在获取审计证据过程中保持职业怀疑态度的必要性、分派更有经验或具有特殊技能的审计人员或利用专家,向审计项目组提供更多的督导等;(2)注册会计师应当针对认定层次的重大错报风险设计和实施进一步审计程序,包括测试控制的执行有效性以及实施实质性程序;(3)注册会计师应当评价风险评估的结果是否适当,并确定是否已经获取充分、适当的审计证据;(4)注册会计师应当将实施关键的程序形成审计工作记录。

第二节 了解被审计单位及其环境

一、总体要求

注册会计师应当从下列方面了解被审计单位及其环境：
(1)行业状况、法律环境与监管环境以及其他外部因素；(2)被审计单位的性质；(3)被审计单位对会计政策的选择和运用；(4)被审计单位的目标、战略以及相关经营风险；(5)被审计单位财务业绩的衡量和评价；(6)被审计单位的内部控制。

上述第(1)项是被审计单位的外部环境，第(2)项至第(4)项以及第(6)项是被审计单位的内部因素，第(5)项则既有外部因素也有内部因素。值得注意的是，被审计单位及其环境的各个方面可能会互相影响。例如，被审计单位的行业状况、法律环境与监管环境以及其他外部因素可能影响到被审计单位的目标、战略以及相关经营风险，而被审计单位的性质、目标、战略以及相关经营风险可能影响到被审计单位对会计政策的选择和运用，以及内部控制的设计和执行。因此，注册会计师在对被审计单位及其环境的各个方面进行了解和评估时，应当考虑各因素之间的相互关系。

注册会计师针对上述六个方面实施的风险评估程序的性质、时间和范围取决于审计业务的具体情况，如被审计单位的规模和复杂程度，以及注册会计师的相关审计经验，包括以前对被审计单位提供审计和相关服务的经验和对类似行业、类似企业的审计经验。此外，识别被审计单位及其环境在上述各方面与以前期间相比发生的重大变化，对于充分了解被审计单位及其环境、识别和评估重大错报风险尤为重要。

二、行业状况、法律环境与监管环境以及其他外部因素

(一)行业状况

了解行业状况有助于注册会计师识别与被审计单位所处行业有关的重大错报风险。

注册会计师应当了解被审计单位的行业状况，主要包括：(1)所处行业的市场供求与竞争；(2)生产经营的季节性和周期性；(3)产品生产技术的变化；(4)能源供应与成本；(5)行业的关键指标和统计数据。

(二)法律环境及监管环境

了解法律环境及监管环境的主要原因在于：(1)某些法律法规或监管要求可能对被审计单位经营活动有重大影响，如不遵守将导致停业等严重后果；(2)某些法律法规或监管要求(如环保法规等)规定了被审计单位某些方面的责任和义务；(3)某些法

律法规或监管要求决定了被审计单位需要遵循的行业惯例和核算要求。

注册会计师应当了解被审计单位所处的法律环境及监管环境,主要包括:(1)适用的会计准则、会计制度和行业特定惯例;(2)对经营活动产生重大影响的法律法规及监管活动;(3)对开展业务产生重大影响的政府政策,包括货币、财政、税收和贸易等政策;(4)与被审计单位所处行业和所从事经营活动相关的环保要求。

(三)其他外部因素

注册会计师应当了解影响被审计单位经营的其他外部因素,主要包括:(1)宏观经济的景气度;(2)利率和资金供求状况;(3)通货膨胀水平及币值变动;(4)国际经济环境和汇率变动。

(四)了解的重点和程度

注册会计师对行业状况、法律环境与监管环境以及其他外部因素了解的范围和程度会因被审计单位所处行业、规模以及其他因素(如在市场中的地位)的不同而不同。例如,对从事计算机硬件制造的被审计单位,注册会计师可能更关心市场和竞争以及技术进步的情况;对金融机构,注册会计师可能更关心宏观经济走势以及货币、财政等方面的宏观经济政策;对化工等产生污染的行业,注册会计师可能更关心相关环保法规。注册会计师应当考虑将了解的重点放在对被审计单位的经营活动可能产生重要影响的关键外部因素以及与前期相比发生的重大变化上。

注册会计师应当考虑被审计单位所在行业的业务性质或监管程度是否可能导致特定的重大错报风险,考虑项目组是否配备了具有相关知识和经验的成员。

三、被审计单位的性质

(一)所有权结构

对被审计单位所有权结构的了解有助于注册会计师识别关联方关系并了解被审计单位的决策过程。

注册会计师应当了解所有权结构以及所有者与其他人员或单位之间的关系,考虑关联方关系是否已经得到识别,以及关联方交易是否得到恰当核算。例如,注册会计师应当了解被审计单位是属于国有企业、外商投资企业、民营企业,还是属于其他类型的企业,还应当了解其直接控股母公司、间接控股母公司、最终控股母公司和其他股东的构成,以及所有者与其他人员或单位(如控股母公司控制的其他企业)之间的关系。注册会计师应当按照《中国注册会计师审计准则第1323号——关联方》的规定,了解被审计单位识别关联方的程序,获取被审计单位提供的所有关联方信息,并考虑关联方关系是否已经得到识别,关联方交易是否得到恰当记录和充分披露。

同时,注册会计师可能需要对其控股母公司(股东)的情况作进一步的了解,包括控股母公司的所有权性质,管理风格及其对被审计单位经营活动及财务报表可能产生的影响;控股母公司与被审计单位在资产、业务、人员、机构、财务等方面是否分开,是否存在占用资金等情况;控股母公司是否施加压力,要求被审计单位达到其设定的财务业绩目标。

(二)治理结构

良好的治理结构可以对被审计单位的经营和财务运作实施有效的监督,从而降低财务报表发生重大错报的风险。注册会计师应当了解被审计单位的治理结构。例如,董事会的构成情况、董事会内部是否有独立董事;治理结构中是否设有审计委员会或监事会及其运作情况。注册会计师应当考虑治理层是否能够在独立于管理层的情况下对被审计单位事务(包括财务报告)作出客观判断。

(三)组织结构

复杂的组织结构可能导致某些特定的重大错报风险。注册会计师应当了解被审计单位的组织结构,考虑复杂组织结构可能导致的重大错报风险,包括财务报表合并、商誉摊销和减值、长期股权投资核算以及特殊目的实体核算等问题。

例如,对于在多个地区拥有子公司、合营企业、联营企业或其他成员机构,或者存在多个业务分部和地区分部的被审计单位,不仅编制合并财务报表的难度增加,还存在其他可能导致重大错报风险的复杂事项,包括:对于子公司、合营企业、联营企业和其他股权投资类别的判断及其会计处理;商誉在不同业务分部间的摊销及减值;对特殊目的实体是否进行了适当的会计处理等。

(四)经营活动

了解被审计单位经营活动有助于注册会计师识别预期在财务报表中反映的主要交易类别、重要账户余额和列报。注册会计师应当了解被审计单位的经营活动。主要包括:(1)主营业务的性质。例如,主营业务是制造业还是商品批发与零售;是银行、保险还是其他金融服务;是公用事业、交通运输还是提供技术产品和服务等;(2)与生产产品或提供劳务相关的市场信息。例如,主要客户和合同、付款条件、利润率、市场份额、竞争者、出口、定价政策、产品声誉、质量保证、营销策略和目标等;(3)业务的开展情况。例如,业务分部的设立情况、产品和服务的交付、衰退或扩展的经营活动的详情等;(4)联盟、合营与外包情况;(5)从事电子商务的情况。例如,是否通过互联网销售产品和提供服务以及从事营销活动;(6)地区与行业分布。例如,是否涉及跨地区经营和多种经营,各个地区和各行业分布的相对规模以及相互之间是否存在依赖关系;(7)生产设施、仓库的地理位置及办公地点;(8)关键客户。例如,销售对象是少量的大客户还是众多的小客户;是否有被审计单位高度依赖的特定客户(如超过销售总额的W%的顾客);是否有造成高回收性风险的若干客户或客户类别(如正处在一个衰退市场中的客户);是否与某些客户订立了不寻常的销售条款或条件;(9)重要供应商。例如,是否签订长期供应合同;原材料供应的可靠性和稳定性;付款条件以及原材料是否受重大价格变动的影响;(10)劳动用工情况。例如,分地区用工情况、劳动力供应情况、工资水平、退休金和其他福利、股权激励或其他奖金安排以及与劳动用工事项相关的政府法规;(11)研究与开发活动及其支出;(12)关联方交易。例如,有些客户或供应商是否为关联方;对关联方和非关联方是否采用不同的销售和采购条款。此外,还存在哪些关联方交易,这些交易采用怎样的定价政策。

(五)投资活动

了解被审计单位投资活动有助于注册会计师关注被审计单位在经营策略和方向上的重大变化。注册会计师应当了解被审计单位的投资活动。主要包括:(1)近期拟实施或已实施的并购活动与资产处置情况,包括业务重组或某些业务的终止。注册会计师应当了解并购活动如何与被审计单位目前的经营业务相协调,并考虑它们是否会引发进一步的经营风险。例如,被审计单位并购了一个新的业务部门,注册会计师需要了解管理层如何管理这一新业务,而新业务又如何与现有业务相结合,发挥协同优势,如何解决原有经营业务与新业务在信息系统、企业文化等各方面的不一致;(2)证券投资、委托贷款的发生与处置;(3)资本性投资活动,包括固定资产和无形资产投资,近期或计划发生的变动,以及重大的资本承诺等;(4)不纳入合并范围的投资。例如,联营、合营或其他投资,包括近期计划的投资项目。

(六)筹资活动

了解被审计单位筹资活动有助于注册会计师评估被审计单位在融资方面的压力,并进一步考虑被审计单位在可预见未来的持续经营能力。注册会计师应当了解被审计单位的筹资活动。主要包括:(1)债务结构和相关条款,包括担保情况及表外融资。例如,获得的信贷额度是否可以满足营运需要;得到的融资条件及利率是否与竞争对手相似,如不相似,原因何在;是否存在违反借款合同中限制性条款的情况;是否承受重大的汇率与利率风险;(2)固定资产的租赁,包括通过融资租赁方式进行的筹资活动;(3)关联方融资。例如,关联方融资的特殊条款;(4)实际受益股东。例如,实际受益股东是国内的,还是国外的,其商业声誉和经验可能对被审计单位产生的影响;(5)衍生金融工具的运用。例如,衍生金融工具是用于交易目的还是套期目的,以及运用的种类、范围和交易对手等。

四、被审计单位对会计政策的选择和运用

(一)重要项目的会计政策和行业惯例

重要项目的会计政策包括:收入确认、存货的计价方法、投资的核算、固定资产的

折旧方法、坏账准备、存货跌价准备和其他资产减值准备的确定、借款费用资本化方法、合并财务报表的编制方法等。除会计政策以外，某些行业可能还存在一些行业惯例，注册会计师应当熟悉这些行业惯例。当被审计单位采用与行业惯例不同的会计处理方法时，注册会计师应当了解其原因，并考虑采用与行业惯例不同的会计处理方法是否适当。

（二）重大和异常交易的会计处理方法

例如，本期发生的企业合并的会计处理方法。某些被审计单位可能存在与其所处行业相关的重大交易。例如，银行向客户发放贷款、证券公司对外投资、医药企业的研究与开发活动等，注册会计师应当考虑对重大的和不经常发生的交易的会计处理方法是否适当。

（三）在新领域和缺乏权威性标准的领域，采用重要会计政策产生的影响

在新领域和缺乏权威性标准或共识的领域，注册会计师应当关注被审计单位选用了哪些会计政策，为什么选用这些会计政策以及选用这些会计政策产生的影响。

（四）会计政策的变更

如果被审计单位变更了重要的会计政策，注册会计师应当考虑变更的原因及其适当性，即考虑：(1)会计政策的变更是否是法律、行政法规或者适用的会计准则和相关会计制度要求的变更；(2)会计政策变更是否能够提供更可靠、更相关的会计信息。除此之外，注册会计师还应当关注会计政策的变更是否得到充分披露。

（五）被审计单位何时采用以及如何采用新颁布的会计准则和相关会计制度

注册会计师应考虑被审计的上市公司是否已按照新会计准则的要求，做好衔接调整工作，并收集执行新会计准则需要的信息资料。

除上述与会计政策的选择和运用相关的事项外，注册会计师还应对被审计单位下列与会计政策运用相关的情况予以关注：(1)是否采用激进的会计政策、方法、估计和判断；(2)财会人员是否拥有足够的运用会计准则的知识、经验和能力；(3)是否拥有足够的资源支持会计政策的运用，如人力资源及培训、信息技术的采用、数据和信息的采集等。

注册会计师应当考虑，被审计单位是否按照适用的会计准则和相关会计制度的规定恰当地进行了列报，并披露了重要事项。列报和披露的主要内容包括：财务报表及其附注的格式、结构安排、内容、财务报表项目使用的术语、披露信息的明细程度、项目在财务报表中的分类以及列报信息的来源等。注册会计师应当考虑被审计单位是否已对特定事项作了适当的列报和披露。

五、被审计单位的目标、战略以及相关经营风险

(一)目标、战略与经营风险

目标是企业经营活动的指针。企业管理层或治理层一般会根据企业经营面临的外部环境和内部各种因素,制定合理可行的经营目标。战略是企业管理层为实现经营目标采用的总体层面的策略和方法。为了实现某一既定的经营目标,企业可能有多个可行战略。例如,如果目标是在某一特定期间内进入一个新的市场,那么可行的战略可能包括收购该市场内的现有企业、与该市场内的其他企业合资经营、或自行开发进入该市场。随着外部环境的变化,企业应对目标和战略作出相应的调整。

经营风险源于对被审计单位实现目标和战略产生不利影响的重大情况、事项、环境和行动,或源于不恰当的目标和战略。不同的企业可能面临不同的经营风险,这取决于企业经营的性质、所处行业、外部监管环境、企业的规模和复杂程度。管理层有责任识别和应对这些风险。

不能随环境的变化而作出相应的调整固然可能产生经营风险。但是,在调整的过程中也可能导致经营风险。例如,为应对消费者需求的变化,企业开发了新产品。但是,开发的新产品可能会产生开发失败的风险;即使开发成功,市场需求可能没有充分开发,而导致产品营销风险;产品的缺陷还可能导致企业遭受声誉风险和承担产品赔偿责任的风险。

注册会计师应当了解被审计单位是否存在与下列方面有关的目标和战略,并考虑相应的经营风险:(1)行业发展,及其可能导致的被审计单位不具备足以应对行业变化的人力资源和业务专长等风险;(2)开发新产品或提供新服务,及其可能导致的被审计单位产品责任增加等风险;(3)业务扩张,及其可能导致的被审计单位对市场需求的估计不准确等风险;(4)新颁布的会计法规,及其可能导致的被审计单位执行法规财务审计不当或不完整,或会计处理成本增加等风险;(5)监管要求,及其可能导致的被审计单位法律责任增加等风险;(6)本期及未来的融资条件,及其可能导致的被审计单位由于无法满足融资条件而失去融资机会等风险;(7)信息技术的运用,及其可能导致的被审计单位信息系统与业务流程难以融合等风险。

(二)经营风险对重大错报风险的影响

经营风险与财务报表重大错报风险是既有联系又相互区别的两个概念。前者比后者范围更广。注册会计师了解被审计单位的经营风险有助于其识别财务报表重大错报风险。但并非所有的经营风险都与财务报表相关,注册会计师没有责任识别或评估对财务报表没有影响的经营风险。

多数经营风险最终都会产生财务后果,从而影响财务报表。但并非所有经营风险都会导致重大错报风险。经营风险可能对各类交易、账户余额以及列报认定层次

或财务报表层次产生直接影响。例如,企业合并导致银行客户群减少,使银行信贷风险集中,由此产生的经营风险可能增加与贷款计价认定有关的重大错报风险。同样的风险,尤其是在经济紧缩时,可能具有更为长期的后果,注册会计师在评估持续经营假设的适当性时需要考虑这一问题。为此,注册会计师应当根据被审计单位的具体情况考虑经营风险是否可能导致财务报表发生重大错报。

目标、战略、经营风险和重大错报风险之间的相互联系可举一例予以说明。例如,企业当前的目标是在某一特定期间内进入某一新的海外市场,企业选择的战略是在当地成立合资公司。从该战略本身来看,是可以实现这一目标的。但是,成立合资公司可能会带来很多的经营风险,例如,企业如何与当地合资方在经营活动、企业文化等各方面协调,如何在合资公司中获得控制权或共同控制权,当地市场情况是否会发生变化,当地对合资公司的税收和外汇管理方面的政策是否稳定,合资公司的利润是否可以汇回,是否存在汇率风险等。这些经营风险反映到财务报表中,可能会因对合资公司是属于子公司、合营企业或联营企业的判断问题,投资核算问题,包括是否存在减值问题、对当地税收规定的理解,以及外币折算等问题而导致财务报表出现重大错报风险。

(三)被审计单位的风险评估过程

管理层通常制定识别和应对经营风险的策略,注册会计师应当了解被审计单位的风险评估过程。此类风险评估过程是被审计单位内部控制的组成部分。

(四)对小型被审计单位的考虑

小型被审计单位通常没有正式的计划和程序来确定其目标、战略并管理经营风险。注册会计师应当询问管理层或观察小型被审计单位如何应对这些事项,以获取了解,并评估重大错报风险。

六、被审计单位财务业绩的衡量和评价

被审计单位管理层经常会衡量和评价关键业绩指标(包括财务和非财务的)、预算及差异分析、分部信息和分支机构、部门或其他层次的业绩报告以及与竞争对手的业绩比较。此外,外部机构也会衡量和评价被审计单位的财务业绩,如分析师的报告和信用评级机构的报告。

(一)了解的主要方面

在了解被审计单位财务业绩衡量和评价情况时,注册会计师应当关注下列信息:(1)关键业绩指标;(2)业绩趋势;(3)预测、预算和差异分析;(4)管理层和员工业绩考核与激励性报酬政策;(5)分部信息与不同层次部门的业绩报告;(6)与竞争对手的业绩比较;(7)外部机构提出的报告。

第四章 风险评估和应对

(二)关注内部财务业绩衡量的结果

内部财务业绩衡量可能显示未预期到的结果或趋势。在这种情况下,管理层通常会进行调查并采取纠正措施。与内部财务业绩衡量相关的信息可能显示财务报表存在错报风险,例如,内部财务业绩衡量可能显示被审计单位与同行业其他单位相比具有异常快的增长率或盈利水平,此类信息如果与业绩奖金或激励性报酬等其他因素结合起来考虑,可能显示管理层在编制财务报表时存在某种倾向的错报风险。因此,注册会计师应当关注被审计单位内部财务业绩衡量所显示的未预期到的结果或趋势、管理层的调查结果和纠正措施,以及相关信息是否显示财务报表可能存在重大错报。

(三)考虑财务业绩衡量指标的可靠性

如果拟利用被审计单位内部信息系统生成的财务业绩衡量指标,注册会计师应当考虑相关信息是否可靠,以及利用这些信息是否足以实现审计目标。许多财务业绩衡量中使用的信息可能由被审计单位的信息系统生成。如果被审计单位管理层在没有合理基础的情况下,认为内部生成的衡量财务业绩的信息是准确的,而实际上信息有误,那么根据有误的信息得出的结论也可能是错误的。如果注册会计师计划在审计中(如在实施分析程序时)利用财务业绩指标,应当考虑相关信息是否可靠,以及在实施审计程序时利用这些信息是否足以发现重大错报。

(四)对小型被审计单位的考虑

小型被审计单位通常没有正式的财务业绩衡量和评价程序,管理层往往依据,某些关键指标,作为评价财务业绩和采取适当行动的基础,注册会计师应当了解管理层使用的关键指标。

需要强调的是,注册会计师了解被审计单位财务业绩的衡量与评价,是为了考虑管理层是否面临实现某些关键财务业绩指标的压力。这些压力既可能源于需要达到市场分析师或股东的预期,也可能产生于达到获得股票期权或管理层和员工奖金的目标。受压力影响的人员可能是高级管理人员(包括董事会)也可能是可以操纵财务报表的其他经理人员,如子公司或分支机构管理层可能为达到奖金目标操纵财务报表。

在评价管理层是否存在歪曲财务报表的动机和压力时,注册会计师还应当考虑可能存在的其他情形。例如,企业或企业的一个主要组成部分是否有可能被出售;管理层是否希望维持或增加企业的股价或盈利走势而热衷于采用过度激进的会计方法;基于纳税的考虑,股东或管理层是否有意采取不适当的方法使盈利最小化;企业是否持续增长和接近财务资源的最大限度;企业的业绩是否急剧下降,可能存在终止上市的风险;企业是否具备足够的可分配利润或现金流量以维持目前的利润分配水平;如果公布欠佳的财务业绩,对重大未决交易(如企业合并或新业务合同的签订)是否可能产生不利影响;企业是否过度依赖银行借款,而财务业绩又可能达不到借款合同对财务指标的要求。这些情况都显示管理层在面临重大压力下时可能粉饰财务业绩,发生舞弊风险。

第三节 了解被审计单位的内部控制

一、内部控制的含义和要素

内部控制是被审计单位为了合理保证财务报告的可靠性、经营的效率和效果以及对法律法规的遵守,由治理层、管理层和其他人员设计与执行的政策及程序。

可以从以下几方面理解内部控制:

第一,内部控制的目标是合理保证:(1)财务报告的可靠性,这一目标与管理层履行财务报告编制责任密切相关;(2)经营的效率和效果,即经济有效地使用企业资源,以最优方式实现企业的目标;(3)在所有经营活动中遵守法律法规的要求,即在法律法规的框架下从事经营活动。

第二,设计和实施内部控制的责任主体是治理层、管理层和其他人员,组织中的每一个人都对内部控制负有责任。

第三,实现内部控制目标的手段是设计和执行控制政策和程序。内部控制包括下列要素:(1)控制环境;(2)风险评估过程;(3)信息系统与沟通;(4)控制活动;(5)对控制的监督。内部控制包括上述的五项要素,控制包括上述的一项或多项要素,或要素表现出的各个方面。

(一)控制环境

控制环境包括治理职能和管理职能,以及治理层和管理层对内部控制及其重要性的态度、认识和措施。控制环境设定了被审计单位的内部控制基调,影响员工对内部控制的认识和态度。良好的控制环境是实施有效内部控制的基础,具体来说,控制环境包括以下内容:

1.对诚信和道德价值观念的沟通与落实

诚信和道德价值观念是控制环境的重要组成部分,影响到重要业务流程的设计和运行。对诚信和道德价值观念的沟通与落实既包括管理层如何处理不诚实、非法或不道德行为,也包括在被审计单位内部,通过行为规范以及高层管理人员的身体力行,对诚信和道德价值观念的营造和保持。

2.对胜任能力的重视

胜任能力是指具备完成某一职位的工作所应有的知识和能力。注册会计师应当考虑主要管理人员和其他相关人员是否能够胜任承担的工作和职责,例如,财会人员是否对编报财务报表所适用的会计准则和相关会计制度有足够的了解并能正确运用。

3.治理层的参与程度

被审计单位的控制环境在很大程度上受治理层的影响。治理层的职责应在被审计单位的章程和政策中予以规定。治理层(董事会)通常通过其自身的活动,并在审计委员会或类似机构的支持下,监督被审计单位的财务报告政策和程序。

4.管理层的理念和经营风格

管理层负责企业的运作以及经营策略和程序的制定、执行与监督。控制环境的每个方面在很大程度上都受管理层采取的措施和作出决策的影响,或在某些情况下受管理层不采取某些措施或不作出某种决策的影响。此外,了解管理层的经营风格也很有必要,管理层的经营风格可以表明管理层所能接受的业务风险的性质。

5.组织结构及职权与责任的分配

被审计单位的组织结构为计划、运作、控制及监督经营活动提供了一个整体框架。通过集权或分权决策,可在不同部门间进行适当的职责划分、建立适当层次的报告体系。组织结构将影响权利、责任和工作任务在组织成员中的分配。被审计单位的组织结构将在一定程度上取决于被审计单位的规模和经营活动的性质。

6.人力资源政策与实务

政策与程序(包括内部控制)的有效性,通常取决于执行人。因此,被审计单位员工的能力与诚信是控制环境中不可缺少的因素。

控制环境本身并不能防止或发现并纠正各类交易、账户余额、列报认定层次的重大错报,注册会计师在评估重大错报风险时,应当将控制环境连同其他内部控制要素产生的影响一并考虑。例如,将控制环境与对控制的监督和具体控制活动一并考虑。

在小型被审计单位,可能无法获取以文件形式存在的有关控制环境要素的审计证据。例如,小型被审计单位可能没有书面的行为守则,管理层对道德价值和专业胜任能力的推崇,通常是通过管理层在经营管理过程中展示的行为和态度得到体现。因此,注册会计师应当重点了解管理层对内部控制设计的态度、认识和措施。

(二)风险评估

任何经济组织在经营活动中都会面临各种各样的风险,风险对其生存和竞争能力产生影响。很多风险并不为经济组织所控制,但管理层应当确定可以承受的风险水平,识别这些风险并采取一定的应对措施。

可能产生风险的事项和情形包括:(1)监管及经营环境的变化。监管和经营环境的变化会导致竞争压力的变化以及重大的相关风险;(2)新员工的加入。新员工可能对内部控制有不同的认识和关注点;(3)新信息系统的使用或对原系统进行升级。信息系统的重大变化会改变与内部控制相关的风险;(4)业务快速发展。快速的业务扩张可能会使内部控制难以应对,从而增加内部控制失效的可能性;(5)新技术。将新技术运用于生产过程和信息系统可能改变与内部控制相关的风险;(6)新生产型号、产品和业务活动。进入新的业务领域和发生新的交易可能带来新的与内部控制相关的风险;(7)企业重组。重组可能带来裁员以及管理职责的重新划分,将影响与内部控制相关的风险;(8)发展海外经营。海外扩张或收购会带来新的并且往往是特别的风险,进而可能影响内部控制,如外币交易的风险;(9)新的会计准则。采用新的或变化了的会计准则可能会增大财务报告发生重大错报的风险。

(三)信息系统与沟通

与财务报告相关的信息系统,包括用以生成、记录、处理和报告交易、事项和情况,对相关资产、负债和所有者权益履行经营管理责任的程序和记录。与财务报告相关的信息系统通常包括下列职能:(1)识别与记录所有的有效交易;(2)及时、详细地描述交易,以便在财务报告中对交易作出恰当分类;(3)恰当计量交易,以便在财务报告中对交易的金额作出准确记录;(4)恰当确定交易生成的会计期间;(5)在财务报表中恰当列报交易。

(四)控制活动

控制活动是指有助于确保管理层的指令得以执行的政策和程序。包括与授权、业绩评价、信息处理、实物控制和职责分离等相关的活动。

1. 授权

注册会计师应当了解与授权有关的控制活动,包括一般授权和特别授权。

2. 业绩评价

注册会计师应当了解与业绩评价有关的控制活动,主要包括被审计单位分析评价实际业绩与预算(或预测、前期业绩)的差异,综合分析财务数据与经营数据的内在关系,将内部数据与外部信息来源相比较,评价职能部门、分支机构或项目活动的业绩(如银行客户信贷经理复核各分行、地区和各种贷款类型的审批和收回),以及对发现的异常差异或关系采取必要的调查与纠正措施。

3. 信息处理

注册会计师应当了解与信息处理有关的控制活动,包括信息技术的一般控制和应用控制。

信息技术一般控制是指与多个应用系统有关的政策和程序,有助于保证信息系统持续恰当地运行(包括信息的完整性和数据的安全性),支持应用控制作用的有效发挥,通常包括数据中心和网络运行控制,系统软件的购置、修改及维护控制,接触或访问权限控制,应用系统的购置、开发及维护控制。例如,程序改变的控制、限制接触程序和数据的控制、与新版应用软件包实施有关的控制等都属于信息系统一般控制。

信息技术应用控制是指主要在业务流程层次运行的人工或自动化程序,与用于生成、记录、处理、报告交易或其他财务数据的程序相关,通常包括检查数据计算的准确性,审核账户和试算平衡表,设置对输入数据和数字序号的自动检查,以及对例外报告进行人工干预。

4.实物控制

注册会计师应当了解实物控制,主要包括了解对资产和记录采取适当的安全保护措施,对访问计算机程序和数据文件设置授权,以及定期盘点并将盘点记录与会计记录相核对。例如,现金、有价证券和存货的定期盘点控制。实物控制的效果影响资产的安全,从而对财务报表的可靠性及审计产生影响。

5.职责分离

注册会计师应当了解职责分离,主要包括了解被审计单位如何将交易授权、交易记录以及资产保管等职责分配给不同员工,以防范同一员工在履行多项职责时可能发生的舞弊或错误。当信息技术运用于信息系统时,职责分离可以通过设置安全控制来实现。

(五)对控制的监督

管理层的重要职责之一就是建立和维护控制并保证其持续有效运行,'对控制的监督可以实现这一目标。监督是由适当的人员,在适当、及时的基础上,评估控制的设计和运行情况的过程。

二、与审计相关的控制

内部控制的目标旨在合理保证财务报告的可靠性、经营的效率和效果以及对法律法规的遵守。注册会计师审计的目标是对财务报表是否不存在重大错报发表审计意见,尽管要求注册会计师在财务报表审计中考虑与财务报表编制相关的内部控制,但目的并非对被审计单位内部控制的有效性发表意见。注册会计师需要了解和评价的内部控制只是与财务报表审计相关的内部控制,并非被审计单位所有的内部控制。

(一)为实现财务报告可靠性目标设计和实施的控制

与审计相关的控制,包括被审计单位为实现财务报告可靠性目标设计和实施的控制。注册会计师应当运用职业判断,考虑一项控制单独或连同其他控制是否与评估重大错报风险以及针对评估的风险设计和实施进一步审计程序有关。

在运用职业判断时,注册会计师应当考虑下列因素:(1)注册会计师确定的重要性水平;(2)被审计单位的性质,包括组织结构和所有制性质;(3)被审计单位的规模;(4)被审计单位经营的多样性和复杂性;(5)法律法规和监管要求;(6)作为内部控制组成部分的系统(包括利用服务机构)的性质和复杂性。

（二）其他与审计相关的控制

如果在设计和实施进一步审计程序时拟利用被审计单位内部生成的信息，注册会计师应当考虑用以保证该信息完整性和准确性的控制可能与审计相关。注册会计师以前的经验以及在了解被审计单位及其环境过程中获得的信息，可以帮助注册会计师识别与审计相关的控制。

如果用以保证经营效率、效果的控制以及对法律法规遵守的控制与实施审计程序时评价或使用的数据相关，注册会计师应当考虑这些控制可能与审计相关。例如，对于某些非财务数据（如生产统计数据）的控制，如果注册会计师在实施分析程序时使用这些数据，这些控制就可能与审计相关。又如，某些法规（如税法）对财务报表存在直接和重大的影响（影响应交税金和所得税费用）。为了遵守这些法规，被审计单位可能设计和执行相应的控制，这些控制也与注册会计师的审计相关。

被审计单位通常有一些与审计无关的控制，注册会计师无需对其加以考虑。例如，被审计单位可能依靠某一复杂的自动控制系统提高经营活动的效率和效果（如航空公司用于维护航班时间表的自动控制系统），但这些控制通常与审计无关。

用以保护资产的内部控制可能包括与实现财务报告可靠性和经营效率、效果目标相关的控制。注册会计师在了解保护资产的内部控制各项要素时，可仅考虑其中与财务报告可靠性目标相关的控制。例如，保护存货安全的控制可能与审计相关，但在生产中防止材料浪费的控制通常就与审计不相关，只有所用材料的成本没有在财务报表中如实反映，才会影响财务报表的可靠性。

三、内部控制的局限性

（一）内部控制的固有局限性

内部控制存在固有局限性，无论如何设计和执行，只能对财务报告的可靠性提供合理的保证。内部控制存在的固有局限性包括：

1.在决策时人为判断可能出现错误和由于人为失误而导致内部控制失效

例如，被审计单位信息技术工作人员没有完全理解系统如何处理销售交易，为使系统能够处理新型产品的销售，可能错误地对系统进行更改；或者对系统的更改是正确的，但是程序员没能把此次更改转化为正确的程序代码。

2.由于两个或更多的人进行串通或管理层凌驾于内部控制之上而被规避

例如，管理层可能与客户签订背后协议，对标准的销售同作出变动，从而导致收入确认发生错误。再如，软件中的编辑控制旨在发现和报告超过赊销信用额度的交易，但这一控制可能被逾越或规避。

此外，如果被审计单位内部行使控制职能的人员素质不适应岗位要求，也会影响内部控制功能的正常发挥。被审计单位实施内部控制的成本效益问题也会影响其职能,当实施某项控制成本大于控制效果而发生损失时,就没有必要设置控制环节或控制措施。内部控制一般都是针对经常而重复发生的业务而设置的,如果出现不经常发生或未预计到的业务,原有控制就可能不适用。

(二)对小型被审计单位的考虑

小型被审计单位拥有的员工通常较少,限制了其职责分离的程度。业主凌驾于内部控制之上的可能性较大。注册会计师应当考虑一些关键领域是否存在有效的内部控制。

四、内部控制制度的描述

为了评价被审计单位的内部控制,必须对其内部控制进行了解和描述。了解和掌握被审计单位的内部控制的详细情况,主要是了解和掌握被审计单位的销售与收款循环、购货与付款循环、筹资与投资循环的内部控制情况。在了解和掌握了上述内部控制的详细情况以后,用适当的方法将内部控制描述出来,供制订和修改审计计划和程序之用,供日后查考之用。内部控制描述的方法通常有三种:文字说明法、调查表法和流程图法。

(1)文字说明法

优点是比较灵活,能够对调查对象做出比较深入和具体的描述,不受任何限制。缺点是文字表述过显冗赘,不便于抓住重点,不便于清楚地表达复杂业务的内部控制。

(2)调查表法

优点是:简便易行,省时省力,可操作性强;利于指导初级审计人员;能对调查对象提供一个简括的说明。缺点是:缺乏弹性;不适用于一些特殊的情况;容易把各业务的内部控制孤立看待。此外,调查人员机械地照表提问,往往会使被调查人员漫不经心,易流于形式,失去调查表的意义。

(3)流程图法

优点是:能从整体的角度,以简明的形式描述内部控制的实际情况,便于较快地检查出内部控制逻辑上的薄弱环节,也便于评审、便于修改。缺点是:编制流程图需要具备较为娴熟的技术和较为丰富的工作经验,费时费力;而且,流程图法不能将内部控制中的控制弱点明显地标示出来,故评价时,往往需要与调查表法相结合。

描述内部控制的三种方法并不相互排斥,而是相互依赖和相互补充的。在描述某一单位的内部控制时,可对不同业务环节使用不同的方法,也可同时结合使用两种或者三种方法,三者结合使用,往往比采用一种方法效果更好。

五、评审内部控制系统的风险水平

所谓内部控制系统的风险水平,是指由于内部控制可信程度的不确定性,审计人员由此决定的审计程序、进行的审计事项和做出的审计结论,偏离被审计单位客观事实的可能性。对内部控制风险水平评价通常可以分为高、中、低三个等级,分别代表内部控制未能防止或查出会计报表中包含的错误,而导致审计结论偏离客观事实的可能性大于40%,在10%到40%之间,低于10%。与内部控制风险水平高低相对的是内部控制的可信赖程度。一般来说,风险水平越高,可信赖程度越低;风险水平越低,可信赖程度越高。反之,可信赖程度越高,必然是风险水平越低;可信赖程度越低,必然是风险水平越高。

对内部控制最终的评价结果,根据可信赖程度的高低,可以分为以下三种类型:

(一)高信赖程度

高信赖程度是指被审计单位具有健全、科学的内部控制系统,并且均能有效地发挥作用。因此,被审计单位的业务循环过程和会计记录发生错误的可能性很小。审计人员可以较多的信赖、利用被审计单位的内部控制,在实施审计时可相应减少实质性测试的数量和范围。

(二)中信赖程度

中信赖程度是指被审计单位的内部控制系统良好,但不很健全、科学,存在着一定的缺陷或薄弱环节,或内部控制系统较健全、科学,但实际执行不力,在某种程度上有可能影响会计记录的真实性和可靠性。审计人员应减少信赖、利用内部控制,扩大实质性测试的深度和广度,或是增加会计报表项目的真实性、可靠性审查的样本数量。

(三)低信赖程度

低信赖程度是指被审计单位的内部控制系统设计不健全、不科学,在实施过程中没有执行,造成大部分经济业务和会计记录失控、各项数据资料经常出差错,从而导致无法信赖被审计单位的内部控制。在这种情况下,审计人员应大幅度修改审计程序,扩大对业务循环过程和会计报表项目实施真实性和合法'性审查的样本数量和范围,以获取足够的、有充分证明力的审计证据,支持其提出的审计意见和做出的审计结论。当被审计单位内部控制的可信赖程度很低的时候,审计人员和审计组织可以考虑取消审计约定书,拒绝接受被审计单位的审计业务委托。

第四节 针对评估的重大错报风险实施的审计程序

审计人员在了解被审计单位的内部控制制度并初步评价控制风险之后,应当针对评估的会计报表层次的重大错报风险确定总体应对措施,并针对评估的认定层次认定的重大错报风险设计和实施控制测试和实质性程序,以将审计风险降至可接受的低水平。

一、控制测试

(一)控制测试的含义

控制测试指的是测试控制运行的有效性,这一概念需要与"了解内部控制"进行区分。"了解内部控制"包含两层含义:一是评价控制的设计;二是确定控制是否得到执行。测试控制运行的有效性与确定控制是否得到执行所需获取的审计证据是不同的。

在实施风险评估程序以获取控制是否得到执行的审计证据时,注册会计师应当确定某项控制是否存在,被审计单位是否正在使用。

(二)控制测试的要求

作为进一步审计程序的类型之一,控制测试并非在任何情况下都需要实施。当存在下列情形之一时,注册会计师应当实施控制测试:(1)在评估认定层次重大错报风险时,预期控制的运行是有效的;(2)仅实施实质性程序不足以提供认定层次充分、适当的审计证据。

如果在评估认定层次重大错报风险时预期控制的运行是有效的,注册会计师应当实施控制测试,就控制在相关期间或时点的运行有效性获取充分、适当的审计证据。

注册会计师通过实施风险评估程序,可能发现某项控制的设计是存在的,也是合理的,同时得到了执行。在这种情况下,出于成本效益的考虑,注册会计师可能预期,如果相关控制在不同时点都得到了一贯执行,与该项控制有关的财务报表认定发生重大错报的可能性就不会很大,也就不需要实施很多的实质性程序。为此,注册会计师可能会认为值得对相关控制在不同时点是否得到了一贯执行进行测试,即实施控制测试。这种测试主要是出于成本效益的考虑,其前提是注册会计师通过了解内部控制以后认为某项控制存在着被信赖和利用的可能。因此,只有认为控制设计合理、能够防止或发现和纠正认定层次的重大错报,注册会计师才有必要对控制运行的有效性实施测试。

如果认为仅实施实质性程序获取的审计证据无法将认定层次重大错报风险降至

可接受的低水平,注册会计师应当实施相关的控制测试,以获取控制运行有效性的审计证据。

有时,对有些重大错报风险,注册会计师仅通过实质性程序无法予以应对。例如,在被审计单位对日常交易或与财务报表相关的其他数据(包括信息的生成、记录、处理、报告)采用高度自动化处理的情况下,审计证据可能仅以电子形式存在,此时审计证据是否充分和适当通常取决于自动化信息系统相关控制的有效性。如果信息的生成、记录、处理和报告均通过电子格式进行而没有适当有效的控制,则生成不正确信息或信息被不恰当修改的可能性就会大大增加。在认为仅通过实施实质性程序不能获取充分、适当的审计证据的情况下,注册会计师必须实施控制测试,且这种测试已经不再是单纯出于成本效益的考虑,而是必须获取的一类审计证据。

此外需要说明的是,被审计单位在所审计期间内可能由于技术更新或组织管理变更而更换了信息系统,从而导致在不同时期使用了不同的控制。如果被审计单位在所审计期间内的不同时期使用了不同的控制,注册会计师应当考虑不同时期控制运行的有效性。

(三)控制测试的程序

虽然控制测试与了解内部控制的目的不同,但两者采用审计程序的类型通常相同,包括询问、观察、检查、重新执行和穿行测试。此外,控制测试的程序还包括重新执行。

1. 询问

注册会计师可以向被审计单位适当员工询问,获取与内部控制运行情况相关的信息。例如,询问信息系统管理人员有无未经授权接触计算机硬件和软件,向负责复核银行存款余额调节表的人员询问如何进行复核,包括复核的要点是什么、发现不符事项如何处理等。然而,仅仅通过询问不能为控制运行的有效性提供充分的证据,注册会计师通常需要印证被询问者的答复,如向其他人员询问和检查执行控制时所使用的报告、手册或其他文件等。因此,虽然询问是一种有用的手段,它必须和其他测试手段结合使用才能发挥作用。在询问过程中,注册会计师应当保持职业怀疑态度。

2. 观察

观察是测试不留下书面记录的控制(如职责分离)的运行情况的有效方法。例如,观察存货盘点控制的执行情况。观察也可运用于实物控制,如查看仓库门是否锁好,或空白支票是否妥善保管。通常情况下,注册会计师通过观察直接获取的证据比间接获取的证据更可靠。但是,注册会计师还要考虑其所观察到的控制在注册会计师不在场时可能未被执行的情况。

3. 检查

对运行情况留有书面证据的控制,检查非常适用。书面说明、复核时留下的记号,或其他记录在偏差报告中的标志都可以被当作控制运行情况的证据。例如,检查销售发票是否有复核人员签字,检查销售发票是否附有客户订购单和出库单等。

4.重新执行

通常只有当询问、观察和检查程序结合在一起仍无法获得充分的证据时,注册会计师才考虑通过重新执行来证实控制是否有效运行。例如,为了合理保证计价认定的准确性,被审计单位的一项控制是由复核人员核对销售发票上的价格与统一价格单上的价格是否一致。但是,要检查复核人员有没有认真执行核对,仅仅检查复核人员是否在相关文件上签字是不够的,注册会计师还需要自己选取一部分销售发票进行核对,这就是重新执行程序。但是,如果需要进行大量的重新执行,注册会计师就要考虑通过实施控制测试以缩小实质性程序的范围是否有效率。

5.穿行测试

除了上述四类控制测试常用的审计程序以外,实施穿行测试也是一种重要的审计程序。值得注意的是,穿行测试不是单独的一种程序,而是将多种程序按特定审计需要进行结合运用的方法。穿行测试是通过追踪交易在财务报告信息系统中的处理过程,来证实注册会计师对控制的了解、评价控制设计的有效性以及确定控制是否得到执行。可见,穿行测试更多地在了解内部控制时运用。但在执行穿行测试时,注册会计师可能获取部分控制运行有效性的审计证据。

询问本身并不足以测试控制运行的有效性,注册会计师应将询问与其他审计程序结合使用,以获取有关控制运行有效性的审计证据。观察提供的证据仅限于观察发生的时点,本身也不足以测试控制运行的有效性;将询问与检查或重新执行结合使用,通常能够比仅实施询问和观察获取更高的保证。例如,被审计单位针对处理收到的邮政汇款单设计和执行了相关的内部控制,注册会计师通过询问和观察程序往往不足以测试此类控制的运行有效性,还需要检查能够证明此类控制在所审计期间的其他时段有效运行的文件和凭证,以获取充分、适当的审计证据。

(四)控制测试的时间

控制测试的时间包含两层含义:一是何时实施控制测试;二是测试所针对的控制适用的时点或期间。一个基本的原理是,如果测试特定时点的控制,注册会计师仅得到该时点控制运行有效性的审计证据;如果测试某一期间的控制,注册会计师可获取控制在该期间有效运行的审计证据。因此,注册会计师应当根据控制测试的目的确定控制测试的时间,并确定拟信赖的相关控制的时点或期间。

关于根据控制测试的目的确定控制测试的时间。如果仅需要测试控制在特定时点的运行有效性(如对被审计单位期末存货盘点进行控制测试),注册会计师只需要获取该时点的审计证据。如果需要获取控制在某一期间有效运行的审计证据,仅获取与时点相关的审计证据是不充分的,注册会计师应当辅以其他控制测试,包括测试被审计单位对控制的监督。换言之,关于控制在多个不同时点的运行有效性的审计证据的简单累加并不能构成控制在某期间的运行有效性的充分、适当的审计证据;而所谓的"其他控制测试"应当具备的功能是,能提供相关控制在所有相关时点都运行有效的审计证据;被审计单位对控制的监督起到的就是一种检验相关控制在所有相关时点是否都有效运行的作用,因此注册会计师测试这类活动能够强化控制在某期间运行有效性的审计证据效力。

(五)控制测试的范围

对于控制测试的范围,其含义主要是指某项控制活动的测试次数。注册会计师应当设计控制测试,以获取控制在整个拟信赖的期间有效运行的充分、适当的审计证据。

注册会计师在确定某项控制的测试范围时通常考虑的一系列因素:

第一,在整个拟信赖的期间,被审计单位执行控制的频率。控制执行的频率越高、控制测试的范围越大。

第二,在所审计期间,注册会计师拟信赖控制运行有效性的时间长度。拟信赖控制运行有效性的时间长度不同,在该时间长度内发生的控制活动次数也不同。注册会计师需要根据拟信赖控制的时间长度确定控制测试的范围。拟信赖期间越长,控制测试的范围越大。

第三,为证实控制能够防止或发现并纠正认定层次重大错报,所需获取审计证据的相关性和可靠性。对审计证据的相关性和可靠性要求越高,控制测试的范围越大。

第四,通过测试与认定相关的其他控制获取的审计证据的范围。针对同一认定,可能存在不同的控制。当针对其他控制获取审计证据的充分性和适当性较高时,测试该控制的范围可适当缩小。

第五,在风险评估时拟信赖控制运行有效性的程度。注册会计师在风险评估时对控制运行有效性的拟信赖程度越高,需要实施控制测试的范围越大。

第六,控制的预期偏差。预期偏差可以用控制未得到执行的预期次数占控制应当得到执行次数的比率加以衡量(也可称作预期偏差率)。考虑该因素,是因为在考虑测试结果是否可以得出控制运行有效性的结论时,不可能只要出现任何控制执行偏差就认定控制运行无效,所以需要确定一个合理水平的预期偏差率。控制的预期偏差率越高,需要实施控制测试的范围越大。如果控制的预期偏差率过高,注册会计师应当考虑控制可能不足以将认定层次的重大错报风险降至可接受的低水平,从而针对某一认定实施的控制测试可能是无效的。

二、实质性程序

(一)实质性程序的含义

实质性程序是指注册会计师针对评估的重大错报风险实施的直接用以发现认定层次重大错报的审计程序。因此,注册会计师应当针对评估的重大错报风险设计和实施实质性程序,以发现认定层次的重大错报。实质性程序包括对各类交易、账户余额、列报的细节测试以及实质性分析程序。

注册会计师实施的实质性程序应当包括下列与财务报表编制完成阶段相关的审计程序:(1)将财务报表与其所依据的会计记录相核对;(2)检查财务报表编制过程中作出的重大会计分录和其他会计调整。注册会计师对会计分录和其他会计调整检查的性质和范围,取决于被审计单位财务报告过程的性质和复杂程度以及由此产生的重大错报风险。

由于注册会计师对重大错报风险的评估是一种判断,可能无法充分识别所有的重大错报风险,并且由于内部控制存在固有局限性,无论评估的重大错报风险结果如何,注册会计师都应当针对所有重大的各类交易、账户余额、列报实施实质性程序。

(二)实质性程序的性质

注册会计师应当针对评估的风险设计细节测试,获取充分、适当的审计证据,以达到认定层次所计划的保证水平。该规定的含义是,注册会计师需要根据不同的认定层次的重大错报风险设计有针对性的细节测试。例如,在针对存在或发生认定设计细节测试时,注册会计师应当选择包含在财务报表金额中的项目,并获取相关审计证据;又如,在针对完整性认定设计细节测试时,注册会计师应当选择有证据表明应包含在财务报表

金额中的项目,并调查这些项目是否确实包括在内。如为应对被审计单位漏记本期应付账款的风险,注册会计师可以检查期后付款记录。

注册会计师在设计实质性分析程序时应当考虑的因素包括:(1)对特定认定使用实质性分析程序的适当性;(2)对已记录的金额或比率作出预期时,所依据的内部或外部数据的可靠性;(3)作出预期的准确程度是否足以在计划的保证水平上识别重大错报;(4)已记录金额与预期值之间可接受的差异额。考虑到数据及分析的可靠性,当实施实质性分析程序时,如果使用被审计单位编制的信息,注册会计师应当考虑测试与信息编制相关的控制,以及这些信息是否在本期或前期经过审计。

(三)实质性程序的时间

实质性程序的时间选择与控制测试的时间选择有共同点,也有很大差异。共同点在于,两类程序都面临着对期中审计证据和对以前审计获取的审计证据的考虑。

两者的差异在于:(1)在控制测试中,期中实施控制测试并获取期中关于控制运行有效性审计证据的做法更具有一种"常态";而由于实质性程序的目的在于更直接地发现重大错报,在期中实施实质性程序时更需要考虑其成本效益的权衡;(2)在本期控制测试中拟信赖以前审计获取的有关控制运行有效性的审计证据,已经受到了很大的限制;而对于以前审计中通过实质性程序获取的审计证据,应采取更加慎重的态度和更严格的限制。

(四)实质性程序的范围

评估的认定层次重大错报风险和实施控制测试的结果是注册会计师在确定实质性程序的范围时的重要考虑因素。因此,在确定实质性程序的范围时,注册会计师应当考虑评估的认定层次重大错报风险和实施控制测试的结果。注册会计师评估的认定层次的重大错报风险越高,需要实施实质性程序的范围越广。如果对控制测试结果不满意,注册会计师应当考虑扩大实质性程序的范围。

在设计细节测试时,注册会计师除了从样本量的角度考虑测试范围外,还要考虑选样方法的有效性等因素。例如,从总体中选取大额或异常项目,而不是进行代表性抽样或分层抽样。

实质性分析程序的范围有两层含义。第一层含义是对什么层次上的数据进行分析,注册会计师可以选择在高度汇总的财务数据层次进行分析,也可以根据重大错报风险的性质和水平调整分析层次。例如,按照不同产品线、不同季节或月份、不同经营地点或存货存放地点等实施实质性分析程序。第二层含义是需要对什么幅度或性质的偏差展开进一步调查。实施分析程序可能发现偏差,但并非所有的偏差都值得展开进一步调查。可容忍或可接受的偏差(即预期偏差)越大,作为实质性分析程序一部分的进一步调查的范围就越小。于是确定适当的预期偏差幅度同样属于实质性分析程序的范畴。因此,在设计实质性分析程序时,注册会计师应当确定已记录金额与预期值之间可接受的差异额。在确定该差异额时,注册会计师应当主要考虑各类交易、账户余额、列报及相关认定的重要性和计划的保证水平。

第五章 生产、存货与工薪循环审计

第一节 生产、存货与工薪循环中的经营活动及相关的凭证记录

生产是指企业运用材料、机械设备、人力资源等,结合作业方法,使用相关检测手段,在适宜的环境下,提供出具有品质、成本、交期特性的产品的活动。生产活动通常是由将原材料转化为产成品的有关活动组成,包括制订生产计划,控制、保持存货水平及与制造过程有关的交易和事项,涉及领料、生产加工、销售产成品等主要环节。生产活动常常伴随着存货的不同形态变化,也伴随着人工费用的发生,因此在审计实务中可以把生产与存货、工薪等活动作为一个循环来开展工作。因生产与存货业务和人力资源与工薪业务的相对独立性和完整性,在本章有关内容叙述中,我们将分别介绍生产与存货循环和人力资源与工薪循环。

一、本循环的主要经营活动

(一)生产与存货循环部分的主要经营活动

企业的生产经营活动和涉及的凭证记录是财务审计的重要对象和内容,了解和熟悉该部分内容对于审计工作的展开具有重要意义。制造业企业的生产与存货循环所涉及的主要经营活动包括计划和安排生产、发出原材料、生产产品、核算产品成本、储存产成品、发出产成品等。上述业务活动通常涉及生产计划部门、仓库、生产部门、人事部门、销售部门、会计部门等。

1.计划和安排生产

生产计划部门的职责是根据顾客订单或者对销售预测和产品需求的分析来决定生产授权。如决定授权生产,即签发预先编号的生产通知单。该部门通常应将发出的所有生产通知单编号并加以记录控制。此外,还需要编制一份材料需求报告,列示所需要的材料和零件及其库存。生产计划应在企业年度经营计划的基础上,提前进行科学编制,同时还要结合企业产能数据、历史产销数据、市场信息等作适当放量。生产计划的编制下达应归口统一管理。生产计划应由有关部门进行评审,并由相应

管理层签发下达车间执行。生产计划的执行与过程控制应做到：生产准备充分又不浪费，生产过程前有技术指导、后有质量检验，工序交接有据可查，控制生产中的外包业务风险，通过现场调度以及生产例会实现生产均衡有序进行。

2.发出原材料

仓库部门的责任是根据生产部门的领料单发出原材料。领料单上必须列示所需的材料数量和种类，以及领料部门的名称。领料单可以一料一单，也可以多料一单，通常需要一式三联。仓库发料后，将其中一联连同材料交给领料部门，其余两联经仓库登记材料明细账后，送会计部门进行材料收发核算和成本核算。

3.生产产品

生产部门在收到生产通知单及领取原材料后，便将生产任务分解到每一个生产工人，并将所领取的原材料交给生产工人，据此执行生产任务。生产工人在完成生产任务后，将完成的产品交生产部门查点，然后转交检验员验收并办理入库手续；或是将所完成的产品移交下一个部门，做进一步加工。

4.核算产品成本

为了正确核算并有效控制产品成本，会计部门必须建立健全成本会计制度，将生产控制和成本核算有机结合在一起。一方面，生产过程中的各种记录（如生产通知单、领料单、计工单、入库单等文件资料）都要汇集到会计部门，由会计部门对其进行检查和核对，了解和控制生产过程中存货的实物流转；另一方面，会计部门要设置相应的会计账户，会同有关部门对生产过程中的成本进行核算和控制。成本会计制度可以非常简单，比如只在期末记录存货余额；也可以非常完善，完善的标准成本会计制度应该提供生产周期所消耗的原材料、人工成本和间接费用的分配与归集的详细资料。

5.储存产成品

产成品入库，须由仓库部门先行点验和检查，然后签收。签收后，将实际入库数量通知会计部门。据此，仓库部门明确本身应承担的责任，并对验收部门的工作进行验证。除此之外，仓库部门还应根据产成品品质特征分类存放，并填制标签。

6.发出产成品

产成品的发出须由独立的发运部门进行。装运产成品时必须持有经有关部门核准的发运通知单，并据此编制出库单。出库单至少一式四联：一联送交仓库部门，一联发运部门留存，一联送交顾客，一联作为给顾客开发票的依据。

（二）人力资源与工薪循环部分的主要经营活动

人力资源与工薪循环包括员工雇用和离职、工作时间记录、工薪计算与记录、工薪费用的分配、工薪支付以及代扣代缴税金等。在制造业企业中，员工工薪影响两个重要的交易类型，即工薪的发放和直接工薪费用与间接工薪费用的分配。与其他循环相比，人力资源与工薪循环的特点更加明显：一是接受员工提供的劳务与向员工支付报酬都在短期内发生；二是交易比相关的资产负债表账户余额更为重要；三是与工薪相关的内部控制通常是有效的。

人力资源与工薪循环是不同企业之间最可能具有共同性的领域，涉及的主要经营活动（与审计相关）通常包括批准招聘、记录工作时间或产量、计算工薪总额和扣除、工薪支付等。

1. 批准招聘

批准雇用的文件应当由负责人力资源与工薪相关事宜的人员编制，最好由在正式雇用过程中负责制定批准雇用、支付率和工薪扣除等政策的人力资源部门履行该职责。人力资源部门同时还负责编制支付率变动及员工合同期满的通知。

2. 记录工作时间或产量

员工工作的证据以工时卡或考勤卡的形式产生，通过监督审核和批准程序予以控制。如果支付工薪的依据是产量而不是时间，数量也同样应经过审核，并且与产量记录或销售数据进行核对。

3. 计算工薪总额和扣除

在计算工薪总额和扣除时，需要将每名员工的交易数据，即本工薪期间的工作时间或产量记录与基准数据进行匹配。在确定相关控制活动已经执行后，应当由一名适当的人员批准工薪的支付。同时，由一名适当人员审核工薪总额和扣除的合理性，并批准该金额。

4. 工薪支付

企业通常利用电子货币转账系统将工薪支付给员工，有时也会使用现金支出方式。批准工薪支票，通常是工薪计算中不可分割的一部分，包括比较支票总额和工薪总额。使用支票支付工薪的职能划分，应该与使用现金支出的职责划分相同。

二、本循环涉及的主要凭证与会计记录

（一）生产与存货循环部分的主要凭证与会计记录

生产与存货循环涉及的主要凭证与会计记录有以下几种：

1. 生产指令

生产指令，又称生产任务通知单，是企业下达制造产品等生产任务的书面文件，用以通知供应部门组织材料发放、生产车间组织产品制造、会计部门组织成本计算。广义的生产指令也包括用于指导产品加工的工艺规程。

2. 领发料凭证

领发料凭证是企业为控制材料发出所采用的各种凭证，如材料发出汇总表、领料单、限额领料单、领料登记簿、退料单等。

3.产量和工时记录

产量和工时记录是登记工人或生产班组在出勤内完成产品数量、质量和生产这些产品所耗费工时数量的原始记录。产量和工时记录的内容与格式是多种多样的，在不同的生产企业甚至在同一企业的不同生产车间，常由于生产类型不同而采用不同格式的产量和工时记录。常见的产量和工时记录主要有工作通知单、工序进程单、工作班产量报告、产量通知单、产量明细表、废品通知单等。

4.工薪汇总表及工薪费用分配表

工薪汇总表是为了反映企业全部工薪的结算情况，并据以进行工薪结算、总分类核算和汇总整个企业工薪费用而编制的，它是企业进行工薪费用分配的依据；工薪费用分配表反映了各生产车间各产品应负担的生产工人工薪和福利费。

5.材料费用分配表

材料费用分配表是用来汇总反映各生产车间各产品所耗费的材料费用的原始记录。

6.制造费用分配汇总表

制造费用分配汇总表是用来汇总反映各生产车间各产品应负担的制造费用的原始记录。

7.成本计算单

成本计算单是用来归结某一成本计算对象应承担的生产费用，计算该成本计算对象的总成本和单位成本的记录。

8.存货明细账

存货明细账是用来反映各种存货增减变动情况和期末库存数量及相关成本信息的会计记录。由于企业性质不同，存货形式也多种多样。对于从事零售和批发的企业来说，财务报表中最重要的账户通常是可用于销售的库存商品。对于制作业企业来说，存货可能包括原材料、外购零配件、生产用物料、在产品和可供销售的产成品等。

（二）人力资源与工薪循环部分的主要凭证与会计记录

人力资源与工薪循环开始于对员工的雇用，结束于向员工支付工薪。典型的人力资源与工薪循环涉及的主要凭证与会计记录有以下几种：

1.人事和雇用记录

（1）人事记录，包括雇用日期、工薪率、业绩评价、雇用关系终止等方面的记录；（2）扣款核准表，即核准工薪预扣款的表格，包括预先扣除个人所得税等；(3)工薪率核准表，即根据工薪合同、管理层的授权、董事会对管理层的授权，核准工薪率的一种表格。

2.工时记录和工薪表

（1）工时卡，即记录员工每天上下班期间和工时数的书面凭证。对大多数员工来说，工时卡是根据时钟或打卡机自动填列的；（2）工时单，即记录员工在既定时间内完成工作的书面凭证。通常在员工从事不同岗位的工作或没有固定部门时使用；（3）工薪交易文件，包括一定期间（如一个月）内，通过会计系统处理的所有工薪交易。该文件含有输入系统的所有信息和每项交易的信息，如员工的姓名、日期、支付总额和支付净额、各种预扣金额、账户类别；（4）应付职工薪酬明细账或清单，即由工薪交易文件生成的报告，主要包括每项交易的员工的姓名、日期、工薪总额及工薪净额、预扣金额、账户类别等信息；（5）工薪主文档，即记录每位员工的每一工薪交易和保留已付员工总额的文件。记录包括在每个工薪期间的工薪总额、预扣金额、工薪净额、支票号、日期等。

3. 支付工薪记录

即向员工支付劳务的转账资金。转账资金应等于工薪总额减去税金和其他预扣款。

4. 个人所得税纳税申报表

即向税务部门申报的纳税表。

三、本循环的风险特点与审计策略

（一）生产与存货循环部分的风险特点与审计策略

制造业企业中，最主要的经营活动就是生产制造。生产与存货循环占用的资金量往往较大，交易频繁，交易数量众多，且与其他循环都有着联系。生产活动中所使用的原材料来自采购与付款循环，生产成本的归集需要考虑员工工资、材料成本及众多的直接费用、间接费用，这些费用需要采购与付款循环来支付，购置的固定资产通过折旧的形式也要将成本转移到生产成本中，生产完工后的产成品还要通过销售循环售出后取得货币资金，完成整个经营活动的周转。

生产与存货循环中流动着大量的实物资产，如原材料、低值易耗品、半成品、在产品、委托加工材料、产成品等，其收支流转频繁、工作量大，十分容易发生遗失、损坏和盗窃等。另外，生产成本的计算过程十分复杂，工作量大，也容易发生无意的计算错误，更容易隐藏有意的成本操纵行为。

基于生产与存货循环的特点，对审计人员而言，审计测试的工作量大，审计成本较高。考虑到生产与存货循环中的主要风险，审计人员应对本循环的内部控制进行详细的了解与评价，并把存货监盘和成本审计作为实质性程序的重点。

（二）人力资源与工薪循环部分的风险特点与审计策略

无论在哪种行业，工薪都具有重要性。例如，在服务业中，大多数企业属于劳动密集型企业，工薪支出在其所有支出中占有重要比重；在高科技行业中，企业支付的工薪取决于员工的技能，这些企业可能设计出一套复杂的补偿方案雇用和留住最好的员工，以保持良好的持续经营能力；在制造业中，企业支付的工薪取决于产品生产过程的劳动密集程度。人工成本不适当的计价和分摊会造成净收益的重大错报，工薪也可能是一个由于无效率或舞弊、盗窃而造成公司资源严重浪费的领域。

在计划审计工作时，审计人员需要了解工薪的重要性：一是人力资源政策的相对重要性及对工薪费用和工薪负债的影响；二是所支付补偿的性质和复杂程度，包括小时工薪、月薪；三是企业在处理和保持员工记录时对计算机程序的依赖程度，以及工薪工作是否被外包给服务商；四是可能使管理层和高级员工产生对财务成果进行错报动机的性质，如与利润目标挂钩的股票期权和奖金。在分析人力资源风险时，注册会计师应当考虑业绩指标。假如雇用政策或补偿政策不能够吸引到具有较高技能的员工，或不能留住这些员工，则企业持续经营的能力将面临风险。管理层应当很好地识别出关键职位，以及该职位所必需的人员数量与资格，并要求就这些关键职位的空缺程度提供定期报告。

工薪交易和余额中主要的重大错报风险是对费用的高估，如向虚构的员工发放工薪、对未实际发生工时支付工薪或以未授权的工薪率发放工薪等（存在和发生以及准确性认定）。严格的监管环境、工薪活动的敏感性和保密性、未遵守法律法规可能受到的严厉惩罚、管理层针对工薪系统实施的严格控制，在大多数情况下能够有效且预先发现并纠正错误和舞弊。

同其他循环一样，人力资源与工薪循环审计也包括以下环节：了解内部控制；评估控制风险；控制测试、交易的实质性测试和分析程序；账户余额细节测试等。

另外，人力资源与工薪循环审计与其他循环审计相比还有几点明显差异：在人力资源与工薪循环中只有一类交易，即因接受员工提供的劳务而在短期内向员工支付的劳务报酬，而在其他循环中至少有两类交易，例如，在销售与收款循环中，交易包括销售、收取现金，通常还有销售退回和坏账注销；与工薪相关的账户（如应付工资和预扣税款）的金额通常小于整年交易的总额；对所有公司（即使是小公司）而言，工薪的内部控制通常是较有效的，如果员工的工薪未支付或支付不足，员工会提出异议。考虑到上述原因，审计人员在审计工薪时，应重点关注控制测试、交易的实质性测试和分析程序，而在账户余额细节测试上不需花费更多的时间。

审计人员在测试关键控制后可能将工薪交易和余额中的重大错报风险评估为低，并考虑通过实施分析程序获取所需要的大多数实质性审计证据，减少细节测试。针对剩余重大错报风险，审计人员应当采用细节测试对期末应付工薪和工薪负债的完整性、准确性、计价以及权利和义务进行测试。

第二节 生产、存货与工薪循环的内部控制与控制测设

一、生产与存货循环部分的内部控制与控制测试

(一)生产与存货循环部分的内部控制

总体上看,生产与存货循环中与审计密切相关的内部控制主要包括存货的内部控制和成本会计制度的内部控制两项内容。

任何内部控制都应依据其控制目标和原则而建立。内部控制有多项目标,其中与审计相关的主要是保证财务报表的真实可靠,即财务报表反映的真实性、完整性、权利和义务、计价和分摊、列报和披露等认定的合理可靠性。依据的内部控制原则对于交易活动来讲主要是适当授权、职责分工、会计系统记录、资产接近控制和业绩考核等,也就是要通过这些一般的控制措施去实现财务报表真实可靠的目标。审计是对报表项目的相关认定进行验证并发表意见的,审计的最小工作单位是项目认定,因此审计人员应了解和评价项目认定层次的内部控制,并据以得出审计意见。

1.存货的内部控制

由于生产与存货循环同其他业务循环的内在联系,生产与存货循环中某些审计测试,特别是对存货的审计测试,与其他相关业务循环的审计测试同时进行将更为有效。例如,原材料的取得和记录是作为采购与付款循环的一部分进行测试的,而装运产成品和记录营业收入与成本则是作为销售与收款循环审计的一部分进行测试的。

尽管不同的企业对其存货可能采取不同的内部控制,但从根本上说,均可概括为对存货的数量和计价两个关键因素的控制,这将在本章后面的内容中分别予以阐述。基于上述原因,本节对生产与存货循环的内部控制的讨论,以及对以控制目标和认定为起点的相关控制测试的讨论,主要关注成本会计制度。

2.成本会计制度的内部控制目标与关键控制

(1)生产业务是根据管理层一般或特定的授权进行的

记录的成本为实际发生的而非虚构的(发生认定)。关键控制主要包括:对生产指令的授权批准、领料单的授权批准、工薪的授权批准这三个关键点,应履行恰当手续,经过特别审批或一般审批;成本的核算是以经过审核的生产通知单、领发料凭证、产量和工时记录、工薪费用分配表、材料费用分配表、制造费用分配表为依据的。

(2)所有耗费和物化劳动均已反映在成本中(完整性认定)

关键控制是:生产通知单、领发料凭证、产量和工时记录、工薪费用分配表,材料费用分配表、制造费用分配表均事先编号并已经登记入账。

(3)成本以正确的金额在恰当的会计期间及时记录于适当的账户

关键控制有：采用适当的成本核算方法，并且前后各期一致；采用适当的费用分配方法，并且前后各期一致；采用适当的成本核算流程和账务处理流程；内部核查等。

另外，还有一些控制措施同时合理保证多项认定，比如，对存货实施保护措施，存货保管人员与记录、批准人员相互独立，存货保管人员与记录人员职务相分离；账面存货与实际存货定期核对相符，定期进行存货盘点等，同时实现存在、完整性、计价和分摊等多项认定。

（二）初步评估生产与存货循环的重大错报风险

1. 了解本循环内部控制

了解本循环内部控制的工作包括：了解被审计单位生产与存货循环的内部控制的设计，并记录获得的了解；针对生产与存货循环的控制目标，记录相关的控制活动，以及受该控制活动影响的交易和账户余额及其认定；执行穿行测试，证实对交易流程和相关控制的了解，并确定相关控制是否得到执行；记录在了解和评价生产与存货循环的控制设计和执行过程中识别的风险，以及拟采取的应对措施。

值得注意的是，在了解控制的设计并确定其是否得到执行时，应当使用询问、检查和观察程序，并记录所获取的信息和审计证据来源。如果拟利用以前审计获取的有关控制运行有效的审计证据，应考虑被审计单位的业务流程和相关控制自上次测试后是否发生重大变化。

2. 重大错报风险的初步评估

在了解生产与存货循环的内部控制后，可以对生产与存货循环的重大错报风险进行初步的评估。其关键是找出生产与存货管理的关键要素和关键业绩指标，为找到潜在的重大错报风险提供线索。当生产流程得到良好控制时，审计人员可以将重大错报风险评价为中或低，并且，可以了解不同级别的管理层收到的例外报告的类型、实施的不同的监督活动，以及是否有证据表明所选取的控制的设计和运行是适当的，是否能够保证管理层采取及时有效的措施来识别错误并处理舞弊。

以制造业企业为例，影响生产与存货交易和余额的重大错报风险因素还可能包括：

（1）交易的数量和复杂性

制造业企业交易数量庞大，业务复杂，这就增加了错误和舞弊的风险。

（2）成本基础的复杂性

制造业企业的成本基础是复杂的。虽然原材料和直接人工等直接费用的分配比较简单，但间接费用的分配就可能较为复杂，并且，同一行业中的不同企业也可能采用不同的认定和计量基础。

（3）员工变动或者会计电算化

这可能导致在各个会计期间将费用分配至产品成本的方法出现不一致。

(4)产品的多元化

这可能要求聘请专家来验证其质量、状况或价值。另外,计算存货数量的方法也可能是不同的。例如,计量煤堆、筒仓里的谷物或糖、钻石或者其他贵重的宝石、化工品和药剂产品的存储量的方法都可能不一样。这并不是要求审计人员每次清点存货都需要专家配合,只要存货容易辨认,存货数量容易清点,就无需专家帮助。

(5)某些存货项目的可变现净值难以确定

例如价格受全球经济供求关系影响的存货,由于其可变现净值难以确定,会影响存货采购价格和销售价格的确定,并将影响审计人员对与存货计价认定有关的风险进行评估。

(6)销售附有担保条款的商品

企业出售附有担保条款的商品,就会面临换货或者销售退回的风险。出口到其他国家的商品也有途中毁损的风险,这将导致投保人索赔或者由企业来补充毁损的商品。

(7)将存货存放在很多地点

大型企业可能将存货存放在很多地点,并且可能在不同的地点之间配送存货,这将增加商品途中毁损或遗失的风险,或者导致存货在两个地点被重复列示,也可能产生转移定价的错误或舞弊。

(8)寄存的存货

有时候存货虽然还存放在企业,但可能已经不归企业所有;反之,企业的存货也可能被寄存在其他企业。

审计人员应当了解被审计单位对生产与存货的管理程序。控制是否适当直接关乎其预防、发现和纠正错报的能力。预防性的控制经常在交易初期和记录过程中实施,而作为管理层的监督程序的组成部分,检查性控制通常在交易执行和记录过程之后实施,以便检查、纠正错误与舞弊。测试已选取的、涉及几项认定的监督控制,要比测试交易初期的预防性控制更为有效。

审计人员对于生产过程和存货管理控制的了解,来自观察控制活动执行情况、询问员工以及检查文件和资料。这些文件和资料包括以前年度审计工作底稿,原材料领料单上记录的各个生产流程的制造成本、人工成本记录和间接费用分配表,以及例外报告和及时采取的相应的纠正行动。

(三)生产与存货循环控制测试

审计人员应当通过控制测试获取支持将被审计单位的控制风险评价为中或低的证据。如果能够获取这些证据,审计人员就可以接受较高的检查风险,并在很大程度上可以通过实施实质性分析程序获取进一步的审计证据,减少对生产与存货交易和营业成本、存货等相关项目的细节测试的依赖。

控制测试涉及性质、时间和范围的选择。测试性质的考虑主要依赖于测试对象，而测试对象的选择关键在于内部控制的目标和措施。因此，审计中的控制测试一般是以内部控制目标为起点的控制测试。

1. 存货相关的内部控制测试

存货相关的内部控制测试应对应其内部控制目标和措施。具体实施中可以分以下三个环节开展：

(1) 发出原材料的控制测试

有些被审计单位发出原材料的内部控制要求：仓库管理员应把领料单编号、领用数量、规格等信息输入计算机系统，经仓储经理复核并以电子签名方式确认后，系统自动更新材料明细台账；原材料仓库分别于每月、每季和年度终了，对原材料存货进行盘点，会计部门对盘点结果进行复盘。由仓库管理员编写原材料盘点明细表，发现差异及时处理，经仓储经理、财务经理和生产经理复核后调整入账。

相应地，审计人员在实施控制测试时应当：抽取出库单及相关的领料单，检查是否正确输入并经适当层次复核；抽取原材料盘点明细表并检查是否经适当的人员复核，有关差异是否得到处理。

(2) 生产产品和核算产品成本的控制测试

有些被审计单位生产产品和核算产品成本的内部控制要求：生产成本记账员应根据原材料出库单编制原材料领用凭证，与计算机系统自动生成的生产记录日报表核对材料耗用和流转信息；由会计主管审核无误后，生成记账凭证并过账至生产成本及原材料明细账和总分类账。每月末，由生产车间与仓库核对原材料、半成品、产品的转出和转入记录，如有差异，仓库管理员应编制差异分析报告，经仓储经理和生产经理签字确认后交会计部门进行调整。每月末，由计算机系统对生产成本中各项组成部分进行归集，按照预设的分摊公式和方法，自动将当月发生的生产成本在完工产品和在产品之间按比例分配；同时，将完工产品成本在各不同产品类别中分配，由此生成产品成本计算表和生产成本分配表；由生产成本记账员编制成生产成本结转凭证，经会计主管审核批准后进行账务处理。

相应地，审计人员在实施控制测试时应当：抽取原材料领用凭证，检查是否与生产记录日报表一致，是否经适当审核，如有差异是否及时处理；抽取核对记录，检查差异是否已得到处理；抽取生产成本结转凭证，检查与支持性文件是否一致并经适当复核。当然，必要时应当考虑利用计算机专家的工作。

(3) 储存产成品和发出产成品的控制测试

有些被审计单位储存产成品和发出产成品的内部控制要求：产成品入库时，质量检验员应检查并签发预先按顺序编号的产成品验收单，由生产小组将产成品送交仓库。仓库管理员应检查产成品验收单，并清点产成品数量，填写预先按顺序编号的产成品入库单,经质检经理、生产经理和仓储经理签字确认后,由仓库管理员将产成品入库单信息输入计算机系统,计算机系统自动更新产成品明细台账并与采购订购单编号核对。产成品出库时,由仓库管理员填写预先按顺序编号的出库单,并将产成品出库单信息输入计算机系统,经仓储经理复核并以电子签名方式确认后,计算机系统自动更新产成品明细台账并与发运通知单编号核对。产成品装运发出前,由运输经理独立检查出库单、销售订单和发运通知单,确定从仓库提取的商品附有经批准的销售订购单,并且,所提取商品的内容与销售订购单一致。每月末,生产成本记账员根据计算机系统内状态为"已处理"的订购单数量编制销售成本结转凭证,结转相应的销售成本,经会计主管审核批准后进行账务处理。产成品仓库分别于每月、每季和年度终了对产成品存货进行盘点,由会计部门对盘点结果进行复盘。仓库管理员应编写产成品存货盘点明细表,发现差异及时处理,经仓储经理、财务经理和生产经理复核后调整入账。

相应地,审计人员在实施控制测试时应当:抽取产成品验收单、产成品入库单并检查输入信息是否准确;抽取发运通知单、出库单并检查是否一致;抽取发运单和相关销售订购单,检查内容是否一致;抽取销售成本结转凭证检查与支持性文件是否一致并适当复核;抽取产成品存货盘点报告并检查是否经适当层次复核,有关差异是否得到处理。

2.成本会计制度的控制测试

根据成本会计制度内部控制目标和措施,对应的控制测试应该包括:检查在凭证中是否包括这三个关键点恰当审批(发生认定的控制测试);检查有关成本的记账凭证是否附有生产通知单、领发料凭证、产量和工时记录、工薪费用分配表、材料费用分配表、制造费用分配表等原始凭证(真实性认定的控制测试);检查生产通知单、须发料凭证、产量和工时记录、工薪费用分配表、材料费用分配表、制造费用分配表的顺序编号是否完整(完整性认定的控制测试);选取样本测试各种费用的归集和分配以及成本的计算,测试是否按照规定的成本核算流程和账务处理流程进行核算和账务处理(计价和分摊认定的控制测试);询问和观察存货与记录的接触以及相应的批准程序,询问和观察存货盘点程序(真实性、完整性、计价和分摊等认定的控制测试)。具体包括直接材料成本控制测试、直接人工成本控制测试、制造费用控制测试和生产成本在当期完工产品与在产品之间分配的控制测试四项内容。

(1)直接材料成本控制测试

对采用定额单耗的企业,可选择某一成本报告期若干种具有代表性的产品成本计算单,获取样本的生产指令或产量统计记录及直接材料单位消耗定额,根据材料明细账或采购业务测试工作底稿中各该直接材料的单位实际成本,计算直接材料的总消耗量和总成本,与该样本成本计算单中的直接材料成本核对,并注意下列事项:生产指令是否经过授权批准;单位消耗定额和材料成本计价方法是否适当,在当年度有无重大变更。

对未采用定额单耗的企业,获取材料费用分配汇总表、材料发出汇总表(或领料单)、材料明细账(或采购业务测试工作底稿)中该直接材料的单位成本,做如下检查:成本计算单中直接材料成本与材料费用分配汇总表中该产品负担的直接材料费用是否相符,分配标准是否合理;将抽取的材料发出汇总表或领料单中若干种直接材料的发出总量和各该种材料的实际单位成本之积,与材料费用分配汇总表中各该种材料费用进行比较,并注意领料单的签发是否经过授权批准,材料发出汇总表是否经过适当的人员复核,材料单位成本计价方法是否适当,在当年有无重大变更。

对采用标准成本法的企业,获取样本的生产指令或产量统计记录、直接材料单位标准用量、直接材料标准单价及发出材料汇总表或领料单,检查下列事项:根据生产量、直接材料单位标准用量和标准单价计算的标准成本与成本计算单中的直接材料成本核对是否相符;直接材料成本差异的计算与账务处理是否正确,并注意直接材料的标准成本在当年度内有无重大变更。

(2)直接人工成本控制测试

对采用计时工资制的企业,获取样本的实际工时统计记录、职员分类表和职员工薪手册(工资率)及人工费用分配汇总表,做如下检查:成本计算单中直接人工成本与人工费用分配汇总表中该样本的直接人工费用核对是否相符;样本的实际工时统计记录与人工费用分配汇总表中该样本的实际工时核对是否相符;抽取生产部门若干天的工时台账与实际工时统计记录核对是否相符;当没有实际工时统计记录时,则可根据职员分类表及职员工薪手册中的工资率,计算复核人工费用分配汇总表中该样本的直接人工费用是否合理。

对采用计件工资制的企业,获取样本的产量统计报告、个人(小组)产量记录和经批准的单位工薪标准或计件工资制度,检查下列事项:根据样本的统计产量和单位工薪标准计算的人工费用与成本计算单中直接人工成本核对是否相符;抽取若干个直接人工(小组)的产量记录,检查是否被汇总记入产量统计报告。

对采用标准成本法的企业,获取样本的生产指令或产量统计报告、工时统计报告和经批准的单位标准工时、标准工时工资率、直接人工的工薪汇总表等资料,检查下列事项:根据产量和单位标准工时计算的标准工时总量与标准工时工资率之积同成本计算单中直接人工成本核对是否相符;直接人工成本差异的计算与账务处理是否正确,并注意直接人工的标准成本在当年内有无重大变更。

(3)制造费用控制测试

获取样本的制造费用分配汇总表、按项目分列的制造费用明细账与制造费用分配标准有关的统计报告及相关原始记录,作如下检查:制造费用分配汇总表中样本分担的制造费用与成本计算单中的制造费用核对是否相符;制造费用分配汇总表中的合计数与样本所属成本报告期的制造费用明细账总计数核对是否相符;制造费用分配汇总表选择的分配标准(机器工时数、直接人工工资、直接人工工时数、产量等)与相关的统计报告或原始记录核对是否相符,并对费用分配标准的合理性作出评估;如果企业采用预计费用分配率分配制造费用,则应针对制造费用分配过多或过少的差额,检查其是否作了适当的账务处理;如果企业采用标准成本法,则应检查样本中标准制造费用的确定是否合理,记入成本计算单的数额是否正确,制造费用差异的计算与账务处理是否正确,并注意标准制造费用在当年度内有无重大变更。

(4)生产成本在当期完工产品与在产品之间分配的控制测试

检查成本计算单中在产品数量与生产统计报告或在产品盘存表中的数据是否一致;检查在产品约当产量计算或其他分配标准是否合理;计算复核样本的总成本和单位成本,最终对当年采用的成本会计制度作出评价。

在审计实务中,审计人员还可以以识别的重大错报风险为起点实施控制测试。根据控制测试的结果,对初步识别评估的重大错报风险进行修正,并根据修正后的最大错报风险,进一步确定实质性测试的性质、时间和范围。

二、人力资源与工薪循环部分的内部控制与控制测试

(一)人力资源与工薪循环部分的内部控制目标与关键控制点

人力资源与工薪循环内部控制通常都设计良好且运行有效,最大限度地减少财务审计员工的抱怨和不满,各类公司通常都有一套高质量的工资信息系统。由于对绝大多数公司来说,工薪处理都是相似的,因此审计人员经常需要依赖于组织的内部控制。

从人力资源与工薪循环的内部控制基本原则看,内部控制主要包括下面几个方面:

1.适当的职务分离

本循环中,职务分离非常重要,特别是能够防止超额支付和向不存在的员工支付。为了防止向员工过量支付工薪,或向不存在的员工虚假支付工薪,人力资源部门应独立于工薪职能,负责确定员工的雇用、解雇及其支付率和扣减额的变化。

2.适当的授权

人力资源部门应当对员工的雇用与解雇负责。支付率和扣减额也应当进行适当授权。每一个员工的工作时间,特别是加班时间,都应经过主管人员的授权。所有工时卡都应表明核准情况,例外的加班时间也应当经过核准。

3.适当的凭证和记录

适当的凭证和记录依赖于工资系统的特性。计时卡或工时记录只针对计时工。

对于那些以计件工资率或其他激励系统为基础计算酬金的,应该有不同的工资记录。工时记录必须通过计时工作或任务单位充分收集工资成本。鉴于工资完整性目标通常不是审计人员的关注点,因此在该循环中较少关注记录工时的有关凭证是否预先编号。

4. 资产和记录的实物控制

应当限制接触未签字的工薪支票。支票应由有关专职人员签字,工薪应当由独立于工薪和考勤职能之外的人员发放。

5. 工作的独立检查

工薪的计算应当独立验证,包括将审批工薪总额与汇总报告进行比较。管理层成员或其他负责人应当复核工薪金额,以避免明显的错报和异常的金额。

如果要体现在内部控制目标和措施上,则本循环的内部控制目标和措施主要如下:

1. 工薪账项均经正确批准(发生认定)

对以下五个关键控制点应履行恰当手续并经过特别审批或一般审批:批准工作时间,特别是加班时间;工资、薪金或佣金;代扣款项;工薪结算表和工薪汇总表等。

2. 记录的工薪真实而非虚构(发生认定)

关键控制点包括:工时卡经领班核准;用生产记录钟记录工时等。

3. 所有已发生的工薪支出已做记录(完整性认定)

关键控制点包括:工薪分配表、工薪汇总表完整反映已发生的工薪支出等。

4. 工薪以正确的金额在恰当的会计期间及时记录于适当的账户

关键控制点包括:采用适当的工资费用分配方法,并且前后各期一致;采用适当的账务处理流程等。

5. 人事、考勤、工薪发放、记录之间相互分离(准确性认定)

关键控制点包括:人事、考勤、工薪发放、记录等职务相互分离。

(二)评估重大错报风险

员工工薪包括每月支付给员工的固定薪水。对于固定薪水的员工,审计人员通过实施实质性分析程序和获取对期末余额的声明就能够对工薪交易和余额的完整性、截止、发生、准确性和分类认定获取高度的保证水平,这种实质性分析程序包括每周或每月对支出进行的趋势分析。

工薪费用可能具有较高的舞弊固有风险,因为企业可能为不存在的员工支付工薪。但是,由于围绕员工福利问题存在广泛的监管,以及工薪交易和余额包含了重要的交易类别,企业常常广泛采取预防性的控制活动(如果少支付了工资,员工一定会申诉,出于对预扣所得税、社会保险、失业保险的关注,国家相关部门均要对此进行检查),因此,剩余重大错报风险会降低。在这种情况下,注册会计师应当确定控制设计和实施的适当性,以支持评估为中或低的认定层次剩余重大风险。审计人员拟依赖的特别重要的控制,是管理层在实施监控程序时实施的高层次控制。

工薪交易和余额的重大错报风险主要是由于以下原因产生的:在工薪单上虚构员工;由一位可以更改员工数据主文档的员工在没有授权的情况下更改总工薪的付费标准;为员工并未工作的工时支付工薪;在进行工薪处理过程中出错;工薪扣款可能是不正确的,或未经员工个人授权,导致应付工薪扣款的返还和支付不正确;电子货币转账系统的银行账户不正确;将工薪支付给错误的员工;由于工薪长期未支付造成挪用现象;支付应付工薪扣款的金额不正确。

(三)控制测试

在本循环中,控制测试是验证账户余额的最重要方法。之所以强调这些测试,是由于缺乏独立的第三者证据(如函证)来验证应计工资、预扣个人所得税、应计工资税和其他资产负债表账户余额。而且,在大多数审计中,以上账户余额较小,特别是当审计人员确信有关工资交易已正确地输入计算机以及纳税申报表已恰当地编制时,对以上账户余额的验证也是相当容易的。尽管控制测试及交易实质性测试是测试该循环的最重要部分,但通常审计人员并不对此进行大范围的测试。

内部控制测试可以以内部控制目标为起点进行,也可以以风险为起点进行。在以内部控制目标为起点的情况下,对应内部控制目标,在测试工薪内部控制时,首先,应选择若干月份工薪汇总表,做如下检查:计算复核每一份工薪汇总表;检查每一份工薪汇总表是否已经授权批准;检查应付工薪总额与人工费用分配汇总表中的合计数是否相符;检查其代扣款项的账务处理是否正确;检查实发工薪总额与银行付款凭单及银行存款对账单是否相符,并正确过入相关账户。其次,从工薪单中选取若干个样本(应包括各种不同类型人员),做如下检查:检查员工工薪卡或人事档案,确保工薪发放有依据;检查员工工薪率及实发工薪额的计算;检查实际工时统计记录(或产量统计报告)与员工工时卡(或产量记录)是否相符;检查员工加班记录与主管人员签名的月度加班费汇总表是否相符;检查员工扣款依据是否正确;检查员工的工薪签收证明;实地抽查部分员工,证明其确在本公司工作,如已离开本企业,需获得管理层证实。

第三节 存货的实质性程序

一、存货的审计目标与实质性程序组成

(一)存货及其对财务报表的影响

《企业会计准则第1号——存货》规定,存货是指企业在日常活动中持有以备出售

的产成品或商品、处在生产过程中的在产品、在生产过程或提供劳务过程中耗用的材料和物料等。

通常情况下,存货对企业经营特点的反映能力强于其他资产项目,存货对于生产制造、贸易行业一般十分重要。通常,存货的重大错报对于财务状况和经营成果都会产生直接的影响。审计中许多复杂和重大的问题都与存货有关。存货、产品生产和销售成本构成了会计、审计乃至企业管理中最为普遍、重要和复杂的问题。

由于企业存货的品种、数量很多,收入支出频繁,存货金额在流动资产中占很大比重,存货的耗用又与产成品成本密切相关,存货的计价和相关销售成本都会对利润表和财务状况产生重大的影响。审计人员应确认存货在财务报表上是否实际存在和归被审计单位所有、在财务报表中列示的存货金额是否符合计价等认定。期末库存价值的高估虚增税前净利润,低估则相反。期末存货单位成本核算不准确,很有可能导致销售价格低于实际成本,长此以往,企业将很难持续经营,所以存货审计是一项重要内容。存货具有容易被盗和变质、毁损等不同于其他财务报表项目的特性,因此存货的高估风险较大。

(二)存货项目审计的目标、程序与审计特点

审计人员针对重大错报风险实施的实质性审计程序的目标在于获取存货存在、完整性、权利和义务、计价和分摊等多项认定的审计证据,为确定原材料、在产品、产成品以及销售商品的成本在财务报表上得以公允表达获得合理保证。存货实质性程序的具体目标包括:确定存货是否存在;确定存货是否归被审计单位所有;确定存货增减变动的记录是否完整;确定存货的品质状况、存货跌价准备的计提是否合理;确定存货的计价方法是否恰当;确定存货余额是否正确;确定存货在会计报表上的披露是否恰当。

为实现上述审计目标,审计人员应当识别管理层用于监控生产与存货交易和余额的关键性的业绩指标;确定影响被审计单位核心业务的重要的内部、外部经营风险,并考虑其对生产与存货流程可能产生的影响;将有关存货项目的期初余额与以前年度工作底稿核对相符;复核制造费用和销售成本总分类账中的异常情况,以及原材料、在产品和产成品等余额的变动情况,调查异常的会计处理,并将有关存货项目的期末余额与总分类账核对相符。

二、实质性分析程序

分析性复核在存货审计中是经常用到的方法,因为一般制造业企业存货金额较大,并且流动频繁,在审计时很难做到全面确认和盘点,运用分析性复核方法可以大概分析出存货中是否存在巨额的高估或低估问题。在生产与存货循环的分析性复核中,审计人员通常运用的方法有简单比较法和比率比较法两种。

(一)简单比较法

第一,根据对被审计单位的经营活动、供应商的发展历程、贸易条件、行业惯例和行业现状的了解,确定营业收入、营业成本、毛利以及存货周转和费用支出项目的期望值。

第二,根据本期存货余额组成、存货采购、生产水平与以前期间和预算等进行比较,估计营业收入、营业成本和存货可接受的重大差异额,评价其总体合理性。可以使用计算机辅助审计方法下载被审计单位存货主文档和总分类账户以便计算财务指标和经营指标,并将计算结果与期望值进行比较。按区域分析被审计单位各月存货变动情况,并考虑存货变动情况是否与季节性变动和经济因素变动一致。

第三,将存货余额与现有的订单、资产负债表日后各期的销售额和下一年度的预测销售额进行比较,以评估存货滞销和跌价的可能性。

第四,将存货跌价准备与本年度存货处理损失的金额相比较,判断被审计单位是否计提足额的跌价损失准备。

第五,将与关联企业发生存货交易的频率、规模、价格和账款结算条件,与非关联企业对比,判断被审计单位是否利用关联企业的存货交易虚构业务交易、调节利润。

(二)比率比较法

在生产循环的分析性程序中,审计人员通常运用的比率主要是存货周转率和毛利率。

存货周转率是用以衡量销售能力和存货是否积压的指标。存货周转率的异常波动可能意味着被审计单位存在有意或无意地减少存货储备;存货管理或控制程序发生变动;存货成本项目或核算方法发生变动以及存货跌价准备计提基础或冲销政策发生变动等情况。毛利率是反映盈利能力的主要指标,用以衡量成本控制及销售价格的变化。对周转缓慢或者长时间没有周转(如超过半年)以及出现负余额的存货项目单独摘录并列表。

毛利率的异常变动可能意味着被审计单位存在销售价格、销售产品总体结构、单位产品成本发生变动等情况。审计人员可利用所掌握的、适用于被审计单位的销售毛利率知识,判断各类产品的销售毛利率是否符合期望值,存货周转率或者周转能力是否随着主要存货项目的变化而变化。

三、存货监盘

(一)存货监盘的定义和作用

《中国注册会计师审计准则第1311号——存货监盘》规定,存货监盘是指财务审计注册会计师现场观察被审计单位存货的盘点,并对已盘点的存货进行适当检查。

因为存货的结存数量将直接影响财务报表上存货的金额,并与企业利润有密切联系。因此,一般情况下,监盘年末存货数量是存货审计中的首要内容和必经的审计程序。除非审计人员无法实施监盘程序,且可选择可以信赖的替代程序,否则审计人员应对未实施监盘的存货价值提出保留意见。

存货监盘针对的主要是存货的存在认定、完整性认定以及权利和义务的认定,审计人员监盘存货的目的在于获取有关存货数量和状况的审计证据,以确定被审计单位记录的所有存货确实存在,已经反映了被审计单位拥有的全部存货,并属于被审计单位的合法财产。存货监盘作为存货审计的一项核心审计程序,通常可同时实现上述多项认定审计。需要指出的是,审计人员在测试存货的所有权认定和完整性认定时,可能还需要实施其他审计程序,这些将在本章的其他部分讨论。

需要说明的是,尽管实施存货监盘,获取有关期末存货数量和状况的充分、适当的审计证据是审计人员的责任,这并不能取代被审计单位管理层定期盘点存货、合理确定存货的数量和状况的责任。事实上,管理层应制定制度,要求对存货每年至少进行一次实物盘点,以作为编制财务报表的基础,并用以确定被审计单位永续盘存制的可靠性。

(二)存货监盘计划

1. 制订存货监盘计划的意义和作用

有效的存货监盘需要制订周密、细致的计划,为了避免误解并有助于有效地实施存货监盘,审计人员通常需要与被审计单位就存货监盘等问题达成一致意见。因此,审计人员应当根据被审计单位存货的特点、盘存制度和存货内部控制的有效性等情况,在评价被审计单位存货盘点计划的基础上,编制存货监盘计划,对存货监盘作出合理安排。存货存在与完整性的认定具有较高的重大错报风险,而且审计人员通常只有一次机会通过存货的实地监盘对有关认定作出评价。根据计划过程所搜集到的信息,有助于审计人员合理确定参与监盘的地点以及存货监盘的程序。

2. 制订存货监盘计划应实施的工作

在编制存货监盘计划时,审计人员应当实施下列审计程序:

(1)了解存货的内容、性质、各存货项目的重要程度及存放场所

在评价存货项目的重要程度时,审计人员需要考虑存货与其他资产和净利润的相对比率及内在联系、各类存货占存货总数的比重、各存放地存货占存货总数的比重,这一评价直接关系到审计人员如何恰当地分配审计资源。

(2)了解与存货相关的内部控制(包括存货盘点程序)

在制订存货监盘计划时,审计人员应当了解被审计单位与存货相关的内部控制,并根据内部控制的完善程度确定进一步审计程序的性质、时间和范围。被审计单位与存货实地盘点相关的内部控制通常包括:制订合理的存货盘点计划,确定合理的存

货盘点程序,配备相应的监督人员,对存货进行独立的内部验证,将盘点结果与永续存货记录进行独立的调节,对盘点表和盘点标签进行充分控制。需要说明的是,与存货相关的内部控制涉及被审计单位供、产、销各个环节,包括采购、验收、仓储、领用、加工、装运出库等方面,还包括存货数量的盘存制度。

（3）评估与存货相关的重大错报风险和重要性

存货通常具有较高水平的重大错报风险。影响重大错报风险的因素具体包括存货的数量和种类、成本归集的难易程度、陈旧过时的速度或易损坏程度、遭受失窃的难易程度,这些因素有的与不同行业不同生产过程有关,有的则与一些因素如技术进步等有关。在对存货错报风险的评估基础之上,审计人员应当合理确定存货项目审计的重要性水平。由于制造过程和成本归集制度的差异,制造业企业的存货与其他企业(如批发企业)的存货相比往往具有更高的重大错报风险。外部因素也会对重大错报风险产生影响,例如,技术进步可能导致某些产品过时,从而导致存货价值更容易发生高估。具有漫长制造过程的存货、具有固定价格合约的存货、鲜活或易腐商品存货、具有高科技含量的存货等就可能增加审计的复杂性与风险。

（4）查阅以前年度的存货监盘工作底稿

审计人员可以通过查阅以前年度的存货监盘工作底稿,充分关注存货盘点的时间安排、周转缓慢的存货的识别、存货的截止确认、盘点小组人员的确定以及存货多处存放等内容,以此了解被审计单位的存货情况、存货盘点程序以及其他在以前年度审计中遇到的重大问题。

（5）考虑实地察看存货的存放场所,特别是金额较大或性质特殊的存货

这有助于审计人员熟悉在库存货及其组织管理方式,也有助于审计人员在盘点工作进行前发现潜在问题,如存在难以盘点的存货、周转缓慢的存货、过时存货、残次品以及代销存货。

（6）考虑是否需要利用专家的工作或其他审计人员的工作

对一些特殊行业的存货资产,审计人员可能不具备其他专业领域专长与技能,则应考虑利用专家的工作。另外,被审计单位组成部分的财务信息由其他审计人员审计并出具审计报告,这当然也包括了由其他审计人员负责对被审计单位该组成部分的存货实施监盘。如果注册会计师计划利用其他审计人员的工作,则应遵循《中国注册会计师审计准则第1401号——利用其他注册会计师的工作》的相关要求。

（7）复核或与管理层讨论其存货盘点计划

在复核或与管理层讨论其存货盘点计划时,审计人员应从盘点的时间安排、存货盘点范围和场所、盘点人员的分工、存货的计量工具和方法、盘点期间存货移动的控制、盘点结果的汇总及分析等各个方面评价其能否合理确定存货的数量和状况,如果认为被审计单位的存货盘点计划存在缺陷,审计人员应当提请被审计单位调整。

（三）存货监盘程序

1. 观察被审计单位的盘点过程（观察程序）

在被审计单位盘点存货前，审计人员应当观察盘点现场，确定应纳入盘点范围的存货是否已经适当整理和排列，并附有盘点标识，防止遗漏或重复盘点。对未纳入盘点范围的存货，审计人员应当查明未纳入的原因。对所有权不属于被审计单位的存货，审计人员应当取得其规格、数量等资料，确定是否已分别存放、标明，且未被纳入盘点范围。

2. 执行抽盘（检查程序）

审计人员应当对已盘点的存货进行适当检查，将检查结果与被审计单位盘点记录相核对，并形成相应记录。可以从存货盘点记录中选取项目追查至存货实物，以测试盘点记录的准确性；也可以从存货实物中选取项目追查至存货盘点记录，以测试存货盘点记录的完整性。检查的目的既可以是验证被审计单位的盘点计划得到适当的执行（控制测试），也可以是证实被审计单位的存货实物总额（实质性程序）。如果观察程序能够表明被审计单位的组织管理得当，盘点、监督以及复核程序充分有效，审计人员可据此减少所需检查的存货项目。在实施检查程序时，审计人员应尽可能避免让被审计单位事先了解将抽取检查的存货项目。检查的范围通常包括每个盘点小组盘点的存货以及难以盘点或隐蔽性较强的存货。

3. 需要特别关注的情况

（1）存货移动情况

在对存货进行盘点时，如果被审计单位的生产经营持续进行，审计人员应通过实施必要的检查程序，确定被审计单位是否已经对此设置了相应的控制程序，确保在适当的期间对存货进行了准确记录，没有遗漏或重复盘点。

（2）存货的状况

审计人员应当特别关注存货的状况，观察被审计单位是否已经恰当区分所有毁损、陈旧、过时及残次的存货，并追查这些存货的处置情况。

（3）存货的截止

审计人员应获取盘点日前后存货收发及移动的凭证，即获取存货验收入库、装运出库以及内部转移截止等信息，以检查库存记录与会计记录期末截止是否正确。审计人员可通过观察存货的验收入库地点和装运出库地点来执行截止测试，在存货入库和装运过程中采用连续编号的凭证时，应当关注截止日期前的最后编号；若没有使用连续编号的凭证，则应当列出截止日期以前的最后几笔装运和入库记录。

（4）对特殊类型存货的监盘

对于某些特殊类型的存货而言，被审计单位通常使用的盘点方法和控制程序并不完全适用。这些存货通常或者没有标签，或者其数量难以估计，或者其质量难以确定,或者盘点人员无法对其移动实施控制。在这些情况下,审计人员需要运用职业判断,根据存货的实际情况,设计恰当的审计程序,对存货的数量和状况获取审计证据。

4.存货监盘结束时的工作

在被审计单位存货盘点结束前,审计人员应当再次观察盘点现场,以确定所有应纳入盘点范围的存货是否均已盘点,并检查已填用、作废及未使用盘点表单的号码记录,确定其是否连续编号,查明已发放的表单是否均已收回,并与存货盘点的汇总记录进行核对。审计人员应根据自己在存货监盘过程中获取的信息对被审计单位最终的存货盘点结果汇总记录进行复核,并评估其是否正确地反映了实际盘点结果。如果存货盘点日不是资产负债表日,审计人员应当实施适当的审计程序,确定盘点日与资产负债表日之间存货的变动是否已作正确的记录。此外,如果被审计单位采用永续盘存制核算存货,审计人员应当关注永续盘存制下的期末存货记录与存货盘点结果之间是否一致。如果两者之间存在较大差异,应当实施追加的审计程序,查明原因并检查永续盘存记录是否已经适当调整。

第四节 应付职工薪酬的实质性程序

一、应付职工薪酬的审计目标

职工薪酬是指企业为职工在职期间和离职后提供的全部货币性薪酬和非货币性福利,新会计准则下的"应付职工薪酬"科目包括"工资""职工福利"等。工资和职工福利是企业成本费用的重要构成项目,是生产与费用审计中十分重要的一项内容。

工资是企业支付给员工的劳动报酬,工资曾经普遍采用现金的形式支付,因而相对于其他业务,更容易发生错误或舞弊行为,如虚报冒领、重复支付和贪污等。但随着经营管理水平的提高和技术手段的发展,工资业务中发生舞弊及其掩饰的可能已经有所缩小。这是因为,有效的工资内部控制可以及时地揭露错误和舞弊;使用计算机编制工资表和使用工资卡,提高了工资计算的准确性;通过有关机构(如税务部门、社会保障机构)的复核,可相应防止工资计算错误的发生。然而,在一般企业中,职工薪酬在成本费用中所占比重较大,如果职工薪酬计算错误,就会影响成本费用和利润的正确性。所以,审计人员仍应重视职工薪酬业务的审计,首先应该根据管理层认定和审计总目标,确定应付职工薪酬的审计目标,再实施相应的审计程序。

应付职工薪酬审计的具体目标一般包括:确定资产负债表中记录的应付职工薪酬是否存在;确定所有应当记录的应付职工薪酬是否均已记录;确定记录的应付职工薪酬是否为被审计单位应当履行的现时义务;确定应付职工薪酬是否以恰当的金额包括在财务报表中,与之相关的计价调整是否已恰当记录;确定应付职工薪酬是否已按照企业会计准则的规定在财务报表中作出恰当列报。

二、应付职工薪酬的实质性程序

第一，获取或编制应付职工薪酬明细表，复核审计是否正确，并与报表数、总账数和明细账合计数核对是否相符。

第二，实施实质性分析程序。实质性分析程序有时在识别因错误或舞弊而导致的重大错报领域或证实支出列报和披露的公允性时非常有用。分析程序包括在对企业的核心进程和相关财务处理进行了解时进行的前期比较、比率分析、财务与非财务信息的比较等。在人力资源和工薪循环的审计中，审计人员为收集大多数审计证据，通常采用实质性分析程序。

如果是连续审计，审计人员在前期审计中积累了一些分析记录，可以根据这些记录形成对本年度分析的预期。需要注意的是，这个预期应当根据经营和经济环境的变化而改变。

第三，检查工薪、奖金、津贴和补贴的确认、计量和费用分配。检查计提是否正确，依据是否充分。将执行的工薪标准与有关规定核对，并对工薪总额进行测试；被审计单位如果实行工效挂钩的，应取得有关主管部门确认的效益工薪发放额认定证明，结合有关合同文件和实际完成的指标，检查其计提额是否正确，是否应作纳税调整。国家规定了计提基础和计提比例的，应当按照国家规定的标准计提，如医疗保险费、养老保险费、失业保险费、工伤保险费、生育保险费、住房公积金、工会经费以及职工教育经费等；国家没有规定计提基础和计提比例的，如职工福利费等，应按实列支。

检查本项目的核算内容是否包括工资、职工福利、社会保险费、住房公积金、工会经费、职工教育经费、解除职工劳动关系补偿、股份支付等明细项目。外商投资企业按规定从净利润中提取的职工奖励及福利基金，也应在本项目核算。

检查分配方法与上年是否一致。除因解除与职工的劳动关系给予的补偿直接计入管理费用外，被审计单位是否根据职工提供服务的受益对象，分下列情况进行处理：应由生产产品、提供劳务负担的职工薪酬，计入产品成本或劳务成本；应由在建工程、无形资产负担的职工薪酬，计入固定资产或无形资产成本；被审计单位为外商投资企业，按规定从净利润中提取的职工奖励及福利基金，是否以董事会决议为依据，是否相应记入"利润分配——提取的职工奖励及福利基金"账户；其他职工薪酬，是否计入当期损益。

第四，检查社会保险费（包括医疗、养老、失业、工伤、生育保险费）、住房公积金、工会经费和职工教育经费等计提（分配）和支付（使用）的会计处理是否正确，依据是否充分。

第五，检查辞退福利。对于职工没有选择权的辞退计划，检查按辞退职工数量、辞退补偿标准计提辞退福利负债金额是否正确;对于自愿接受裁减的建议,检查按接受裁减建议的预计职工数量、辞退补偿标准等计提辞退福利负债金额是否正确;检查实质性辞退工作在一年内完成但付款时间超过一年的辞退福利,是否按折现后的金额计量,折现率的选择是否合理;检查计提辞退福利负债的会计处理是否正确,是否将计提金额计入当期管理费用;检查辞退福利支付凭证是否真实正确。

第六,检查非货币性福利。检查以自产产品发放给职工的非货币性福利,是否根据受益对象,按照该产品的公允价值,计入相关资产成本或当期损益,同时确认应付职工薪酬;对于难以认定受益对象的非货币性福利,是否直接计入当期损益和应付职工薪酬。

检查无偿向职工提供住房的非货币性福利,是否根据受益对象,将该住房每期应计提的折旧计入相关资产成本或当期损益,同时确认应付职工薪酬;对于难以认定受益对象的非货币性福利,是否直接计入当期损益和应付职工薪酬。

第七,检查以现金与职工结算的股份支付。检查授予后立即可行权的以现金结算的股份支付,是否在授予日以承担负债的公允价值计入相关成本或费用。检查完成等待期内的服务或达到规定业绩条件以后才可行权的以现金结算的股份支付,在等待期内的每个资产负债表日,是否以可行权情况的最佳估计为基础,按照承担负债的公允价值金额,将当期取得的服务计入成本或费用。在资产负债表日,后续信息表明当期承担债务的公允价值与以前估计不同的,是否进行调整,并在可行权日调整至实际可行权水平。检查可行权日之后以现金结算的股份支付当期公允价值的变动金额,是否借记或贷记"公允价值变动损益"账户。

第八,检查应付职工薪酬的期后付款情况,并关注在资产负债表日至财务报表批准报出日之间,是否有确凿证据表明需要调整资产负债表日原确认的应付职工薪酬事项。

第九,检查应付职工薪酬是否在财务报表中作出恰当的列报。检查是否在附注中披露与职工薪酬有关的下列信息:应当支付给职工的工薪、奖金、津贴和补贴,及其期末应付未付金额;应当为职工缴纳的医疗、养老、失业、工伤和生育等社会保险费,及其期末应付未付金额;应当为职工缴存的住房公积金,及其期末应付未付金额;为职工提供的非货币性福利,及其计算依据;应当支付的因解除劳动关系给予的补偿,及其期末应付未付金额;其他职工薪酬。

第六章 绩效审计质量控制方法

第一节 绩效审计质量控制方法概述

一、政府绩效审计质量的特征

绩效审计质量控制是对确定和达到绩效审计目标要求所必需的全部职能活动的控制,包括绩效审计执行质量标准和绩效审计质量计划的制订,以及对包括保证和控制绩效审计质量的组织设计在内的所有审计过程和审计成果方面的质量形成过程的监督和控制。绩效审计质量控制涉及绩效审计的诸多方面,受审计组织、人员素质、经费和时间保证多方面影响。政府绩效审计质量也要求审计机关具有技术性特征和独立性特征。不同的是,,我国政府审计机关具有行政职能,因此,我国政府绩效审计质量控制在控制内容、控制程序和方法等诸多方面与国外不尽相同。

我国实行行政型国家审计体制,审计机关是国家行政机关,法律赋予审计机关一些行政权限,这使政府审计在性质、目的、手段等方面与社会审计具有重大差异。政府审计根据行政服从原则建立行政隶属关系,带有强制性,审计机关在审计中享有许多行政权,可以对违反法律、法规的行为采取一些强制措施,甚至可以给予处罚。政府绩效审计质量具有与社会财务报表审计和政府合规审计不同的质量特征。

(一)审计质量具有模糊性的特点

政府绩效审计相对于传统政府合规审计,在审计标准和评价内容两个方面都进行了延伸。政府绩效审计评价标准、评价内容自身所具有的特征,使得政府绩效审计质量具有模糊性特征。

首先,绩效审计的审计质量标准不明确。政府绩效审计是伴随国家民主进程、政府部门费用攀高、政府信任需要重塑等多种原因而发展起来的。我国没有专门的政府绩效审计方面的准则,不利于控制绩效审计的质量。

其次,由于绩效审计更大意义上是一种面向未来的具有建设性的审计,其审计质量很大程度上需要在未来的政府绩效的提高中得到体现,审计质量不能及时得到衡量,不利于审计质量的控制。

最后,根据前面所述的审计质量定义,审计质量是反映审计活动满足社会需要的能力的特性总和,我国的高质量的绩效审计需求不足,绩效审计没有形成良性的市场产品质量约束机制,审计产品还属于政府主导的卖方市场,类似于带有计划经济模式特点的市场中的供给方,审计机关审计的好坏与审计人员自身的直接经济利益关系不大,政府审计人员基本上不存在较大的绩效审计失败的风险,审计风险约束机制较差,审计产品的社会监督力度不够。因此,我国的审计质量的模糊性特征更加明显。这就需要加强对审计质量的控制,从审计产品质量和审计工作质量两个方面进行控制。

(二)审计质量内涵具有动态性的特征

审计质量的内涵不是一成不变的。经济的发展不断出现新的状态,对审计总会产生新的需求,人们对审计质量的认识也必然随着环境的变迁而经历一个发展的过程。"质量螺旋"曲线原理表明,审计产品质量从市场调查研究开始,到形成,实现后交付使用,在使用中又产生新的想法,构成动力再开始新的质量过程,审计产品质量水平呈螺旋式上升。

审计质量的内涵和社会对审计的期望值是不断发展的,审计人员必须根据社会的审计期望值来改进自己的审计质量,适应社会发展的需要。

审理质量的动态性特征说明,审计人员和质量管理人员必须具有高度的质量意识,善于发现审计质量与社会公众或相关的审计产品使用人之间的差异;善于发现工作、审计报告、审计建议与总体目标的差异,不断追求审计质量的提高。

(三)审计质量影响因素具有系统性的特征

审计质量的影响因素,除了审计产品、审计工作质量外,还有其他一些影响因素。无论是审计质量定义的产品观还是系统观,都指出了影响政府绩效审计质量的因素涵盖整个审计过程,也来自于审计过程中的多个方面。对于政府绩效审计的审计质量的影响,综合起来看,大致有:审计的独立性、审计人员的素质、审计时间是否足够、社会各方面对审计的重视程度、审计的法律法规及准则体系是否完善、审计体制是否合理有效、审计经费投入、有关审计的社会组织或机构的决策管理水平、审计的技术方法等。

从审计过程的角度来考察影响绩效审计的质量因素,每一项具体审计工作,从筛选审计项目,到制订审计方案,出具审计报告,提出改进建议,做出审计处理行为,以至后续跟踪审计,都会影响到审计质量的优劣。

审计质量的系统性要求以系统论的思想构建审计质量控制体系,以对绩效审计质量进行多层次、全方位的控制。

二、政府绩效审计质量控制的特点

审计质量受多方面因素的影响,这些因素大致可分为两方面,一是外部因素,二是内部因素。外部因素中重要的是国家的政治法律制度,简称为政策因素,而内部因素中重要的是审计机构的质量管理和审计人员的素质。这两大因素可简称为外部质量监管因素和内部管理因素。

为提高审计质量,需要对影响审计质量的各方面因素进行系统控制,主要是对影响审计质量的外部质量监管因素和内部管理因素进行控制。要对审计质量进行控制,需要审计机构或组织制定相应的政策和程序。所谓"政策"是指审计机构或组织为确保审计质量符合一定的要求而制定的基本方针及策略;所谓"程序"是指审计机构或组织为贯彻执行质量控制政策而采取的具体措施及手段。政府绩效审计质量控制具有以下特点:

(一)审计质量控制是一个全面质量控制的过程

审计质量包括了审计过程质量和审计提供产品质量,因此,审计质量控制过程是一种全面的控制过程。全面质量管理是一种管理哲学,受到不断改进和响应顾客需求与期望的驱动。全面质量管理中,顾客的含义被扩展了,超出了组织的外部购买者这个最初的定义范围,还包括与组织的产品服务发生相互作用的内部和外部的各种人,即包括了雇员、供应商以及购买组织的商品和服务的所有个人、群体和机构。全面质量管理要求高度关注顾客、坚持持续改进、关注过程、改进组织各项工作的质量、精确测量,以及向雇员授权。

审计质量控制应该树立审前指导、审中监督、审后复核的控制思想,延伸审前、审后的控制范围,同时加大审中监督的检查力度,从而针对具体审计项目形成全面、有效的控制循环。具体来说,审计人员应当在制订审计计划时,就项目组成员工作的指导、监督和复核制订计划;在具体实施审计业务过程中,除了项目组内部实施指导、监督和复核外,还应对经济责任界定难、审计风险大、涉及公众利益范围大的业务实施项目质量控制复核;在审计结束后,须对归档的审计工作底稿实行管理,并由审计机构组织周期性的检查。

(二)审计项目质量控制是一个系统性工程

审计项目质量控制是一个体系,其控制的行为主体包括审计人员、审计组、业务部门、审计复核部门和决策机构在内的相关机构和人员。审计质量控制的因素包括审计项目的投入、管理和审计产品的提供,是一个系统的过程。系统管理思想是指对于质量有关的一切方面和一切联系进行全面研究和系统分析的一种管理思想。它要求人们在研究、解决质量问题时,不仅要重视影响产品质量的各种因素和各个方面的作用,而且要把重点放在整体效应上。审计质量管理控制作为一个系统,是由许多部分组成的。系统的目的或特定功能是由许多目标(指标)形成的。在审计质量管理中,对各项指标、各个过程、各种工作、各类人员的协调都必须从整个系统和全局出发,进行综合性的考察和研究。

(三)绩效审计质量控制的基础是责任区分

审计质量控制的最终目的是提高审计质量,而审计质量的提高,是通过控制和改善影响审计质量的可控的部分因素。其中,主体的行为是影响审计质量的首要因素。只有对人进行恰当控制,激励或改变审计人员的行为,才能最终提升审计质量。因此,审计质量控制的核心是分清责任,责任明确才能很好地对审计全过程和各个层次人员的工作质量进行控制,也便于进行责任追究。

为严格实行责任追究,保证审计质量控制政策和程序的顺利贯彻与执行,首先要建立项目负责人制,明确审计项目质量控制的最终责任人。在此基础上,实行分层次的质量控制责任追究制度。项目负责人对其所承担的每项业务的总体质量负责,审计机构负责人对审计机构整体的质量控制制度承担最终责任。通过责任的划分,将审计质量控制落实到了审计取证、审计评价的具体环节,由此方能有效地落实各项审计质量控制措施,提高审计质量。

(四)审计质量控制应该是一个闭环控制系统

所谓控制,就是要在行为过程中,将实际发生的行为与既定的标准或预期等进行差异分析,纠正偏离的行为或因素,从而使得行为沿着既定路线前进,是一个偏离反馈、进而纠正的闭环系统。绩效审计质量控制,是将测定或评定的实际审计质量水平与审计质量控制标准进行对比,并对实际与标准之间的差异进行分析,找出原因,并促使审计机关或审计人员改进审计工作,提高审计质量。绩效审计质量控制需要控制的内容有:绩效审计准则或标准、绩效审计质量控制准则或标准、审计组织、制度、体制、过程、手段诸方面的保证或控制。

根据控制理论,闭环控制具有反馈控制功能,施控主体能够根据受控客体的状态不断发出或修正指令。审计控制机制以事前控制为出发点,经过事后控制、责任处罚,重新回到审计主体,构成一个闭合回路。从一个相当长的时间段来看,监管者根据审计后的反映或发生的审计诉讼案件判定审计责任,发现审计系统的不良因素并把它们剔除。如果审计后反映良好,则说明审计人员尽到了自己的职责,审计组织运行良好,审计准则合理,通过适当的激励措施,如奖励审计人员、有关组织管理部门、准则制定机构,对正确的行为进行强化。

第二节 审计项目计划阶段的质量控制

一、审计项目的初步分析控制

(一)审计项目的可行性分析控制

绩效审计准备阶段的关键工作是建立具体、明确的审计目标和绩效标准。确定的目的、目标和效益衡量标准是关于设计方案希望取得的短期或长期效果和影响的说明。目标是从目的引申出来的工作指标,表明方案应取得什么成果以及何时取得这些成果。为此,必须充分了解和掌握被审计单位或项目的基本情况,比如相关法规、协议、工作目标或项目目标、内部管理和控制制度、单位或项目的产出情况,包括产品或服务、社会影响等。审计项目的可行性分析控制,要求审计人员在选定审计项目时,建立在充分分析项目和审计资源的基础上。

1. 详细分析审计事项

这要求审计人员对审计事项进行全面、深入的分析,并列出审计中需回答的问题。审计人员可选择采用以下方式:第一,向财务审计人员咨询有关审计信息和对被审计单位风险管理所作的评估结果,从而深入分析被审计单位的情况,确定绩效审计风险。第二,聘请专家组复核审计发现的问题和评价审计报告初稿,第三,利用绩效审计信息库,掌握诸如学术机构、议会、新闻媒体和其他审计机构等的背景资料,确定该领域的相关利益主体及专家。第四,运用问题解析法列示有关问题,并绘制出结构关系图。

2. 绩效审计方法选择控制

高质量政府绩效审计要求审计人员设计制定一套针对性强,且有助于获取充分、相关和可靠的审计证据的审计方法体系。该体系应确定:第一,每一审计事项都有明确的审计方法。第二,拥有的审计资源与拟采用审计方法所需的成本相匹配。同时,新方法经过了充分可靠的测试。

3. 审计人力资源配置控制

审计人员对在规定时间里完成绩效审计工作所需要的人力资源和财务资源,以及审计过程所需要的专业技能等做出合理的预计。审计组应当对审计组成员的工作经验和技能进行评价。当审计人员不具备必要的审计技能时,可以通过培训审计人员、短期聘请其他审计人员、利用绩效审计研究组的力量等加以解决。必要时,审计组应该聘请外部审计力量,以获得来自外部咨询和学术机构的专业帮助。

4. 审计风险评估与防范控制

审计人员还应当分析绩效审计任务的完成期限,诸如何时要求提交绩效审计报告,审计人员设计能够描述预计审计起止时间与重大审计事项完成时间之间关系的甘特图,并对影响审计时间的主要风险进行评估。这些影响审计时间的主要风险因素包括考虑被审计单位是否支持绩效审计工作。评估被审计单位是否支持绩效审计工作,要求审计人员收集被审计单位的意见或正式表态,并就审计项目涉及的一般事项,特别是拟采用的审计方法与被审计单位磋商。

审计人员对完成绩效审计任务可能面临的风险做出评估和确认,并提出有效的防范措施。一般情况下,审计人员分析被审计单位内部管理的优缺点,尤其是薄弱环节,在此基础上,评估完成审计任务的各种风险,以及如何有效应对防范,并确认延迟公布审计结果的特定风险水平。

5.信息沟通控制

信息沟通在绩效审计中占有重要地位。从国外的政府绩效审计实践来看,政府绩效审计能够真正发挥作用,一个重要的步骤就是在绩效审计过程中开展充分的信息沟通,这种信息沟通主要是指审计人员就审计发现、审计建议等与被审计单位管理人员进行的沟通。为使得绩效审计充分发挥作用,在绩效审计过程中,不仅要与被审计单位开展充分的沟通,审计小组之间、与社会公众之间也要开展充分的沟通。例如,通过与社会沟通获取审计线索,对被审计事项进行科学的评价等。为规范审计过程中的信息沟通,要求审计人员根据相关规定制订信息沟通计划,并在计划中确定:审计报告中所有重要信息的类型;接收审计信息的主要群体;传达审计信息的渠道和方法;审计信息对审计声誉可能造成的影响及防范方法。

(二)确定目的、目标和效益衡量标准

绩效审计是一种开放性的审计。对实现方案目标和取得的成果及进展的衡量标准,在某些情况下,可能没有绩效计量标准,而只能使用不很直接的绩效指标。

评价标准可以使用预算或计划指标、历史指标、同行业先进指标等。评价时应当对有关评价标准的选择依据和具体内容做出说明。评价标准有两大类:一类是规范性标准,如有关的法规、制度、相关程序要求等强制性标准;另一类是用来衡量绩效的计量标准和其他良好实务与规范化控制模式等非强制性标准。值得指出的是,审计人员只能根据相关管理、绩效预算等规定,选择绩效标准,不能主观地指定评价内容和选择绩效标准。

对于规范性标准,绩效考评指标有时并不是一组数字,或一些比率,而是操作程序,行为规范。在制定评价标准的过程中,要注意考虑同一项目政府可能采用的不同方案所产生的社会效益。比如在政府拨款审计中,除了拨款以外,是否可以运用法律或其他权利来解决相关问题,如颁发许可证、发布禁令、征税或处以财务罚款。在这种情况下,可以不用政府拨款而达到同样的社会效益。此时,要注意广泛征求相关意见。在通常情况下,其他政府部门或实施类似方案的非政府部委国有机构的有益经验是可以吸取的。在上述拨款方案的例子中,也应考虑可能得到的其他资金来源及其对拨款需求的影响。其他资金对拨款资金的高比率的"杠杆作用"可能意味着执行该项目不需要拨款。例如,对大型建设项目或具有很大商业前景的小额拨款对投资决策可能无关紧要。

(三)审计项目计划控制方法——甘特图法

甘特图(Gantt Chart)也叫横道图或条形图,主要应用于项目计划和项目进度的安排。它把工程项目中的各项作业,在标有日期的图表上用横线表示出其起止的时间。利用甘特图能够有效地对审计项目进行计划控制。

甘特图把计划和进度安排两种职能结合在一起,纵向列出项目活动,横向列出事件跨度。项目活动在左侧列出,时间在图表顶部列出,图中的横线显示了每项活动的开始时间和结束时间,横线的长度等于活动的周期,甘特图顶部的时间段决定着项目计划的详略程度。

由于甘特图把项目计划和项目进度安排两种职能组合在一起,因此,在绘制甘特图时,必须清楚各项活动之间的关系,即哪些活动必须在其他活动开始之前完成,哪些活动可以同时进行。要按照绩效审计项目完成的各个组成部分的内容,特别是关键活动,逐项分解责任到人。按照总体计划进行组合。

甘特图直观、简单、容易制作,便于理解,一般适用于比较简单的小型项目,可用于WBS的任何层次、进度控制、资源优化、编制资源和费用计划。但是不能系统地表达一个项目所包含的各项工作之间的复杂关系,难以进行定量的计算和分析,以及计划的优化等。

甘特图法是一种常用的进度计划方法,以进度表示组成部分,显示每个活动的历时时间长短,在实践中得到了不断的改造和完善。它从形式上可以被细分为传统甘特图、带有时差的甘特图和具有逻辑关系的甘特图。

在使用甘特图的时候,要充分关注其优缺点。甘特图能够从时间上整体把握进度,很清晰地标识出每一项任务的起始与结束时间,但任务之间的关系不能有效识别。

二、审计方案制订控制

审计方案是审计小组成员的行动计划和指南,是完成绩效审计任务和达成绩效审计目标的指导性文件。审计方案一般包括两个层次:综合审计方案和具体审计方案。综合审计方案是对一个审计项目实施的全过程的综合安排,是对一个审计项目从审计准备到审计完成全过程所作的综合报告。具体审计方案是针对具体每一个审计目标或具体审计程序及时间、人员所作的详细安排。

审计方案的编制要充分考虑绩效审计目标,同时,应该繁简得当,视报送单位或审计委托人的需要而定。审计机构应及时与被审计单位进行沟通,就审计方案的制订征求意见。在某些情况下,审计机关甚至可以委托一些社会权威机构代为进行审计方案的设计。

审计组在审计项目确定后,制定和建立起系统的审计档案管理制度。审计人员在综合分析的基础上,对是否可以实施全面审计做出客观判断,并将结果以审计项目合同的形式按照审计管理权限的规定,上报审批。

以上过程是审计计划阶段的质量控制,在这个过程中,审计项目负责人的职责是:在比较预期审计成果和预计成本的基础上,判断是否开展此项审计,通过方案制订、资源配置、审计方法确定等,保证能在预定的成本和时间范围内,完成该项审计,提交审计报告。

第三节 审计实施阶段的质量控制

一、审计证据的收集和整理

(一)审计证据的收集

政府绩效审计的审计证据是指审计机关和审计人员为证明公共资源使用的效益性、效率性和效果性而收集的证明材料。绩效审计证据包括实物证据、书面证据、口头证据、分析证据等。

在绩效审计中,所发表的审计意见更多的是侧重现实或潜在问题的分析和发现。因此,分析证据是绩效审计中的一个重要证据。分析性证据的来源是对数据的分析和核对。分析经常以数字形式进行,是对数据的计算、比率的分析、趋势和方案分析等工作,还可以根据规定的标准或者行业考核标准进行比较。

在收集绩效审计证据时,应该注意,绩效审计证据来源比较广泛,可以从被审计单位、与被审计单位类似的其他单位、公共文献、社会公众等广泛的渠道获得。收集审计证据可以采用审阅、访谈、抽样调查、观察、分析等方法。同时,因为在绩效审计中,确定审计目标和审计评价标准都取决于审计人员的判断,都与审计结论的质量直接相关。因此,为确定审计目标和审计标准而收集的证明材料也属于审计证据。这与传统审计中的做法有所不同。传统财务审计的审计证据主要是指审计人员在现场审计阶段所取得的证明经济活动或经济事项发生或存在的材料。

在收集绩效审计证据时,必须注意审计证据的质量要求。绩效审计证据必须具有充分性和适当性。充分性又称为足够性,是从数量方面对审计证据的要求,是形成审计意见的最低的数量要求。审计证据的适当性是指审计证据的相关性和可靠性。相关性是指审计证据应与审计目标相关联,可靠性是指审计证据应能如实地反映客观事实。

在考虑审计证据的充分性时,审计人员应当运用专业判断,决定采用统计抽样或非统计抽样方法,以获取充分的审计证据。

在获取审计证据时,还必须注意合法性。不合法的审计证据可能导致绩效审计项目的失败。证据获取的合法性是指,由合法的审计人员,采用合法的程序和方法,获得所需审计证据。为此,审计机关在获取和处理审计证据时应依照相关审计准则的规定。对于有损审计证据证明力的行为,应追究有关当事人的审计责任。

在绩效审计实施阶段,要确保每个审计事项都有充分、相关和可靠的证据,要求审计人员必须保证审计证据的充分性、相关性和可靠性,审计组可采取以下措施:第一,审计项目负责人复核已取得的证据,并与计划要求相比较;第二,所有审计人员集体商议,以保证所有审计事项都有确凿的证据支持,并决定是否需要采取进一步的措施;第三,审计人员应对每个审计事项,都列出与之相匹配的证据来源和类型,如果证据不足,应获得其他类型的证据来加以印证;第四,请专家组对现有证据的可信性进行判断,并帮助提供新的证据来源。审计人员在审计取证过程中,还可以运用适当的软件,绘制出审计证据与审计需回答的问题之间的结构关系图。

(二)审计证据的整理分析

审计人员必须针对审计的具体目标,把他们收集的证据进行分析,按照与审计结果的关系进行整理、归纳,以便形成具有证明力和说服力的证据链,得出逻辑严密、客观完整、有说服力的结论,从而完成审计建议和审计报告。

审计人员首先要对审计证据逐一进行分析,形成最初的判断,评价检查结果与标准的偏离程度。审计人员在利用审计证据时,要将不同来源、不同性质的数据证据及其他证据联系起来,找到它们内在的逻辑关系,并注意对不同的分析进行比较,找到最符合逻辑的、最有说服力的审计发现,分析原因,估计影响的大小,提出审计结论和审计建议。

在收集审计证据及审计证据的整理归纳过程中,为了保证审计证据环节的审计质量,必须对审计证据的收集、归纳、整理进行记录,以便为提出审计建议和审计结论提供基础,为今后对该环节进行质量评价和及时总结经验教训提供帮助,提高审计证据的收集、整理质量水平。

审计实施阶段,审计人员要全面分析和理解审计证据,应当采取以下措施对审计证据进行整理分析。首先,审计项目负责人及项目经理应留出专门时间,全面评价定量和定性分析的结果。其次,就一些较为复杂的统计数据及其他技术性数据,请求绩效审计研究组的统计专家及国家审计署其他专家的指导。最后,在对关键信息进行系统筛选的基础上,认真分析定性数据。

审计人员在绩效审计实施阶段,还要特别关注关键信息,对其进行鉴别并得到证据支持。支撑重要审计结论或意见的审计证据,是影响审计项目成败和效果的关键信息。审计人员要根据系统筛选的结果,对关键信息进行认真讨论、分析和复核,以保证其准确性和完整性。审计人员可采取以下措施:首先,召开碰头会或者其他形式的座谈会讨论关键信息。其次,就审计结论和所需的证据制作逻辑关系图,以发现需要进一步深入分析的领域。最后,每个审计人员都负责具体的项目内容,复核发现的问题。

二、审计工作底稿的编制

审计工作底稿是审计人员在执行审计业务过程中形成的审计工作记录和取得的资料,它不仅是形成审计结论、发表审计意见的直接依据,也是证明审计人员按照相关审计准则要求完成审计工作、履行应尽职责的依据。审计人员在审计过程中的重要任务就是收集审计证据,编制审计工作底稿,进而做出审计结论的过程。通过编制审计工作底稿,把业已收集到的数量众多但又不系统、没有重点的各种审计证据资料,系统地加以归类整理,从而使审计结论建立在充分和适当的审计证据基础之上。

审计人员应当对审计工作底稿的真实性、完整性负责。对未执行审计实施方案导致重大问题未发现的,审计过程中发现问题隐瞒不报或者不如实反映的,以及审计查出的问题严重失实的,审计人员应承担责任。审计组长对复核意见负责,对未能发现审计工作底稿中严重失实的行为承担责任。

复核一直是审计项目质量控制的重要环节,应借鉴采用项目质量控制复核方法,加强审计复核的力度。项目质量控制复核是指在审计报告发布之前,对项目组做出的重大判断和准备报告时形成的结论进行客观评价。该复核由不参与业务的人员进行,增强了复核的独立性和客观性,有利于保证审计质量。另外,该复核产生的威慑作用,有利于督促项目组勤勉尽责。实施这一机制要求在审计证据收集、审计证据整理和审计意见提出过程中,落实审计事项和项目的及时复核、总体复核等监督机制。

审计人员在整理审计发现时,所有的审计发现要与和相关利益主体及有关专家的意见相互印证。审计组要充分吸收和利用相关利益主体和有关专家的意见,为了与有关各方面就审计应关注的和优先考虑的选题、领域达成共识,审计人员具体可采取以下措施:首先,将审计发现同内部审计、其他检查机构及学术界的研究调查结果进行比较。其次,征求由相关利益主体和相关领域专家代表组成的专家组的意见。审计人员还可以通过举行相关利益主体参加的研讨会,以征求对审计发现的意见。

审计人员在审计过程中,除非涉及违法、违纪或其他涉密情形,否则应当将审计发现的问题直接告知被审计单位,并与被审计单位就审计报告中将要提到的内容进行充分沟通并取得一致意见,评估由于意见分歧导致审计报告不能及时提交的风险,并确定相应的解决方案。审计组在起草审计报告前,预先确定审计报告的内容和结构。审计人员可采取碰头会、与上级主管领导及内部咨询人员沟通等方式。

在审计实施环节,审计项目负责人应该保证所有纳入审计报告草案的关键发现都非常清晰,并有大量证据支持。同时,为了保证审计报告的结构得到上级主管领导的支持,审计组应决定是否需要和上级主管领导沟通。

第四节 审计终结阶段的质量控制

一、审计报告编制控制

(一)内容框架与形式

纵观各国审计,并没有统一的绩效审计报告标准。这其中的一个原因在于绩效审计内容很灵活,报告内容很大程度取决于被审计具体项目。一般来说,绩效审计报告要归纳出审计发现,包括发现的问题、依据的标准、潜在或现实的影响,以及在此基础上提出的对策建议。具体来说,绩效审计报告的框架应包括如下内容。

第一,绩效审计报告的名称。绩效审计报告的名称可以就是审计报告,或是绩效审计报告,但一般来说,如果能够很简要地概括或体现被审计项目或其特色的名称,可能会引起阅读者对绩效审计报告的重视,从而有助于发挥绩效审计的作用。

第二,被审计项目或事项的背景。绩效审计的项目背景包括被审计事项或单位的基本情况,资金来源和使用情况,目前的状况等等,目的是使阅读者对被审计事项有一个清晰的理解。

第三,审计项目实施情况。这部分主要是用于向读者说明审计的范围和性质,便于读者利用报告内容,并进行判断。这部分主要包括以下四个方面的内容:审计的依据(即审计意见的判断标准),该项审计的目标、范围和方式、方法,以及审计起止时间等;审计准则的遵循情况,如果没有遵循准则,应该说明理由,目的是让阅读者相信审计报告的质量。

另外,在绩效审计报告中要明确说明审计方和被审计方的责任,以便阅读者了解审计的性质和局限性,同时避免审计风险。

第四,审计评价意见或结论。组成审计意见的要素报告发现的审计事实、依据的标准、对于审计发现事实的潜在或现实的影响的分析说明。要能够充分地说明审计是怎样得出上述结论的。

第五,绩效审计发现的违法违规问题及处理处罚意见。

第六,审计对策及建议。

第七,被审计单位的反馈意见。当完成绩效审计,并对外公布或向上级机关进行汇报时,应当附上被审计单位的反馈意见,以充分说明审计发现的合理性和作为后续跟踪审计的依据。

(三)责任追究

为保证审计报告的质量,需要对有损审计报告质量的行为进行约束与惩戒,根据朱兰的"80/20法则",特别是要对绩效审计项目组的领导人的责任进行明确,对造成质量损害的要予以追究。具体说来,绩效审计报告所涉及的负责人主要有:审计组长、审计组所在部门负责人、法制工作机构负责人和复核人员。其各自承担的责任主要有如下几点。

第一,审计组长对其提出的审计报告的真实性和完整性负责;对审计工作底稿记录的重大问题不予反映或者不如实反映的,审计报告反映的问题严重失实的承担责任。

第二,审计组所在部门负责人对其代拟的审计报告、审计决定书、审计移送处理书的恰当性负责;对审计组提出的审计报告中记录的重大问题隐瞒不报或者不如实反映的,对其代拟的审计报告、审计决定书、审计移送处理书反映的事实严重失实的承担责任。

第三,法制工作机构负责人和复核人员对其复核意见的恰当性负责;对审计报告中存在的定性不准确,适用法律、法规、规章不正确,处理处罚不当的问题应当综合表述,绩效审计报告应该繁简适当,既全面又重点突出,既完整又具有可读性。另外,审计报告开头应该开宗明义,要求提及绩效审计部门的宗旨。例如,可作下述表述:向同级人民代表大会及政府机构提供独立、专业及优质的审计服务,确保公共资源得以经济、有效率、有效果的使用,以改进政府公共受托责任的履行质量,为造成严重后果的行为承担责任。审计机关分管领导对审计机关出具的审计报告、审计决定书、审计移送处理书负责。审计机关根据审计结果编制的审计信息严重失实的,有关人员应当承担责任。

(四)语言组织

审计组在审计报告草案的起草过程中,应该多方征求意见,并在完成报告草案后,组织全面的复核工作,以确定审计报告简明扼要且包含主要信息。其主要措施有:就报告反映信息的清晰性、一致性和平衡性,进行审计组内部复核;就报告中是否存在普通读者难以理解的专业术语、论据不足、常识性错误以及文风不一致等问题,征求内部咨询人员的意见;征求专家组的意见,以确保审计报告中反映的内容不存在明显错误,或出现与其他机构所获得信息不一致的风险。

审计报告撰写要通俗易懂。这就要求审计人员在起草审计报告过程中,尽量避免使用过多专业概念和术语,以保证审计报告草案能够被普通读者所接受。审计人员可以通过征求内部咨询人员和有关读者对审计报告草案可读性的意见。

审计组在完成审计报告草案及摘要后,要征求专家组或内部咨询人员的意见,请他们对审计报告草案和摘要所反映信息和叙述语气的一致性提供帮助,也可以聘请文字审定人或者其他专业文字工作者审阅,由其对审计报告的一致性提出独立看法。

（五）审计发现与审计建议控制

审计建议是否以证据为基础,是否清晰、有价值,审计报告应当获取所有的支持材料。为确保审计建议的清晰可靠,审计人员应当采取的措施包括召集审计组全体成员重点讨论报告中所提的建议;与被审计单位充分沟通与讨论,力求审计建议建立在被审计单位与审计组意见一致的基础上;必要时,还应征求专家或内部咨询人员的意见。

在审计报告环节,审计项目负责人和审计组成员在审计长助理批准审计报告之前,应努力确保审计报告草案的信息是清晰的,大多数情况下,在提交审计长助理之前,审计组应该和被审计单位及有关第三方就审计报告草案交换意见,审计长助理必须决定在什么阶段,需要就审计报告草案征求审计长的意见。

审计组必须就审计报告草案中所述事实的准确性及表述恰当性等问题与被审计单位进行充分沟通,涉及有关第三方行为或观点的内容,审计组应征求相关方的意见。当完成对审计报告草案的修改后,审计项目负责人和审计组其他成员,应从宏观角度专门针对审计报告草案的结构,各部分之间的平衡性、一致性是否符合专业标准进行审阅,以使得审计报告草案维持原有结构,并且清晰、一致、简洁。

二、审计报告的报送控制

（一）报告对象

为了强化绩效审计报告责任,绩效审计报告首先应向委托人提出,除涉及国家秘密外,政府绩效审计报告应逐步推行向社会公众公开的制度,以利于社会公众对绩效审计的监督。这是保证绩效审计质量的重要举措。从绩效审计的本质来说,是对于政府利用或管理公共资源的管理责任的检查和评价,最终委托人应该是全国人民,所以除专门规定的不应公布的事项外都应对全社会公开。

审计报告除了向社会公布外,还应向政府和立法机关分别报告。向政府报告是为了便于政府了解所审计项目的情况,并督促相关单位落实审计建议。向立法机关报告是为了让立法机关了解政府工作,并开展相应的监督。向立法机关的报告,应区别不同情况,对重要项目可提交单项审计报告,对数量众多的一般项目可合并提出专题报告。对于绩效审计中发现的违规行为,应按财务审计中的有关处理措施实施处理处罚。审计机构应及时与被审计单位进行沟通,被审计单位阅读审计报告的初稿并同审计机关交换意见。

(二)审计报告报送与信息发布

从发达国家的国家审计实践来看,应当逐步完善绩效审计报告的报送与信息发布机制。审计机关和审计人员,应根据年度审计计划,完成审计公告和审计报告信息披露。其中,审计公告应生动地反映审计报告的主题和风格。

审计报告的公布和审计信息的发布,实际上是为了满足社会公众的知情权,以及调动社会主体参与对被审计单位管理的监督。公布的审计报告和发布的审计信息能达成这些目的和作用,一个重要的依赖因素就是报告或信息的传播速度和程度。报告或信息的传播速度和程度,很大程度上又依赖于媒体的参与。由此,审计报告信息披露计划应该清楚地反映希望媒体采用的新闻要点,向审计报告的主要读者传递信息的策略,以及应对信息误解情况的方案。在此过程中,审计人员应当对审计报告的信息发布或公告、出版进行适当的组织,同时要制订审计结果公告发布和后续检查的行动方案。审计人员对审计公告的适当组织要求如下:首先,对审计报告的印制进行适当的组织,制订具体的审计结果发布和跟踪检查方案。确保审计报告按照既定的时间表校对、签发和公布。其次,和主管发布工作的部门负责人在发布时间上达成一致。同时,在交换意见阶段,应当确定预计发布审计报告的日期,并最终确保审计报告及时印刷。最后,审计人员应当确保审计报告按照既定的时间表校对、签发和公布。对于急需审计报告的使用者,审计组应确保审计报告一经发布,就立即向这些使用者发送报告副本,以保证直接传达有关信息。审计报告发布后,审计组可以围绕审计项目的各个方面,展开深入讨论。例如,举行会议或类似活动、在公开刊物上撰写文章等,比较正式地向相关利益主体公布审计结果,并且在适当的时候进行跟踪检查。

在信息发布环节,应当按照管理职责权限,确定批准审计报告印发的负责人,采取后续行动的负责人。前者负责与新闻办公室联系,安排信息发布,处理和媒体的关系,以便落实报告公布和信息发布的政策措施,及时有效地传递绩效审计相关信息。

第五节 审计档案归档与后续跟踪质量控制

一、归集审计档案

审计档案包括审计工作的过程记录、审计意见的支撑材料。及时归集审计档案对于及时总结审计成果,总结审计的经验教训,明确审计质量责任,应对审计诉讼,免除审计责任,都具有重要的意义。

(一)归档依据

审计组应当按照审计档案管理要求收集与审计项目有关的材料,建立审计档案。

在归集审计档案时,要注意有关重要审计过程记录、重要审计证据以及与被审计单位的书面沟通文件记录等资料的完整性。

(二)责任归属

审计档案实行审计组负责制,审计组应当确定立卷责任人,及时收集审计项目的文件材料。审计项目终结后,立卷责任人应及时办理立卷工作。立卷责任人将文件材料归类整理、排列后,交由审计组长审查验收。审计组长按照有关规定对文件材料进行审查验收,并签署审查意见。对不符合规定的,应当责成有关人员改正或者向有关机构提出改进意见。审计组长对审计档案反映的业务质量进行审查验收。审计组成员对文件材料内容的真实性、完整性负责。立卷责任人对卷内文件材料的完整性、归档的规范性负责。审计组长对审查验收意见负责。审计组所在部门负责人对归档的及时性负责。

(三)归档内容

绩效审计项目组应对以下材料进行归集。

1.结论类文件材料

主要包括审计报告及审计业务会议记录、复核意见书、审计组的书面说明、被审计单位对审计报告的书面意见等审计报告形成过程中形成的文件材料、审计决定书及相关文件材料、审计移送处理书及相关文件材料等。

2.证明类文件材料

主要包括被审计单位承诺书、审计日记、审计工作底稿、审计证据等。

3.立项类文件材料

主要包括上级审计机关或者本级政府的指令性文件、与审计事项有关的举报材料及领导批示、审计实施方案及审前调查记录等相关材料、审计通知书和授权审计通知书等。

4.备查类文件材料

主要包括不能归入前三项的其他文件材料。

二、后续跟踪检查质量控制

国家审计机关应对公营企业和政府机构在纠正缺陷与改进制度方面采取的行动进行后续跟踪审计,如果没有取得满意的进展,应当再度提出报告。在后续跟踪检查中,需要做好两方面的工作:一是对审计效果进行检查和评价,促进被审计单位改进管理,提高使用公共资源的效率、效益和效果;二是对审计质量进行检查和评价,及时总结审计项目执行过程中的经验和教训,不断提高绩效审计质量控制水平。

第六章 绩效审计质量控制方法

(一)审计质量控制经验总结

在对审计质量进行检查和评价时,首先应进行审计项目组内部分析和检查,并对重要内容进行复核。项目组要对外界对审计项目的质量评价予以高度重视,包括外界新闻媒体、被审计单位等,这是绩效审计对公共资源受托责任进行审计的本质决定的。而且,审计项目组应该经常性地聘请外部专家对绩效审计项目的审计质量进行评估,以便对审计报告、审计目标的实现、审计评价标准、审计结论、审计建议等方面进行客观的评价,保证审计质量水平。

总结经验环节是对审计工作进行事后总结,在总结经验环节,应回答的问题包括如下。

1. 是否实施了内部和外部质量保证措施

审计组可以实施以下质量保证措施:首先,采取发放质量调查问卷、与相关单位的财务主管人员聚会等方式,征求被审计单位的意见,包括他们对绩效审计所实现的审计影响和增值、审计组织是否科学、审计人员是否称职等的评价和看法。其次,审计组内部对审计工作进行全面复核,包括审计方法、审计工作成效和影响等,以确定哪些方面做得好,哪些方面做得差,并从中总结经验教训。

2. 是否适当地总结了经验教训

可以实施以下措施:第一,编制审计质量检查工作底稿。第二,发表文章阐述重要的审计经验。第三,在审计组、其他部门或国家审计署等各个不同层面,通过举办培训活动或进行演示,在一定范围内反映取得的经验和教训。

3. 是否确定了存在的影响

并能控制潜在的影响。审计人员要对有关审计影响的反馈信息进行汇总和反映。审计人员应采取以下措施:①保持与被审计单位的联系,以评价其整改情况,确定其已经建立并付诸实践的改善措施和步骤;②检查国家审计署和公共账目委员会报告中提出的建议,并与公共账目委员会《财政问题纪要》中记录的被审计单位反馈内容相比较;③在审计署年度报告和审计署计划中,列示审计署对有关审计影响的反馈信息。

4. 对与审计项目有关的主要文件是否加以确认并纳入国家审计署记录

这个问题要求审计组复核所有与绩效审计相关的文件的整理和保存情况,保证将重要文件作为国家审计署文件妥善保存和管理。

在总结经验环节,审计项目负责人应组织实施质量保证工作,深入总结经验教训,并整理出审计质量专题文件,报审计长助理,由其提交给副审计长。

作为"质量环节"控制补充,审计机关还可以聘请外部机构复核已公布的审计报告。外部机构通常是享有盛誉,拥有多个领域知识的学术团体或专家。在评价审计工作质量时,往往先根据每个绩效审计项目的特点及特殊的专业要求,选择最合适的专家,对项目质量尤其是审计报告做出评价,评价主要侧重:行政管理背景、结构安排及语言表述、图表和统计资料、审计范围、审计方法、审计结论和审计建议,以及审计报告总体上是否成功等。在每一方面,专家们都会提出意见,帮助审计人员总结经验教训和改进审计方法。

(二)后续跟踪审计

绩效审计与财务真实合法性审计的重要区别在于绩效审计以评价、建议职能为主,而后者以监督、鉴证职能为主。绩效审计工作的价值并不在于所报告的成果或所提出的建议,而在于有效地解决问题,即通过在审计过程中与被审计单位就有关可能引起效率损失的行为、制度等进行沟通,在审计报告中对审计过程中发现的尚未解决的问题,提出要求被审计单位进行整改的建议和对策。因此,审计师应对以前审计中得到的、有可能影响审计目标的重大发现和建议进行后续检查。审计机关应通过后续检查来确定被审计单位的官员是否已采取及时的、适当的措施。在对存在尚未解决问题的被审计单位再次进行审计时,后续的审计报告应该揭示以前审计后被审计单位尚未纠正的重大问题和建议的现状。这既是对前面的审计的整改的监督,又揭示了后面审计的审计风险。

在绩效审计执行过程中,审计机关和审计人员对绩效审计质量的控制贯穿于绩效审计工作的全过程。无论是对绩效审计执行的控制,还是对绩效审计计划的调整,都要达到绩效审计目标,满足绩效审计质量的要求。对绩效审计准备、绩效审计实施、绩效审计报告等阶段编制的计划和执行也应以质量控制为重点,建立绩效审计复核和绩效审计责任追究制度,对绩效审计执行过程的质量做必要的保证。

绩效审计项目在一定时期内的战略性计划是一个连续的、继承的过程,这一过程需要按照优化原则不断地进行调整,同时为后续和同类绩效审计项目提供可比性数据和参考价值。现在,我国的审计机关对绩效审计成果的考核比较重视,但是在绩效审计工作成果的评价方面显得比较薄弱,比如在人、财、物和时间的运用上能否达到集约和高效的目标。因此,在绩效审计执行中应当建立绩效审计项目的后续评价制度,通过后续评价系统对绩效审计结果和绩效审计工作成果按设定标准进行评价,以达到优化绩效审计执行和控制的措施和方法的目的。

第七章 "互联网+"背景下的审计方法

第一节 传统审计方法

一客观事物的调查方法

审计中,经常通过检查书面资料以外的方法来调查取证,这些方法列举如下。

(一)查询法

查询法是指审计人员对与审计事项有关的单位和个人进行书面或口头询问,从而验证其他审计证据或为取得新的审计证据提供线索的一种方法。

面询是指审计人员就有关问题直接找有关人员询问并经被询问人在询问记录上签字的一种方法。

函证是指审计人员向有关单位或个人发函以证明某一审计事项的一种方法。

如:为证实应收、应付款项的真实性、准确性,就常运用这种方法。

(二)观察法

观察法是指审计人员到被审计单位的经营场所及其他有关场所进行实地察看,来证实审计事项的一种方法。如观察内部控制制度的具体执行情况等

(三)监盘法

监盘法是指审计人员对被审计单位的财产、物资、设备、货币资金和有价证券进行实地监盘以查实问题的一种方法。监盘法必须与核对法结合使用,根据监盘的结果与书面资料核对,才能发现问题。

监盘时主要采取两种方式:一是监督盘点。是指审计人员监督盘点的全过程,常适用于盘点数量较大的实物。二是抽查盘点。是指审计人员亲临现场对被审计单位的盘点结果进行一定规模的抽查,常用于盘点数量不多,但容易出现舞弊行为的贵重财产。

二、经济活动的分析方法

如果说书面资料的检查方法和客观事物的调查方法只是发现问题,那么经济活动的分析方法还能帮助我们解决问题。审计人员应善于对审计结果进行分析。经济活动的分析方法主要有比较分析法、因素分析法和趋势分析法。

(一)比较分析法

比较分析法是指将某项财务指标与性质相同的指标、标准进行对比,揭示单位财务状况和经营成果的一种分析方法。比较分析法又可分为相对数比较分析法和绝对数比较分析法两种。

(二)因素分析法

因素分析法(也称连锁替代法)是指为确定某一经济现象诸因素的影响方向和程度而采用的一种分析方法。影响方向用正或负表示,影响程度则用数据反映。通过因素分析可以帮助审计人员有针对性地提出改进建议和措施。

(三)趋势分析法

趋势分析法是指利用财务报表提供的数据资料,将各期实际指标与历史指标进行对比,提示单位财务状况和经营成果变化趋势的一种方法。

运用趋势分析法应注意:一是掌握分析的重点,审计人员应对财务报表的重要项目进行重点分析,提高分析的效率,避免平均使用力量;二是分析时可与比较分析法结合运用。

三、假设问题存在审计求证法

审计人员带着疑问和问题去实施审计是目前较为普遍采用的一种审计方法,也是最见成效的。这一点符合审计制度的设计是建立在审计客体舞弊客观存在为基本假设,通过审计以较少的成本或支出去遏止或阻止因舞弊问题带来的巨大经济损失。在审计实践中通过假设问题的存在去收集审计证据,从而求证问题的真实结果,验证审计人员对问题的最终判断符合舞弊行为发生的基本规律,也是提高审计的效率的有效途径,使审计人员的审计活动行为有的放矢。其必要的审计路径为:利用审计客体提供的资料评估其经济活动行为找内部控制制度的薄弱环节—找问题存在的可能疑点—分析疑点对经济活动行为影响程度—确定审计样本—收集审计证据求证问题的真实性。

第二节 审计信息化

一、联网审计中存在的问题及对策

(一)网络环境对审计方法的影响

网络环境下的审计是指利用计算机网络进行的审计工作,其重要表现形式是整个审计工作不再依靠纸面文件以及单据的传送,而是借助于计算机技术和信息技术、网络互联网技术和现代通信技术来全面实现电子化的交易和结算过程。传统的审计工作,审查的对象是一沓沓凭证、一本本账簿和一张张报表等财务资料,询证的对象主要是财务会计人员,审计环境是由财务数据、会计人员和审计人员三个要素组成。实现会计信息化后,不仅提高了会计信息处理的速度和准确性,而且也扩大了会计数据的领域和范围。审计环境由于计算机硬件和软件的介入变得更加复杂,审计对象也更多元,审计人员只依靠原有的知识和技能,无法胜任会计信息系统的审计。在人机交互的审计环境中,审计人员利用计算机进行审计时,不仅要与财务会计和财务管理人员进行交流,而且还要同会计信息系统中的操作员、管理员和维护员进行交流,这样,审计工作要使用财务和计算机两种专业术语。因此,只有了解计算机硬件和软件的基本知识,才能更好地使用计算机进行审计,才能正确检查和评价会计数据电子处理的结果。为了保证会计信息对财务决策的准确支持,必须严格控制和监督会计数据处理环境中的各个组成要素。同时,实施信息化后,企业传统的管理模式和组织方式也将发生重大的变化,因而对内部控制也会产生重大的影响;企业经营管理活动所表现出的物流、资金流、信息流在计算机信息系统中高度整合,几乎所有原始资料都能实现电子化。企业经营管理的信息化和网络化,使得信息社会交易逐步采用网上交易,通过互联网将有关的信息以特定的格式进行传递,并与政策、财政、税务、银行建立关联,同时通过网络进行结算与支付,完成业务的网络清算。在这样的情况下势必需要一种新的监督机制来维护和保障其正常运作,审计机构和人员面临着一个全新的审计环境。信息时代审计环境的变化必然促进基于手工与信息化结合模式下审计方法的发展。

(二)联网审计中存在的问题

1.审计人员知识的局限性

联网审计主要是借助信息技术完成,与被审计单位的会计核算、财务管理以及业务信息化水平相比,审计人员"导不了电子账,取不到要的数"问题依然不同程度的存在。联网审计要求审计人员对审计过程完成的各个环节,如数据采集、传输、分析,都要能熟练地掌握,对网络、软件、硬件、数据库等方面的知识也要有一定的了解。目前,审计人员老龄化是个较严重的问题,传统审计人员对这些技术的掌握能力和水平参差不齐,传统审计能力转化为计算机审计技术能力还存在一定的局限性,对计算机审计技术掌握的普及面也不够广,特别是对一些电子数据大集中的重要经济行业,实施有效的信息化审计模式还存在一定难度。

2. 对联网审计的认识不足

在联网审计过程中,遇到有的被审计单位对联网审计不理解,认为联网审计对他们进行适时监督,有碍于他们进行某些不规范或违规的操作,不愿接受联网审计的方式。联网审计是一种新型的审计方式,有些审计人员对联网审计的重要性也认识不清,认为日常审计的工作任务已经很重,联网审计更加大了审计工作量,如果被审计单位不认真配合,对查出的问题不认真进行整改,联网审计工作就吃力不讨好。也有的审计人员认为联网审计是事中审计,及时对被审计单位的违规行为提出处理意见,要求被审计单位及时整改,虽然能防患于未然,但有时也影响了审计收缴违纪款。

3. 基础设施不完善

在计算机环境下,硬件和软件有其特定的要求,如硬件方面要求办公室要有适宜的温度、湿度,能防尘、防磁等,软件方面在计算机病毒越来越猖獗的情况下,要有完备的杀毒软件及防预病毒的软件等。目前,审计系统在硬件方面的基础设施建设还很不完善,有的地方办公条件还很艰苦,达不到计算机环境硬件的要求。在软件方面的建设也很薄弱,缺乏通用审计软件,对被审计单位的财务软件没有一个统一的接口,不能便利地导入被审计单位的财务数据和相关业务数据。

4. 审计制度规范不全面

审计准则是审计工作应遵循的规范和尺度,是评价审计工作质量的权威性规则。目前,我国的审计法规制度尚未建立健全,有些已日趋陈旧过时,不能适应当前信息化时代新形势的需求,有些法规制度不够规范、具体,致使监督人员在开展审计工作时无法可依,无章可循。联网审计对象、线索、方法、流程、结果等各方面相对于传统审计都发生了变化,以往的审计标准和准则已经不能完全适用,对于联网审计的审计程序、审计技术方法的法规还有待进一步完善。

5. 加大了审计风险

审计基础数据需要内部控制来保证。联网审计模式下,审计的主要资料来源是从被审计单位信息系统采集的原始数据,而这些数据的真实性主要是依赖于被审计单位的内部控制,如果被审计单位没有健全的内部控制制度来保证数据信息的真实性,那么审计工作都将建立在虚假信息之上,这会给审计工作带来极大的风险。

6. 对信息交流结果的确认加大了审计难度

传统审计过程中,审计人员与被审计单位有关人员的沟通有时是发现审计线索的重要途径之一。在联网审计模式下,这种面对面的沟通大大减少,取而代之的是电子邮件、电话等沟通手段,沟通形式的改变,对信息的交流效率和准确性带来了一定影响,使得审计人员对信息交流结果的确认加大了一定的工作量。

(三)解决联网审计中存在问题的对策

1. 加强审计人员的知识更新

为积极推进联网,加强审计人员知识更新已势在必行。一是审计人员不仅要掌握计算机基础知识,还要时刻注重知识的更新,不断加强审计专业知识的更新,具备多元化的知识结构,不断提高审计能力。二是要有计划、有重点、多途径地对现有人员的计算机审计技能进行培训,提高计算机审计软件应用水平,在审计实践中不断摸索财务系统与业务系统对接审计技术,掌握更多的联网审计、信息系统审计等技术方法。

2. 加强审计宣传

要对被审计单位多进行联网审计宣传,使得被审计单位的领导、财务及相关人员理解联网审计的实质性意义,消除被审计单位对联网审计的误解,从而积极支持和配合联网审计的进行。对审计人员也应加强宣传和学习,转变思维方式,更新观念,提高对联网审计的认识,增强审计人员的全局意识和宏观意识。

3. 加强审计网络建设,开发审计信息系统

审计网络是联网审计得以开展的物质载体,要进行联网审计就必须先进行审计网络建设。要在现有的基础上加强审计网络建设,有计划地逐步建立全面的审计网络,并逐步推广到全国和各个领域。

为更好地实施联网审计,首先,要开发一个联网审计系统或者完善现有的现场审计实施软件(即AO软件)。开发能面向各种系统、各类被审计对象、各种主题的审计软件,采用网络技术的先进手段和安全可靠的措施,配置先进实用的计算机设备和功能性强、可兼容的系统软件,要制定出会计软件及业务数据接口标准,能从被审计单位准确获取各种数据,实现有效的远程审计。其次,要建立审计服务信息库。通过网络及业务管理系统,录入被审单位的有关信息,建立一个完善的大容量的信息库,以便在审计时可以随时调阅和使用,提高审计效率。第三,为节约耗费,审计网络建设可考虑采用虚拟专用网络技术。

4. 加强网络审计立法建设,制定网络审计准则

网络审计立法是保障网络审计正常发展的关键性措施,现有的法律法规并不能够满足网络审计的需要。因此,有必要加快网络审计立法工作的力度和进度,使人们在开展网络审计工作时有章可循。如对电子证据,电子签名,电子合同,电子货币等网络经济工具的合法性及其使用规定,都需要立法来加以明确,使得网络审计工作尤其是进行合法性审计时有法可依。

审计准则是审计工作应遵循的规范和尺度,是评价审计工作质量的权威性规则。

网络审计的对象、线索、方法、流程等各方面相对于传统审计都发生了变化,以往的审计标准和准则已经不能完全适用,所以应加快建立一套符合网络审计自身发展特性的新的审计准则以指导网络审计工作。如对网络审计人员应具备的资格、网络审计的操作规程,制定网络系统安全可靠性评价标准,网络系统内部控制准则,对网络审计时的业务约定书、管理层说明书、审计报告等各种电子文档制定准则等。

5.加强审计风险控制

在网络环境下,审计面临的不仅仅是企业内部控制风险,网络的安全性也为审计带来新的风险。因此,被审单位的信息系统控制和网络信息的安全可靠性成为网络审计中审计风险防范和控制的重点。审计人员要着重对系统的职责分离情况、操作权限设置进行审查,防止越权操作和计算机舞弊行为的发生,检查被审单位的系统安全管理体制和安全保密技术,是否设置外部访问区域,是否建立防火墙和实时监控程序,同时要采取安全可靠的措施做好保密工作。

二、审计方法发展新趋势

(一)科学化

科学化是指现代审计技术与方法的研究,已经超越了传统的经验论,非常强调把科学手段和经验总结相结合。比较典型的例子就是分析性复核技术的发展。所谓分析性复核,其实质就是将审计人员掌握的一些客观规律总结出来,测算出被审计事项的合理预期值,再与被审计事项的实际值相比较,进一步评估差异的合理性之后,确定是否还需要对被审计事项进行详细的余额测试。科学化的另一个表现就是数学和统计学技术在审计中日益广泛的运用,如抽样统计技术的应用。

(二)规范化

规范化是指审计机构将审计程序设计与审计技术方法的运用有机结合,规范和引导审计人员运用适当的审计技术和方法。随着程序导向式审计软件平台的开发和广泛运用,越来越多的审计机构开始把审计技术与方法融入规范的审计程序之中,要求并指导审计人员合理运用审计技术。数据的顺利导入依赖于统一的数据接口标准。所以,必须健全审计技术规范。也就是要认真总结、研究制定计算机审计的基本技术与方法,审计标准化语言、数据库结构标准、数据格式标准、数据接口标准、参数接口标准等。目前会计软件数据的输出标准主要有XBRL国家标准和会计核算软件数据接口国家标准。

(三)智能化

智能化强调的是将历史经验总结、科学规律推导和审计人员的专业判断结合起来,如利用商业智能、数据挖掘分析技术等,提高分析深度,辅助审计人员得出合理的审计结论。

(四)系统化

系统化是指审计策略和审计技术方法的全面协调。审计策略解决的是要审计什么、想达到什么的,审计技术和方法解决的是怎么审和怎么达到目的,这两者的协调是审计技术与方法的研究成果得以全面运用的关键。计算机审计的核心就在于系统论。系统论讲的是事物之间的联系,是规律。系统论要求思维是立体的。现在的单位数据量很大,都要用手工操作的话每个人只能看自己的那部分,就做不到总体把握。审计人员到一个单位去,一进去就要把整个资料都掌握住,通过系统分析、对照、比较,选择其中最薄弱的部分为重点,找出核心问题在哪里,从总体上把握。

第三节 "互联网+"背景下的云审计

一、云审计框架下的变革

大数据和云审计平台的发展应用,将逐步推动审计人员转变固有的审计思维方式,打破原有的审计组织方式,进一步拓展审计内容与范围,有效提升审计监督效能。

(一)审计思维方式的变化

目前的审计思维模式,是在评价被审计单位风险的基础上实施抽样审计。其特点是只选取部分数据,从抽样数据的测试结果中寻找因果关系,从而推断出被审计单位的总体情况。这种思维模式会因人力资源、项目时限等因素的限制,降低被抽取样本数据的有效性,从而增加审计风险。大数据和云审计平台的出现,将提供一种全面的审查方式,转变目前的审计思维模式。在大数据和云审计平台的支撑下,不仅能够审查被审计单位的总体数据,而且能关联其他部门行业的相关数据,有利于高层次、多维度地掌握被审计单位的各项信息,从而规避审计抽样带来的审计风险。同时,由于大数据的数据信息优劣掺杂、涉猎广泛,审计思维也将从追求部分数据的精确度向追求数据利用率转变,从因果关系思维定式向相关关系思维发散。

(二)审计组织方式的变化

传统的审计组织方式主要以单一审计组为基础、对某个审计项目进行"单兵作战",审计组之间分块割据严重,不易共享信息资源和审计成果。在大数据与云审计平台下,审计组织方式将由传统模式向"矩阵式、多层级、联动联网"组织管理模式转变。如在审计组内设项目领导小组,下设综合指导组、数据采集分析组、审计查证组三个并列小组。项目领导小组内设审计组长,负责分析政策,制定计划,审定实施方案、报告、处理处罚决定等事项,统一管理审计组全体人员。综合指导组负责开展审前调查,制定实施方案,组织审前培训,召开进点会,编发工作动态,传达审计法规,做好后勤保障,起草审计报告等。数据采集分析组负责对审计数据统一采集、转换、整理和分析,对上接受和对下分发数据,查找审计疑点并交付各审计查证组核实。审计查证组负责根据对交付的审计疑点,通过实地盘点、基层延伸、调查谈话、翻阅资料等方式查证核实。中央、省、市、县四级之间也可实现纵向和横向的联网联动。这种组织方式的转变将进一步提高审计效率,有利于构建大审计格局。

(三)审计内容的拓展

大数据和云审计平台的出现,将解决单行业部门之间信息孤立、数据分散的问题,以综合分析视角挖掘以往缺乏关注的审计内容,如政策跟踪审计和信息系统审计。

1.政策跟踪审计

传统的审计是根据已完成的财务业务事实开展审查工作,具有一定的延迟性。在大数据和云审计平台的支撑下,审计机关将可以对被审计对象进行适时评价、持续监督和及时反馈,有效避免事后审计"虽然查出问题,但已既成事实,纠正起来难度较大"这一难题。尤其在政策落实跟踪审计中,可以凭借数据的高度混杂性、多部门交叉关联性等优势,以宏观、科学的层次和角度分析、反馈政策落实效果,提出切实可行的审计建议。

2.信息系统审计

传统的信息化审计中,审计人员往往过度信赖被审计单位的信息系统,如果被审计单位的信息系统存在舞弊或者错误,就会导致出现传统审计条件下"假账真审"的问题,从而产生审计风险,影响审计质量。在大数据、云审计平台的支撑下,信息化审计的专业性将大幅提高,审计机关将前置关口,对被审计单位的信息系统进行审查检测,避免出现"假账真审"的问题。

(四)审计监督效能的提升

审计监督效能主要包括审计工作效率、审计成果应用和审计整改落实三个方面。

1.提高审计工作效率

传统审计模式下一般采用增加审计力量、采取"人海战术"等方式提高工作效率,这会严重加深审计资源的供求矛盾。传统的数据分析方式一般使用批量处理法,也会造成审计工作的滞后性。大数据和云审计平台的应用将会改变这一状态,伴随存储和处理的数据级别不断提高,能够实施快速动态分析,各类型数据集中融合等优势,能及时在审计中发现违规问题疑点,大幅提高审计效率。

2.提升审计成果应用水平

目前的审计成果包含的信息数据量较少,难以形成行业性、前沿性的审计建议。在大数据和云审计平台的应用下,审计人员可以从大规模的数据信息中挖掘共性问题,形成宏观性和综合性较强的审计成果,提出切实可行、权威性较高的审计建议,有效促进被审计单位提高经营、管理和决策水平。

3. 推动审计整改落实

通过云审计平台,一是可以在审计机关内部建立审计整改跟踪督查程序,便于计划管理部门和整改执行部门监督。二是可以在审计机关与政府部门之间建立连接,通过政府电子政务网与财政、工商、税务、组织人事、纪检监察、公安等部门实现审计结果信息共享,扩大审计整改监督力度。三是可以面对社会公众建立专门的公示途径,发布审计结果公告、整改督查结果等信息,提高社会影响力。

二、云审计框架下的措施

"互联网+"审计云,不仅是互联网在技术与模式上带来的增益,更是破除数字制约上思维与理念的突破。

(一)建立大数据体系

大数据具有四大特点:数据海量、种类多样、产生和传送速度快、价值低密度。大数据为每个行业都提供了机遇与挑战,那么为审计行业带来了什么呢?大数据环境下开展审计工作,需要将各行业各业各部门的各类数据整合起来,转换成为审计工作需要的大数据,从而建立审计大数据体系。在现有审计业务中,审计师限于审计技术,多采用抽样的方式检查交易样本,而在大数据时代下,则可以考虑利用数据分析工具将检查范围扩展至全部的总分类账和数据库。为了更高效开展审计工作,就需要考虑审计大数据的有效性。

一是制度规范。建立定期报送机制,用制度来约束被审计单位及相关企业、机关对审计工作的配合,在一定程度上保障审计获取数据的真实性、完整性。通过数据交叉利用,审计平台日益发挥了其重要的作用。要充分了解业务被审计单位的数据信息的性质内容、结构、过程与逻辑关系,对信息化审计开展以来收集的电子数据进行数据清理、转换与验证,并建立畅通高效的信息资源收集渠道和方式,不断充实审计数据信息资料;建立审计对象基本资料数据库、审计资料数据库、审计报告数据库、专家经验数据库等,对数据信息分类管理。

二是有效整合。随着审计范围不断拓展,越来越多的财务、业务数据涌入审计系统的服务器、小型机,大数据时代对审计的数据存储空间是一个挑战。要树立大局意识,有效整合资源,建立多部门、多系统、跨行业的大数据审计资源,从而实现在组织架构、现场管理、数据资源、信息传递等多方面的审计大协同作业。依托网络化管理及云计算技术逐步将各个数据平台、各个数据中心及各级审计机关数据资源进行整合,最终建立起审计大数据环境资源平台及基于人际关系大数据分析网络,满足大数据环境下审计工作的需要。

三是平台分析。在数据平台的开发过程中,应该针对不同技术水平的审计人员设置不同的平台,对于专家型人才可以开放一个保存数据原始面B的基础数据平台,而对于只能利用简单查询语句或者通过按键操作的普通审计人员来说,一个经过梳理的应用平台更为亲切、更易于发挥作用。审计取得多个部门的数据后不应仅是简单的堆积和罗列,而是要充分利用数据间的关联性开展分析,因此,需要建立一支整合、分析数据的专业队伍,分析技术日渐成熟,与此同时,会计师事务所却因审计质量问题而饱受监管机构和资本市场的诘责,所有这些都迫使外部审计师转向大数据以寻求解决之道。

(二)让云计算走进审计大数据

随着我国社会各领域信息化的高速发展,大数据时代已经来临,这意味着审计信息化的建设模式必须向更高层次发展。审计借助云计算的"云化"方式,建立"审计云"模式或理念。充分发挥行业优势,可对行业和部门进行准确预测和判断,也可实现需求化生产与个性化服务的结合。促使社会治理体系朝着开放、规模、高效的方向发展。而"互联网+审计云"意味着升级,不仅是审计工作方式、产业运行模式的升级,更可能是社会发展形态的全方位升级。

一是从单方面信息到全覆盖信息的转变。我国近年来在大数据方面也正在做越来越多的尝试,近年来比较热门的"智慧城市"就是依托大数据的典型案例。随着大数据将在政府公共服务、医疗服务、零售制造等各个方面得到广泛应用,各部门数据信息将实现数据共享,审计机关无须使用移动设备或者与被审计单位点对点联网进行数据采集,只需通过大数据网络即可实现多渠道、便捷、全面地获取审计数据。一方面审计不再局限于被审单位的凭证、账面、财务系统等信息,大数据时代的信息审计将极大拓展审计视角,在海量数据中挖掘出被审单位全部的业务信息,在经营活动、内部控制、管理流程等方面进行综合分析进而进行监督、评价;另一方面,审计机关利用数据、业务之间的关联性进行跨部门、跨区域、跨项目综合、系统地联合审计,对政府部门间的经济活动进行全景式审计。

二是从抽样审计到全面审计的转变。传统审计中的抽样审计更多地凭借审计人员的主观判断和实际经验,其对样本精确性要求高且本身就会存在一定偏差,很容易形成审计风险。大数据大样本、全量分析技术的应用,将使审计范围不再受制于抽样样本,而是着眼于全部数据,更能反映问题的本质,更具全面性、整体性。大数据时代下的信息化审计使持续性审计成为现实,审计机关可以常态化开展对被审计单位业务运营进行持续监测,定期进行风险评估和专项分析;持续审计将改变传统审计立项在前、实施在后的传统审计方式,以风险为导向,充分依赖数据,转变为先分析、后立项,让审计项目立项更加科学。

三是从云计算到审计云的转变。云计算系统的体系架构包括四层:资源层、虚拟层、应用管理层和业务表现层,其中,资源层是核心,应用管理层是关键。近年来,审计署通过开展各级审计机关"金审工程"建设,逐步建设完善了审计信息化应用系统、审计信息化数据库、国家审计数据中心等软、硬件环境和基础平台的搭建,提出了探索构建国家电子审计体系的工作目标。即以审计专网为基础,依托国家审计信息资源体系建设,将云基础设施与审计信息系统、审计数据中心、审计指挥中心、国家模拟审计实验室等软硬件资源创建在审计专网防火墙之内,以供全国各级审计机关共享和利用审计专网内的资源,从而提高资源利用率、加强审计计算能力和降低审计成本,在大数据环境下切实提高对电子数据的综合分析和利用的能力。各行各业都在努力挖掘大数据的价值以期望其在本行业带来巨大变革。与传统审计相比,大数据时代的信息化审计将在信息获取渠道、抽样方法、审计范围、审计模式等方面带来重大变革。审计云既是一种模式,也是一种理念,有必要在今后的审计信息化建设中给予考虑,从而更好地应对大数据时代对审计工作带来的挑战。

(三)打造"免疫系统"下的审计云

审计机关作为一个国家经济运行安全的免疫系统,除了要对已存在的问题进行查处和修补,还需发挥审计的预防功能,对潜在的风险进行及时的揭示和抵御。传统审计如周期性审计、离职审计等大多是进行事后审计,主要关注被审计单位是否违反财经纪律,账务处理是否正确等常规问题,目标是查错防弊,纠正违规违纪问题,但此时风险已经发生、损失已经形成。审计机关要对海量数据进行持续性的分析充分挖掘数据价值。

要从三方面入手:一是注重审计大数据的风险防范。大数据是把双刃剑。如果说在互联网时代人们的隐私受到了威胁,那么大数据时代是否会加深这种威胁?答案是肯定的。我们在享受大数据带来的成果时,也不断受到大数据风险的侵扰。审计大数据也同样存在类似的风险,审计大数据包含多个行业的敏感信息,一旦发生泄密事件,将产生不估量的影响,因此,在大数据的风险管理方面应该投入更多的精力,需要做好多方面的工作。要建立严密的数据管理体系,要研究、解决数据如何加密,密钥如何管理等问题;要加强保密管理,严格数据传输存储使用过程的保密管理,严格按保密程序执行;要建立数据授权模式。通过不同的授权,有效隔离相关数据联系,制约数据信息的泄露,并根据需要不定期调整,保障数据在满足审计需要的同时,严格控制在指定范围内。

二是提升审计大数据的预警功能。通过一些已知的发展趋势推理甚至演算出未来的发展趋势,这一点对于未来审计工作的推进有着深远的影响。因为审计不仅仅要查错纠弊,更要能防患于未然,查出已经发生的问题是水平,前瞻可能出现的错误、防患于未然更能体现审计的价值。因此在审计过程中要能够掌握分析数据的方法,要能分析出事物发展变化发展的趋势,发现苗头性的问题。例如,在社保审计中,可以通过参保人群的年龄、性别、人员性质、参保类型,以及当地人口的年龄排布等数据建模分析,预测未来若干年的缴费人群、受益人群的比例,并在此基础上估算出社保基金的承受压力。

三是发挥审计大数据的病理切入。在大数据时代下,要求审计人员重新审视精确性的优劣,纷繁的数据越多越好。其实大部分审计人员在实际遭遇这一情境时会表现得不知所措。这就要求审计人员应该降低对数据精确度的要求,提高对低精确率的容忍度,透过现象看本质,注重被审计单位或者被审计事项"病灶"的发现,利用模糊查询,锁定审计的重点方向。审计不可足不出户,闭目塞听,审计人员要敢于接触新生事物,通过学习了解新生事物可能对审计工作产生的有益作用,通过创新审计手段和审计方式,推动审计的视野逐渐拓宽到原先认为不可能企及的领域。

第八章 "互联网+"背景下的审计风险研究

第一节 审计风险概述

一、重大错报风险的识别、评估与应对

(一)重大错报风险的识别与评估

1.识别风险,并考虑各类交易、账户余额、列报

注册会计师应当运用各项风险评估程序,在了解被审计单位及其环境的整个过程中识别风险,并将识别的风险与各类交易、账户余额和列报相联系。例如,被审计单位因相关环境法规的实施需要更新设备,可能面临原有设备闲置或贬值的风险;宏观经济的低迷可能预示应收账款的回收存在问题;竞争者开发的新产品上市,可能导致被审计单位的主要产品在短期内过时,预示将出现存货跌价和长期资产(如固定资产等)的减值。

2.将识别的风险与认定层次可能发生错报的领域相联系

注册会计师应当将识别的风险与认定层次可能发生错报的领域相联系。例如,销售困难使产品的市场价格下降,可能导致末存货成本高于其可变现净值而需要计提存货跌价准备,这显示存货的计价认定可能发生错报。

3.考虑识别的风险是否重大

风险是否重大是指风险造成后果的严重程度。上例中,除考虑产品市场价格下降因素外,注册会计师还应当考虑产品市场价格下降的幅度、该产品在被审计单位产品中的比重等,以确定识别的风险对财务报表的影响是否重大。假如产品市场价格大幅下降,导致产品销售收入不能补偿成本,毛利率为负,那么年末存货跌价问题严重,存货计价认定发生错报的风险重大;假如价格下降的产品在被审计单位销售收入中所占比例很小,被审计单位其他产品销售毛利率很高,尽管该产品的毛利率为负,但可能不会使年末存货发生重大跌价问题。

4.考虑识别的风险导致财务报表发生重大错报的可能性

注册会计师还需要考虑上述识别的风险是否会导致财务报表发生重大错报。例如,考虑存货的账面余额是否重大,是否已适当计提存货跌价准备等。在某些情况下,尽管识别的风险重大,但仍不至于导致财务报表发生重大错报。例如,期末财务报表中存货的余额较低,尽管识别的风险重大,但不至于导致存货的计价认定发生重大错报风险。在这种情况下,财务报表发生重大错报的可能性将相应降低。

注册会计师应当利用实施风险评估程序获取的信息,包括在评价控制设计和确定其是否得到执行时获取的审计证据,作为支持风险评估结果的审计证据。注册会计师应当根据风险评估结果,确定实施进一步审计程序的性质、时间和范围。

在计划审计工作时,注册会计师应当考虑导致财务报表发生重大错报的原因。注册会计师应当在了解被审计单位及其环境的基础上确定重要性,并随着审计过程的推进,评价对重要性的判断是否仍然合理。注册会计师应当对各类交易、账户余额、列报认定层次的重要性进行评估,以有助于确定进一步审计程序的性质、时间和范围,将审计风险降至可接受的低水平。

(二)重大错报风险的应对

注册会计师针对财务报表层次的重大错报风险制定总体应对措施,包括向审计项目组强调在获取审计证据过程中保持职业怀疑态度的必要性、分派更有经验或具有特殊技能的注册会计师或利用专家,向审计项目组提供更多的督导等;注册会计师应当针对认定层次的重大错报风险设计和实施进一步审计程序,包括测试控制的执行有效性以及实施实质性程序;注册会计师应当评价风险评估的结果是否适当,并确定是否已经获取充分、适当的审计证据;注册会计师应当将实施关键的程序形成审计工作记录。

因此,注册会计师应当针对评估的财务报表层次重大错报风险确定总体应对措施,并针对评估的认定层次重大错报风险设计和实施进一步审计程序,以将审计风险降至可接受的低水平。

1.财务报表层次重大错报风险与总体应对措施

注册会计师应当针对评估的财务报表层次重大错报风险确定下列总体应对措施:①向项目组强调在收集和评价审计证据过程中保持职业怀疑态度的必要性。②分派更有经验或具有特殊技能的注册会计师,或利用专家的工作。由于各行业在经营业务、经营风险、财务报告、法规要求等方面具有特殊性,注册会计师的专业分工细化成为一种趋势。审计项目组成员中应有一定比例的人员曾经参与过被审计单位以前年度的审计,或具有被审单位所处特定行业的相关审计经验。必要时,要考虑利用信息技术、税务、评估、精算师等方面的专家的工作。③提供更多的督导。对于财务报表层次重大错报风险较高的审计项目,项目组的高级别成员,如项目负责人、项目经理等经验较丰富的人员,要对其他成员提供更详细、更经常、更及时的指导和监督并加强项目质量复核。④在选择进一步审计程序时,应当注意使某些程序不被管理层预见或事先了解。被审计单位人员,尤其是管理层,如果熟悉注册会计师的审计套路,就可能采取种种规避手段,掩盖财务报告中的舞弊行为。因此,在设计拟实施审计程序的性质、时间和范围时,为了避免既定思维对审计方案的限制,避免对审计效果的人为干涉,从而使得针对重大错报风险的进一步审计程序更加有效,注册会计师要考虑使某些程序不被审计单位管理层预见或事先了解。⑤对拟实施审计程序的性质、时间和范围做出总体修改。财务报表层次的重大错报风险很可能源于薄弱的控制环境。薄弱的控制环境带来的风险可能对财务报表产生广泛影响,难以限于某类交易、账户余额、列报,注册会计师应当采取总体应对措施。相应地,本准则第六条指出,注册会计师对控制环境的了解影响其对财务报表层次重大错报风险的评估。有效的控制环境可以使注册会计师增强对内部控制和被审计单位内部产生的证据的信赖程度。

2. 针对认定层次重大错报风险的进一步审计程序

注册会计师应当针对所评估的认定层次重大错报风险来设计和实施进一步审计程序,包括审计程序的性质、时间和范围。注册会计师设计和实施的进一步审计程序的性质、时间和范围,应当与评估的认定层次重大错报风险具备明确的对应关系。要求注册会计师实施的审计程序具有目的性和针对性,有的放矢地配置审计资源,提高审计效率和效果。

需要说明的是,尽管在应对评估的认定层次重大错报风险时,拟实施的进一步审计程序的性质、时间和范围都应当确保其具有针对性,但其中进一步审计程序的性质是最重要的。例如,注册会计师评估的重大错报风险越高,实施进一步审计程序的范围通常越大;但是只有首先确保进一步审计程序的性质与特定风险相关时。扩大审计程序的范围才是有效的。

二、被审计单位环境和内部控制

(一)被审计单位环境

注册会计师应当从下列方面了解被审计单位及其环境。

相关行业状况、法律环境和监管环境及其他外部因素;

被审计单位的性质;

被审计单位对会计政策的选择和运用;

被审计单位的目标、战略以及可能导致重大错报风险的相关经营风险;

对被审计单位财务业绩的衡量和评价;

被审计单位的内部控制。

注册会计师针对上述六个方面实施的风险评估程序的性质、时间安排和范围取决于审计业务的具体情况,如被审计单位的规模和复杂程度,以及注册会计师的相关经验,包括以前对被审计单位提供审计和相关服务的经验以及对类似行业、类似企业的审计经验。此外,识别被审计单位及其环境在上述各个方面与以前期间相比发生额最大变化,对于充分了解被审计单位及其环境、识别和评估重大错报风险尤为重要。

(二)被审计单位内部控制

1. 内部控制的含义

内部控制是被审计单位为了合理保证财务报告的可靠性、经营的效率和效果以及对法律法规的遵守,由治理层、管理层和其他人员设计与执行的政策及程序。

可以从以下几方面理解内部控制。

第一,内部控制的目标是合理保证以下内容:①财务报告的可靠性,这一目标与管理层履行财务报告编制责任密切相关;②经营的效率和效果,即经济有效地使用企业资源,以最优方式实现企业的目标;③在所有经营活动中遵守法律法规的要求,即在法律法规的框架下从事经营活动。

第二,设计和实施内部控制的责任主体是治理层、管理层和其他人员,组织中的每一个人都对内部控制负有责任。

第三,实现内部控制目标的手段是设计和执行控制政策和程序。

2. 内部控制的要素

(1)控制环境

控制环境是指对企业控制的建立和实施有重大影响的因素的统称,包括治理职能和管理职能,以及治理层和管理层对内部控制及其重要性的态度、认识和措施。控制环境设定了被审计单位的内部控制基调,影响员工对内部控制的认识和态度。良好的控制环境是实施有效内部控制的基础。主要包括诚信和道德价值观念、对胜任能力的重视程度、治理层的参与程度、管理层的理念和经营风格、组织结构及职权与责任的分配及人力资源政策与实务。

(2)风险评估过程

任何经济组织在经营活动中都会面临各种各样的风险,风险对其生存和竞争能力产生影响。很多风险并不为经济组织所控制,但管理层应当确定可以承受的风险水平,识别这些风险并采取一定的应对措施。

风险评估过程的作用是,识别、评估和管理影响被审计单位实现经营目标能力的各种风险。而针对财务报告目标的风险评估过程则包括识别与财务报告相关的经营风险,评估风险的重大性和发生的可能性,以及采取措施管理这些风险。例如:风险评估可能会涉及被审计单位如何考虑对某些交易未予记录的可能性,或者识别和分析财务报告中的重大会计估计发生错报的可能性。与财务报告相关的风险也可能与特定事项和交易有关。

被审计单位的风险评估过程包括识别与财务报告相关的经营风险,以及针对这些风险所采取的措施。注册会计师应当了解被审计单位的风险评估过程和结果。

(3)信息系统与沟通

与财务报告相关的信息系统,包括用以生成、记录、处理和报告交易、事项,对相关资产、负债和所有者权益履行经营管理责任的程序和记录。交易可能通过人工或自动化程序生成。记录包括识别和收集与交易、事项有关的信息。处理包括编辑、核对、计量、估价、汇总和调节活动,可能由人工或自动化程序来执行。报告是指用电子或书面形式编制财务报告和其他信息,供被审计单位用于衡量和考核财务及其他方面的业绩。

与财务报告相关的信息系统应当与业务流程相适应。业务流程是指被审计单位开发、采购、生产、销售、发送产品和提供服务、保证遵守法律法规、记录信息等一系列活动。与财务报告相关的信息系统所生成信息的质量,对管理层能否做出恰当的经营管理决策以及编制可靠的财务报告具有重大影响。与财务报告相关的信息系统通常包括下列职能:①识别与记录所有的有效交易;②及时、详细地描述交易,以便在财务报告中对交易做出恰当分类;③恰当计量交易,以便在财务报告中对交易的金额做出准确记录;④恰当确定交易生成的会计期间;⑤在财务报表中恰当列报交易。

与财务报告相关的沟通包括使员工了解各自在与财务报告有关的内部控制方面的角色和职责、员工之间的工作联系,以及向适当级别的管理层报告例外事项的方式。

公开的沟通渠道有助于确保例外情况得到报告和处理。沟通可以采用政策手册、会计和财务报告手册和备忘录等形式进行,也可以通过发送电子邮件、口头沟通和管理层的行动来进行。

(4)控制活动

控制活动是指有助于确保管理层的指令得以执行的政策和程序。包括与授权、业绩评价、信息处理、实物控制和职责分离等相关的活动。

①授权

授权的目的在于保证交易在管理层授权范围内进行,有一般授权和特别授权之分。

一般授权是指管理层制定的要求组织内部遵守的普遍适用于某类交易或活动的政策。特别授权是指管理层针对特定类别的交易或活动逐一设置的授权,如重大资本支出和股票发行等。特别授权也可能用于超过一般授权限制的常规交易。例如:同意因某些特别原因,对某个不符合一般信用条件的客户赊销商品。

②业绩评价

业绩评价主要包括被审计单位分析评价实际业绩与预算(或预测、前期业绩)的差异,综合分析财务数据与经营数据的内在关系,将内部数据与外部信息来源相比较,评价职能部门、分支机构或项目活动的业绩(如银行客户信贷经理复核各分行、地区和各种贷款类型的审批和收回),以及对发现的异常差异或关系采取必要的调查与纠正措施。

③信息处理

信息处理控制可以是人工的、自动化的,或是基于自动流程的人工控制。信息处理控制分为两类,即信息技术的一般控制和应用控制。

信息技术一般控制是指与多个应用系统有关的政策和程序,有助于保证信息系统持续恰当地运行(包括信息的完整性和数据的安全性),支持应用控制作用的有效发挥,通常包括数据中心和网络运行控制,系统软件的购置、修改及维护控制,接触或访问权限控制,应用系统的购置、开发及维护控制。例如:程序改变的控制、限制接触程序和数据的控制、与新版应用软件包实施有关的控制等都属于信息系统一般控制。

信息技术应用控制是指主要在业务流程层次运行的人工或自动化程序,与用于生成、记录、处理、报告交易或其他财务数据的程序相关,通常包括检查数据计算的准确性,审核账户和试算平衡表,设置对输入数据和数字序号的自动检查,以及对例外报告进行人工干预。

④实物控制

实物控制主要包括对资产和记录采取适当的安全保护措施,对访问计算机程序和数据文件设置授权,以及定期盘点并将盘点记录与会计记录相核对。例如:库存现金、有价证券和存货的定期盘点控制。实物控制的效果影响资产的安全,从而对财务报表的可靠性及审计产生影响。

⑤职责分离

职责分离主要包括被审计单位如何将交易授权、交易记录以及资产保管等职责分配给不同员工,以防范同一员工在履行多项职责时可能发生的舞弊或错误。当信息技术运用于信息系统时,职责分离可以通过设置安全控制来实现。

(5)对控制的监督

对控制的监督是实现建立和维护控制并保证其持续有效运行这一目标的有效方法。对控制的监督是指被审计单位评价内部控制在一段时间内运行有效性的过程,该过程包括及时评价控制的设计和运行,以及根据情况的变化采取必要的纠正措施。例如:管理层对是否定期编制银行存款余额调节表进行复核,内部审计人员评价销售人员是否遵守公司关于销售合同条款的政策,法律部门定期监控公司的道德规范和商务行为准则是否得以遵循等。监督对控制的持续有效运行十分重要。例如:没有对银行存款余额调节表是否得到及时和准确的编制进行监督,该项控制可能无法得到持续的执行。

3.了解和评价企业内部控制

注册会计师审计的目标是对财务报表是否不存在重大错报发表审计意见,要求注册会计师在财务报表审计中考虑与财务报表编制相关的内部控制,但目的并非对被审计单位内部控制的有效性发表意见。注册会计师需要通过了解和评价企业的内部控制,为进一步审计打下良好基础。

了解和评价企业的内部控制时注册会计师应当考虑下列因素:注册会计师确定的重要性水平;被审计单位的性质,包括组织结构和所有制性质;被审计单位的规模;被审计单位经营的多样性和复杂性;法律法规和监管要求;作为内部控制组成部分的系统(包括利用服务机构)的复杂性。具体做法主要有:

(1)评价内部控制的设计

注册会计师在了解内部控制时,应当评价控制的设计,并确定其是否得到执行。评价控制的设计是指考虑一项控制单独或连同其他控制是否能够有效防止或发现并纠正重大错报。控制得到执行是指某项控制存在且被审计单位正在使用。设计不当的控制可能表明内部控制存在重大缺陷,注册会计师在确定是否考虑控制得到执行时,应当首先考虑控制的设计。如果控制设计不当,不需要再考虑控制是否得到执行。

(2)获取内部控制设计和执行的审计证据

注册会计师通常实施下列风险评估程序,以获取有关控制设计和执行的审计证据:①询问被审计单位的人员;②观察特定控制的运用;③检查文件和报告;④追踪交易在财务报告信息系统中的处理过程(穿行测试)。这些程序是风险评估程序在了解被审计单位内部控制方面的具体运用。

(3)了解内部控制与测试控制运行有效性的关系

除非存在某些可以使控制得到一贯运行的自动化控制,注册会计师对控制的了解并不能够代替对控制运行有效性的测试。

例如:获取某一人工控制在某一时点得到执行的审计证据,并不能证明该控制在所审计期间内的其他时点也有效运行。但是,信息技术可以使被审计单位持续一贯地对大量数据进行处理,提高了被审计单位监督控制活动运行情况的能力,信息技术还可以通过对应用软件、数据库、操作系统设置安全控制来实现有效的职责划分。由于信息技术处理流程的内在一贯性,实施审计程序确定某项自动控制是否得到执行,也可能实现对控制运行有效性测试的目标。

4.了解和评价内部控制的内容。

(1)对控制环境的了解和评价

在审计业务承接阶段,注册会计师就需要对控制环境做出初步了解和评价。在评价控制环境的设计和实施情况时,注册会计师应当了解管理层在治理层的监督下,是否营造并保持了诚实守信和合乎道德的文化,以及是否建立了防止或发现并纠正舞弊和错误的恰当控制。

(2)对风险评估过程的了解和评价

在评价被审计单位风险评估过程的设计和执行时,注册会计师应当确定管理层如何识别与财务报告相关的经营风险,如何估计该风险的重要性,如何评估风险发生的可能性,以及如何采取措施管理这些风险。如果被审计单位的风险评估过程符合其具体情况,了解被审计单位的风险评估过程和结果有助于注册会计师识别财务报表重大错报的风险。

注册会计师在对被审计单位整体层面的风险评估过程进行了解和评估时,考虑的主要因素可能包括:①被审计单位是否已建立并沟通其整体目标,并辅以具体策略和业务流程层面的计划;②被审计单位是否已建立风险评估过程,包括识别风险,估计风险的重大性,评估风险发生的可能性以及确定需要采取的应对措施;③被审计单位是否已建立某种机制,识别和应对可能对被审计单位产生重大且普遍影响的变化,如在金融机构中建立资产负债管理委员会,在制造型企业中建立期货交易风险管理组等;④会计部门是否建立了某种流程,以识别会计准则的重大变化;⑤当被审计单位业务操作发生变化并影响交易记录的流程时,是否存在沟通渠道以通知会计部门;⑥风险管理部门是否建立了某种流程,以识别经营环境包括监管环境发生的重大变化。

注册会计师可以通过了解被审计单位及其环境的其他方面信息,评价被审计单位风险评估过程的有效性。例如:在了解被审计单位的业务情况时,发现了某些经营风险,注册会计师应当了解管理层是否也意识到这些风险以及如何应对。在对业务流程的了解中,注册会计师还可能进一步地获得被审计单位有关业务流程的风险评估过程的信息。例如,在销售循环中,如果发现了销售的截止性错报的风险,注册会计师应当考虑管理层是否也识别了该错报风险以及如何应对该风险。

注册会计师应当询问管理层识别出的经营风险,并考虑这些风险是否可能导致重大错报。

在审计过程中,如果发现与财务报表有关的风险因素,注册会计师可通过向管理层询问和检查有关文件确定被审计单位的风险评估过程是否也发现了该风险。在审计过程中,如果识别出管理层未能识别的重大错报风险,注册会计师应当考虑被审计单位的风险评估过程为何没有识别出这些风险,以及评估过程是否适合于具体环境。例如,在销售循环中,如果发现了销售的截止性错报的风险,注册会计师应当考虑管理层是否也识别了该错报风险,以及管理层如何应对该风险。

(3)对与财务报告相关的信息系统的了解

注册会计师应当从下列方面了解与财务报告相关的信息系统：①在被审计单位经营过程中，对财务报表具有重大影响的各类交易。②在信息技术和人工系统中，交易生成、记录、处理和报告的程序。在获取了解时，注册会计师应当同时考虑被审计单位将交易处理系统中的数据导入总分类账和财务报告的程序。③与交易生成、记录、处理和报告有关的会计记录、支持性信息和财务报表中的特定项目。企业信息系统通常包括使用标准的会计分录，以记录销售、购货和现金付款等重复发生的交易，或记录管理层定期做出的会计估计，如应收账款可回收金额的变化。信息系统还包括使用非标准的分录，以记录不重复发生的、异常的交易或调整事项，如企业合并、资产减值等。④信息系统如何获取除各类交易之外的对财务报表具有重大影响的事项和情况，如对固定资产和长期资产计提折旧或摊销、对应收账款计提坏账准备等。⑤被审计单位编制财务报告的过程，包括做出的重大会计估计和披露。编制财务报告的程序应当同时确保适用的会计准则和相关会计制度要求披露的信息得以收集、记录、处理和汇总，并在财务报告中得到充分披露。⑥管理层凌驾于账户记录控制之上的风险。

在了解与财务报告相关的信息系统时，注册会计师应当特别关注由于管理层凌驾于账户记录控制之上，或规避控制行为而产生的重大错报风险，并考虑被审计单位如何纠正不'正确的交易处理。

(4)对与财务报告相关的沟通的了解

注册会计师应当了解被审计单位内部如何对财务报告的岗位职责，以及与财务报告相关的重大事项进行沟通。注册会计师还应当了解管理层与治理层(特别是审计委员会)之间的沟通，以及被审计单位与外部(包括与监管部门)的沟通。具体包括：①管理层就员工的职责和控制责任是否进行了有效沟通；②针对可疑的不恰当事项和行为是否建立了沟通渠道；③组织内部沟通的充分性是否能够使人员有效地履行职责；④对于与客户、供应商、监管者和其他外部人士的沟通，管理层是否及时采取适当的进一步行动；⑤被审计单位是否受到某些监管机构发布的监管要求的约束；⑥外部人士如客户和供应商在多大程度上获知被审计单位的行为守则。

(5)对控制活动的了解

在了解控制活动时，注册会计师应当重点考虑一项控制活动单独或连同其他控制活动，是否能够以及如何防止或发现并纠正各类交易、账户余额、列报存在的重大错报。注册会计师的工作重点是识别和了解针对重大错报可能发生的领域的控制活动。如果多项控制活动能够实现同一目标，注册会计师不必了解与该目标相关的每项控制活动。

注册会计师对被审计单位整体层面的控制活动进行的了解和评估，主要是针对被审计单位的一般控制活动，特别是信息技术的一般控制。在了解和评估一般控制活动时考虑的主要因素可能包括：①对被审计单位的主要经营活动是否都有必要的控制政策和程序；②管理层对预算、利润和其他财务和经营业绩方面是否都有清晰的目标，在被审计单位内部，是否对这些目标加以清晰的记录和沟通，并且积极地对其进行监控；③是否存在计划和报告系统，以识别与目标业绩的差异，并向适当层次的管理层报告该差异；④是否由适当层次的管理层对差异进行调查，并及时采取适当的纠正措施；⑤不同人员的职责应在何种程度上相分离，以降低舞弊和不当行为发生的风险；⑥会计系统中的数据是否与实物资产定期核对；⑦是否建立了适当的保护措施，以防止未经授权接触文件、记录和资产；⑧是否存在信息安全职能部门负责监控信息安全政策和程序。

（6）了解对内部控制的监督

注册会计师在对被审计单位整体层面的监督进行了解和评估时，考虑的主要因素可能包括：①被审计单位是否定期评价内部控制；②被审计单位人员在履行正常职责时，能够在多大程度上获得内部控制是否有效运行的证据；③与外部的沟通能够在多大程度上证实内部产生的信息或者指出存在的问题；④管理层是否采纳内部审计人员和注册会计师有关内部控制的建议；⑤管理层是否及时纠正控制运行中偏差；⑥管理层根据监管机构的报告及建议是否及时采取纠正措施；⑦是否存在协助管理层监督内部控制的职能部门（如内部审计部门）。如存在，对内部审计职能需进一步考虑的因素包括：独立性和权威性；向谁报告；是否有足够的人员、培训和特殊技能；是否坚持适用的专业准则；活动的范围；计划、风险评估和执行工作的记录和形成结论的适当性；是否不承担经营管理责任。

三、控制测试和实质性程序

注册会计师针对评估的各类交易、账户余额、列报认定层次重大错报风险实施的审计程序，包括控制测试和实质性程序。

（一）控制测试

1.控制测试的含义及要求

控制测试是测试控制运行的有效性，即控制是否能够在各个不同时点按照既定设计得以一贯执行。这种测试主要是出于成本效益的考虑，其前提是注册会计师通过了解内部控制以后认为某项控制存在着被信赖和利用的可能。注册会计师只有认为控制设计合理、能够防止或发现和纠正认定层次的重大错报，才有必要对控制运行的有效性实施测试。

在测试控制运行的有效性时，注册会计师应当从下列方面获取关于控制是否有效运行的审计证据：①控制在所审计期间的不同时点是如何运行的；②控制是否得到一贯执行；③控制由谁执行；④控制以何种方式运行（如人工控制或自动化控制）。在实施测试控制运行的有效性时,注册会计师需要抽取足够量的交易进行检查或对多个不同时点进行观察。

2.控制测试的方法

控制测试的方法是指控制测试所使用的审计程序的类型及组合,通常包括询问、观察、检查、和穿行测试、重新执行。

(1)询问

询问是指注册会计师向被审计单位的相关员工进行问询,以获取与内部控制运行情况相关的信息的一种方法。例如:向负责复核银行存款余额调节表的人员询问如何进行复核,包括复核的要点是什么,发现不符合事项如何进行处理等。然而,仅仅通过询问是不能为控制运行的有效性提供充分证据的,注册会计师通常还要通过向其他多个工作人员的询问或是检查执行控制所使用的报告、手册或是其他文件来对先前问询结果的印证。因此,该方法须和其他测试方法结合使用才能发挥作用,在询问过程中注册会计师也应保持职业怀疑态度。

(2)观察

观察是测试不留下书面记录的控制的运行情况的一种有效方法。例如:观察库存现金盘点控制的执行情况。通常情况下,注册会计师通过观察直接获取的证据比间接获取的证据更可靠。但是,注册会计师还应考虑到当其未在现场时该控制是否未被有效执行的可能性。

(3)检查

检查是对执行控制时所使用的书面说明或是复核时留下的各种记号、记录文件等实施的方法。例如:检查销售发票是否有复核人签字,是否附有客户订购单和出库单等。该方法对运行情况留有书面证据的控制非常有效。

(4)穿行测试

穿行测试是通过追踪交易在财务报告信息系统中的处理过程,来证实注册会计师对控制的了解、评价控制设计有效性以及确定控制是否得到执行。

(5)重新执行

通过重新执行来证实控制是否有效运行。例如:为了合理保证计价认定的准确性,被审计单位的一项控制是由复核人员核对销售发票上的价格与统一价格是否一致。但是要检查复核人员有没有认真执行核对,仅仅检查复核人员是否在相关文件上签字是不够的,注册会计师还需要自己选取一部分销售发票进行核对,这就是重新执行。一般只有当询问、观察、检查等方法结合在一起使用仍无法获取充分的审计证据时才考虑通过重新执行来证实控制是否有效运行。如果需要大量的重新执行时,注册会计师就要考虑通过实施控制测试以缩小实质性程序的范围是否提高效率。

3.控制测试的时间

控制测试的时间包含两层含义：一是何时实施控制测试；二是测试所针对的控制适用的时点或期间。一个基本的原理是，如果测试特定时点的控制，注册会计师仅得到该时点控制运行有效性的审计证据；如果测试某一期间的控制，注册会计师可获取控制在该期间有效运行的审计证据。因此，注册会计师应当根据控制测试的目的确定控制测试的时间，并确定拟信赖的相关控制的时点或期间。

如果仅需要测试控制在特定时点的运行有效性（如对被审计单位期末存货盘点进行控制测试），注册会计师只需要获取该时点的审计证据。如果需要获取控制在某一期间有效运行的审计证据，仅获取与时点相关的审计证据是不充分的，注册会计师应当辅以其他控制测试，包括测试被审计单位对控制的监督。换言之，关于控制在多个不同时点的运行有效性的审计证据的简单累加并不能构成控制在某期间的运行有效性的充分、适当的审计证据；而所谓的"其他控制测试"应当具备的功能是，能提供相关控制在所有相关时点都运行有效的审计证据；被审计单位对控制的监督起到的就是一种检验相关控制在所有相关时点是否都有效运行的作用，因此注册会计师测试这类活动能够强化控制在某期间运行有效性的审计证据效力。

4.控制测试的范围

在确定某项控制的测试范围时通常考虑以下因素。

第一，在整个拟信赖的期间，被审计单位执行控制的频率。控制执行的频率越高，控制测试的范围越大。

第二，在所审计期间，注册会计师拟信赖控制运行有效性的时间长度

拟信赖控制运行有效性的时间长度不同，在该时间长度内发生的控制活动次数也不同。注册会计师需要根据拟信赖控制的时间长度确定控制测试的范围。拟信赖期间越长，控制测试的范围越大。

第三，为证实控制能够防止或发现并纠正认定层次重大错报，所需获取审计证据的相关性和可靠性对审计证据的相关性和可靠性要求越高，控制测试的范围越大。

第四，通过测试与认定相关的其他控制获取的审计证据的范围。针对同一认定，可能存在不同的控制。当针对其他控制获取审计证据的充分性和适当性较高时，测试该控制的范围可适当缩小。

第五，在风险评估时拟信赖控制运行有效性的程度。注册会计师在风险评估时对控制运行有效性的拟信赖程度越高，需要实施控制测试的范围越大。

第六，控制的预期偏差。预期偏差可以用控制未得到执行的预期次数占控制应当得到执行次数的比率加以衡量（也可称作预期偏差率）。考虑该因素，是因为在考虑测试结果是否可以得出控制运行有效性的结论时，不可能只要出现任何控制执行偏差就认定控制运行无效，所以需要确定一个合理水平的预期偏差率。控制的预期偏差率越高，需要实施控制测试的范围越大。如果控制的预期偏差率过高，注册会计

师应当考虑控制可能不足以将认定层次的重大错报风险降至可接受的低水平,从而针对某一认定实施的控制测试可能是无效的。

(二)实质性程序

1.实质性程序概述

实施实质性程序的目的是发现认定层次的重大错报,实质性程序是风险导向审计基本程序的必备程序。

(1)实质性程序的内涵和要求

实质性程序是指注册会计师针对评估的重大错报风险实施的直接用以发现认定层次重大错报的审计程序,包括对各类交易、账户余额、列报的细节测试以及实质性分析程序。

由于注册会计师对重大错报风险的评估是一种判断,可能无法充分识别所有的重大错报风险,并且由于内部控制存在固有局限性,无论评估的重大错报风险结果如何,注册会计师都应当针对所有重大的各类交易、账户余额、列报实施实质性程序。

中国注册会计师审计准则对注册会计师实施实质性程序提出了总体要求,即注册会计师实施的实质性程序应当包括下列与财务报表编制完成阶段相关的审计程序:①将财务报表与其所依据的会计记录相核对;②检查财务报表编制过程中做出的重大会计分录和其他会计调整。

注册会计师对会计分录和其他会计调整检查的性质和范围,取决于被审计单位财务报告过程的性质和复杂程度以及由此产生的重大错报风险。

如果认为评估的认定层次重大错报风险是特别风险,注册会计师应当专门针对该风险实施实质性程序。比如:如果认为管理层面临实现盈利指标的压力而可能提前确认收入,注册会计师在设计询证函时不仅应当考虑函证应收账款的账户余额,还应当考虑询证销售协议的细节条款,如交货、结算及退货条款;注册会计师还可考虑在实施函证的基础上针对销售协议及其变动情况询问被审计单位的非财务人员。

如果针对特别风险仅实施实质性程序,注册会计师应当使用细节测试,或将细节测试和实质性分析程序结合使用,以获取充分、适当的审计证据。

(2)实质性程序的时间

实质性程序的时间是指何时实施实质性程序。换言之就是注册会计师需要考虑实质性程序是在期中实施,还是到期末实施,还是二者兼而有之。

①对是否在期中实施实质性程序的考虑

如果在期中实施了实质性程序,注册会计师为了将期中测试得出的结论合理延伸至期末,有两种方法可供选择:一是针对剩余期间实施进一步的实质性程序;二是将实质性程序和控制测试结合使用。不管选择哪一种方法,注册会计师为使期中审计证据能够合理延伸至期末都需进一步消耗审计资源,因此,在期中实施实质性程序所消耗掉的审计资源和注册会计师为使期中审计证据能够合理延伸至期末而进一步消耗的审计资源之和是否能够显著小于完全在期末实施实质性程序所消耗的审计资源成为注册会计师需要权衡的问题。

②对期中实质性程序取得的审计证据的考虑

如果注册会计师在期中实施了实质性程序,并拟将期中测试得出的结论延伸至期末,那么注册会计师应当考虑针对剩余期间仅实施实质性程序是否足够。如果认为实施实质性程序本身不充分,注册会计师还应测试剩余期间相关控制运行的有效性或针对期末实施实质性程序。

如果已识别出由于舞弊导致的重大错报风险,为将期中得出的结论延伸至期末而实施的审计程序通常是无效的,注册会计师应当考虑在期末或者接近期末实施实质性程序。因为由于舞弊导致的重大错报风险作为一类重要的特别风险,被审计单位存在故意错报或操纵的可能性。

如果已在期中实施了实质性程序,或将控制测试与实质性程序相结合,并拟信赖期中测试得出的结论,注册会计师应当将期末信息和期中的可比信息进行比较、调节,识别和调查出现的异常金额,并针对剩余期间实施实质性分析程序或细节测试。

在确定针对剩余期间拟实施的实质性程序时,注册会计师应当考虑是否已在期中实施控制测试,并考虑与财务报告相关的信息系统能否充分提供与期末账户余额及剩余期间交易有关的信息。

在针对剩余期间实施实质性程序时,注册会计师应当重点关注并调查重大的异常交易或分录、重大波动以及各类交易或账户余额在构成上的重大或异常变动。

如果拟针对剩余期间实施实质性分析程序,注册会计师应当考虑某类交易的期末累计发生额或账户期末余额在金额、相对重要性及构成方面能否被合理预期。

如果在期中检查出某类交易或账户余额存在错报,注册会计师应当考虑修改与该类交易或账户余额相关的风险评估以及针对剩余期间拟实施实质性程序的性质、时间和范围,或考虑在期末扩大实质性程序的范围或重新实施实质性程序。

③对在以前审计中实施实质性程序获取的审计证据的考虑

在以前审计中实施实质性程序获取的审计证据,通常对本期只有很弱的证据效力或没有证据效力,不足以应对本期的重大错报风险。因此,只有当以前获取的审计证据及其相关事项未发生重大变动时,以前获取的审计证据才可能用作本期的有效审计证据,而且注册会计师应当在本期实施审计程序,以确定这些审计证据是否具有持续相关性。

(3)实质性程序的范围

确定实质性程序的范围大小重点需要考虑两个因素:一是评估的认定层次的重大错报风险;二是实施控制测试的结果。注册会计师评估的认定层次的重大错报风险越高,需要实施实质性程序的范围就越广。如果对控制测试结果不满意,注册会计师就应当考虑扩大实质性程序的范围。

此外,确定实质性程序的范围时,除了考虑样本量外,还要考虑选样方法的有效性和已记录金额与预期值之间可接受的差异额的大小。

2.细节测试

注册会计师应当根据各类交易、账户余额、列报的性质选择实质性程序的类型。实质性程序的性质是指实质性程序的类型及组合,主要包括细节测试和实质性分析程序两种类型。

细节测试是对各类交易、账户余额、列报的具体细节进行测试,目的在于直接识别财务报表认定是否存在错报。

细节测试适用于对各类交易、账户余额、列报认定的测试,尤其是对存在或发生、计价认定的测试。

注册会计师需要根据不同的认定层次的重大错报风险设计有针对性的细节测试。在针对存在或发生认定设计细节测试时,注册会计师应当选择包含在财务报表金额中的项目,并获取相关审计证据;在针对完整性认定设计细节测试时,注册会计师应当选择有证据表明应包含在财务报表金额中的项目,并调查这些项目是否确实包括在内。

3.实质性分析程序

实质性分析程序从技术特征上仍然是分析程序,主要是通过研究数据间关系评价信息,只是将该技术用作实质性程序,即用以识别各类交易、账户余额、列报及相关认定是否存在错报。

对在一段时期内存在可预期关系的大量交易,注册会计师可以考虑实施实质性分析程序。

在设计实质性分析程序时,注册会计师应当考虑下列因素:①对特定认定使用实质性分析程序的适当性;②对已记录的金额或比率做出预期时,所依据的内部或外部数据的可靠性;③做出预期的准确程度是否足以在计划的保证水平上识别重大错报;④已记录金额与预期值之间可接受的差异额。

第二节 数据风险绩效考核

一、实质性测试的主要岗位

信息化环境下审计实质性测试主要设置的岗位,对于不同的事务所、不同的审计项目一般会有不同,本书主要根据目前信息化环境下的审计实践中工作的流程和内容的相关性,设计了两个主要的大岗位,其中各自又包含了若干小岗位。

数据采集整理岗。主要职责:负责被审计单位信息系统安全性测试与分析、数据库的分析、接口转换、数据采集、转换和清理。本岗位工作的结果是事务所审计软件所能处理格式的电子账套数据,其他岗位的审计人员可以就此进行审计。本岗位数据采集的内容就是审计的内容,因此,可以说本岗位的职责至关重要,如果数据采集不到位,或者在清理与转换过程中,造成重要数据的缺失,都会导致后续所有审计过程存在不可避免的误差。这意味着数据采集整理岗位与后面的各岗位的风险绩效之间具有因果关系,在审计实务中,一般是技术比较全面的项目负责人、主审注册会计师亲自完成此项工作。

尽管本岗位的职责比较重要,但是本岗位的一些错误可以在后续审计过程中发现而自动弥补,因为数据采集不完全或者有错误,在后续审计过程中,一般可以通过数据验算不平衡等检查出来,进而再重新采集整理,所以本岗位风险绩效考核可以放在风险整体控制考核中进行,一般不需要单独进行。

在审计实务中,由于采集的数据既有财务数据、又有大量的业务数据,所以如果采集这两部分数据由不同的审计人员来完成的话,可以将本岗分为财务数据岗和业务数据岗两层,然后根据两个岗位采集数据量的大小、采集工作的难度以及数据的重要性等分别制定考核指标,并根据执行过程中出现的具体情况及时调整。

数据分析计算岗主要职责通过建立审计分析模型和审计分析性"中间表"利用应用软件、编写计算机语句对数据进行复算、检查、核对或判断等具体的分析,得出各阶段的审计结论。在本岗中将完成整个报表审计业务的主要内容,因此审计实务中,财务数据岗通常按照报表项目再细分岗,如资产岗、负债岗、所有者权益岗、收入岗、费用岗、利润岗以及业务数据岗等,这些岗位还可以按照报表项目继续细分,如资产岗可以细分为流动资产岗、固定资产岗、其他资产岗等。然后按照岗位分配风险绩效的考核指标,将指标的完成情况落实到审计分析岗的各个工作小组或具体的审计人员,从而达到风险控制的目的。本岗中业务数据岗的主要作用是辅助财务数据内容进行核对,提供财务数据以外的业务信息。被审计单位的绝大多数业务数据内容会反映在财务数据中,但也有一些特定的业务数据不需要、也无法在财务数据中反映,有时这些数据也很重要,会成为审计的线索。

二、数据风险绩效考核指标

(一)数据风险绩效考核指标的设置

信息化环境下的数据风险绩效考核以审计人员实际查证错误金额和推断错误金额的合计,与各个岗位上分配的重要性水平进行对比,因此各岗位分配的重要性水平则为数据风险绩效考核指标。

(二)数据采集岗风险绩效的考核

在数据采集整理岗中,通常会有数据采集整理错误,如采集的数据不全面,漏掉关键数据或采集后的数据没有很好清理和转换,使部分数据内容与实际信息不符。由于被审计单位业务复杂,数据量也很大,因此这种错误在实际中会经常发生。超过各个绩效考核指标的,则表示未完成本岗风险绩效考核指标,需要采取以下措施:第一,提请被审计单位更正错误,将错误金额降低到风险绩效考核指标之下;第二,还要采取追加审计程序对未查证部分予以证实,目的是将审计风险控制在可接受水平之内。

第三节 "互联网+"辅助审计风险及防控

一、"互联网+"辅助审计产生的风险

(一)形成计算机审计风险的原因

1. 传统审计线索逐渐消失

在手工会计系统中,从原始凭证到记账凭证、账簿记录以及财务报表的编制,审计线索十分清晰。但在会计电算化系统中,会计信息大都存储在磁盘上,而且,存储在磁盘上的数据很容易被修改、删除、转移,因此,审计人员发现错误的可能性就降低了,从而增加了审计风险。

2. 动态中进行审计取证

计算机会计信息系统是一个网络系统,系统每时每刻都处于运作当中。审计人员一方面要完成审计任务,一方面又不能妨碍和终止会计信息系统的运作,这样只能在系统运作过程中进行取证,难度较高,也存在一定审计风险。

3. 内控制度的不完善

在会计电算化系统中,内部控制的技术和方法发生了很大的变化,大部分控制措施在很大程度上依赖于计算机处理;而计算机会计信息系统的内控功能是否恰当有效会直接影响系统输出信息是否真实和准确。内控环境的复杂性以及内部控制的局限性也使舞弊行为有机可乘,从而增加了审计风险。

4. 缺少规范的计算机审计标准和准则

计算机辅助审计对于以往传统的手工审计而言,由于审计对象和审计工具等发生了变化,审计的技术和手段也相应地发生了变化。目前,新的适用于计算机辅助审计系统的标准和准则尚未制定,因此,一定程度上容易造成审计风险。

5. 审计主体方面的因素

首先,审计人员的素质有待提高。随着计算机辅助审计的发展,审计的对象也将

更多更复杂。因此,审计人员除了要有专业的审计、会计、财务方面的知识外,还必须掌握一定的计算机知识和应用技术,例如:计算机硬件、会计软件、信息处理技术及网络等方面的知识。否则,只依靠审计人员过去的知识和技能是难以胜任的,做出的审计结论有可能偏离计算机辅助审计信息系统的实际情况,从而造成一定的审计风险。

其次,审计人员的风险意识薄弱。与以往传统的手工审计相比,计算机系统下的审计风险的内容或被赋予了新的内涵,或得到了进一步的补充,集中表现在计算机辅助审计风险隐蔽性强、可控性差、破坏性大等特点上。审计工作人员必须引起重视。如果仅仅为了完全审计任务,而不考虑审计风险内容的变换,必然导致审计质量和效率的下降,造成一定的审计风险。

(二)"互联网+"审计的主要风险

1. 来自计算机的风险

(1)系统控制风险

计算机系统所处的环境会引发一定的风险,与软件风险相较而言,系统控制风险更多是指一种硬件风险。这主要是因为计算机数据十分庞杂,文件记录以及系统操作尚没有统一的标准和规范,加之互联网的接入,系统本身存在漏洞,使病毒、黑客有可乘之机,从而威胁会计信息系统的安全。

(2)审计软件风险

审计软件风险一般是由审计软件自身缺陷导致的。软件升级跟不上审计工作的步伐,或不够完善,运行不稳定,都会造成数据分析、计算存在偏差,影响审计质量和效率。另外,审计人员对软件使用不当、对审计业务不熟悉,也会带来一定的风险。

2. 来自财务数据的风险

该风险多发于数据转换环节,在转换库、计算库、报表库及指标库中较为常见。

(1)数据真实性风险

审计线索的变化,使得电算化系统可以被人无痕地修改数据,包括公式定义、编制结果、打印格式乃至数据来源等机内文件,倘若有人蓄意改动公式,编写虚假的财务报表,再把公式还原,其他人将难以判断该报表数据的真实性和准确性。在传统审计追踪审查中,审计人员更多是凭借个人经验和判断来入手,这就使电算化系统下真假数据的甄别具有很大的难度。

(2)数据客观性风险

在审计中,审计人员只有得到被审计单位的积极配合,才能达成审计目标。当审计人员取证时,被审计单位如果对一些重要资料有所保留,或刻意隐瞒会计程序变更、人员权限变更等变更事项,将会对审计证据、审计人员评价的客观性造成影响。

3. 来自审计行为的风险

(1)审计人员专业水平

当前，信息技术日新月异，作为审计人员，仅仅掌握审计专业知识及简单的计算机知识是无法适应工作要求的。审计队伍结构老龄化的现象比较普遍，一些审计人员虽然经验丰富，专业基础知识也比较扎实，但缺乏必要的计算机知识及应用技能，这就导致审计人员的结论可能与被审计单位会计信息系统的实际情况不吻合。而一些年轻的审计人员，虽然具备一定的计算机基础，但只局限于较浅的知识技能，达不到熟练分析系统结构的要求，从而产生审计风险。

(2)审计人员风险意识

作为审计人员，必须对审计的重要性有深刻的认识，并且时刻具备风险意识。如果审计人员玩忽职守、疏于防范，对审计过程抱以应付的态度，审计不认真，会使审计发生错误，造成严重的损失。

二、"互联网+"背景下的审计风险防控

随着经济的发展，计算机和网络的广泛应用，计算机辅助审计工作将面临越来越大的挑战和风险，必须通过完善计算机审计标准和准则、建立内部会计控制体系、开发实用高效的计算机审计软件等手段，最大限度防范和降低审计风险。

(一)提高计算机审计人员的素质

随着计算机在审计领域的推广和应用，特别是在计算机辅助审计领域的发展，无一不对广大的审计工作人员提出了全新的、更高的要求。国家愈发重视对于计算机辅助审计的发展和计算机辅助审计人员的培养。目前，提高审计工作人员计算机素质可以采取以下措施：一是加强审计人员的计算机应用水平；二是针对在职人员进行培训，以专门培养既懂会计和审计的复合型知识结构审计系统开发人员为目的，壮大审计人才队伍，使他们成为计算机辅助审计的专业技术人员。

(二)健全计算机审计准则和标准

针对日益发展的计算机辅助审计，原有的标准和准则部分已经不适用于计算机辅助审计系统，这给计算机辅助审计带来一定的风险，必须针对新的形势制定相应的工作标准和准则。有关部门应采取相关措施，大力加强对计算机审计的研究，尽快制定出适用于计算机辅助审计系统的审计标准和准则，来降低计算机审计风险，规范计算机辅助审计的发展。

(三)建立内部会计控制体系

计算机辅助审计的风险绝大部分来源于内部控制的疏漏。例如，审计人员职责分工不明确，数据的输入与审核由一人兼任；部分计算机辅助审计信息系统不能有效地防止未经授权批准的非审计人员等人接触计算机等。因此，在系统的开发与设计阶段，必须要注意内部控制措施的设计，使得数据的采集、分析等环节都能够进行适

当的控制。

(四) 保证审计数据的完整性和一致性

为保证审计数据的完整性和正确性，审计工作人员在审计时必须认真检查被审计单位所提供的数据是否真实、是否属于审计时间范围内的财务数据，是否属于结账后的数据，财务数据是否有纸质账册、报表相配套。同时，审计人员获得的财务数据，必须是被审计单位财务人员对财务数据作现场备份所得的。

(五) 选择合理与有效的审计方式

由于被审计内容大都存储在磁性介质中，而磁性介质很容易被篡改、删除而不留下任何痕迹。因此，对于计算机辅助审计系统审计一般应采用现场审计或突击审计的方式，把系统中正在运行的数据拷贝出来进行审查，以防数据被修饰，降低审计风险。

计算机审计很大程度上减轻了审计人员的工作量，例如：减少了手工抄录、复制、核对、计算、汇总等方面的工作量，不仅节约了时间，提高了效率，也增强了审计实施的有效性性，提高了审计的透明度。随着计算机的应用在审计领域的突飞猛进，计算机辅助审计技术将会得到更广泛的应用。

(六) 努力开发实用高效的计算机审计软件

为了更好地实现计算机辅助审计，就要求无间断地研究开发审计软件。在数据采集方面，需要一种专门进行数据采集的软件，这要求该软件能够方便地访问被审计单位的各种类型的数据库，从中采集审计时所需的原始数据，为计算机辅助审计工作奠定基础。在数据分析方面，要求在现有的审计软件的功能的基础上进一步研究开发出新的分析工具。这些工具能够针对特定的领域或核对工具等。同时，还要求一些基于特定方法的分析工具。通过计算机审计软件的开发和利用，更好更便捷地进行计算机审计，提高效率和正确率，建立起系统的计算机辅助审计信息系统。

第九章 "互联网+"金融审计风险与审计信息系统构建

第一节 "互联网+"金融审计技术与审计实施方法

一、互联网金融审计的主要应用技术

互联网金融审计具有明显的大数据特征,实施互联网金融审计离不开大数据,而审计数据的获取则需要相关技术的支持。除关联的外部数据库外,互联网金融审计数据还需要从互联网上进行相关信息挖掘,以获取重要的关键信息和辅助信息。

互联网上的信息是以超文本方式存在和流转的。对于互联网信息的数据挖掘,其实质是通过各种转换,将非结构化文本数据转换为结构化的数值数据,然后利用已成熟化的结构化数据挖掘方法进行深入分析。主要使用的技术方法有:OLAP与审计智能化技术、大数据处理和挖掘技术、数据可视化技术。

(一)OLAP与审计智能化技术

OLAP的目标是满足决策支持或多维环境特定的复杂查询和多视角报表需求,其技术核心是"维",故OLAP也可视为多维数据分析工具的集合。

联机分析处理是一种能够满足针对特定问题的联机数据访问和数据快速分析的软件技术,联机分析技术的实现是在多维信息的共享基础上,通过对信息和数据进行多视角实施快速、稳定和交互性的存取,并允许管理决策人员对数据进行深入分析。OLAP支持复杂的分析操作,具有灵活、快速的分析功能,直观的数据操作和可视化分析结果等突出优点,侧重于对决策人员和高层管理人员提供多维数据的、高效的决策支持。OLAP可用于证实预设的复杂假设,以图表形式对分析信息结果进行展示,但并不标注异常信息,属于知识证实的方法。

应基于银行业数据大集中,以及构建数据库、OLAP分析和数据挖掘技术的发展与应用状态,构建审计决策支持系统的解决方案。将OLAP技术应用于银行不良贷款问题的审计方面,即基于银行贷款数据库,利用该OLAP对贷款数据库进行贷款质量、贷款利息收入、贷款指标等多维度的分析,寻找出审计要点。

智能审计是智能技术与财务审计的有机结合,是计算机审计的发展方向。随着互联网技术的创新及OLAP技术在审计中的应用,现代审计信息系统的构建逐渐向智能化方向发展,而智能化审计的基础和重点是审计数据的处理与信息提取。学术界和审计专业人员针对审计的智能化方向和审计数据挖掘技术纷纷进行了持续研究,并提出了诸多相关建议和技术方法。

智能审计的智能主要体现在:除会计信息系统的科目编码、期初余额和记账凭证三大类基础数据外,需结合社会对账系统和网上估价系统的数据,来共同实现对内外审计数据的深度数据挖掘,从而确保审计数据的全面性和完整性,进而大幅度提升信息化的效率和效果。导入智能审计模式是应用于CPA财务报表审计的一种信息化审计模式。

智能审计决策系统(IADSS)通常可称为智能审计系统,是在传统ADSS系统的基础上结合审计专家系统(AES)和数据挖掘系统(DMS)而形成的软件系统。三个系统的结合,可以相互弥补审计系统的智能性差、模型自我学习能力不足和变量解释性差等问题,进而有效提升了审计系统的智能性。智能审计是利用各种数据分析方法对审计数据进行充分利用、充分挖掘的方法,其目的是获取更多相关的审计线索和审计证据,及时审计导向和异常信息。借助智能审计技术,可以部分代替审计作业的人工性,降低审计工作强度。

智能审计路径的概念。她提出,针对审计人员所面临的审计业务的复杂性和处理的复杂性分析,在审计信息系统中应基于成熟的审计专业经验,预设出相关审计路径,模拟人工智能经验,以程序和模型的形式固定下来,明确审计的每一步流程、算法、指标和评分机制,并向审计人员提交审计成果的经验和导航方向,最终实现审计路径的流程智能化、数据智能化和数据标准智能化,从而大幅提升审计人员的工作效率。

在审计平台系统的构建研究方面,基于风险管理的智能审计系统架构主要是基于审计理论、风险管理、计算机科学等方面的理论和技术,通过整合数据挖掘的数据分析功能,审计决策支持系统的辅助决策能力和审计专家系统的非结构性问题的解决能力等多种技术和知识的整合,对财务、审计及计算机等多学科进行综合应用。智能审计系统是一种交叉学科的整合创新。审计平台是信息安全管理工作的基础运维平台,随着公司业务系统的不断增多、业务逻辑日益复杂,各类审计数据成几何级别的增长,传统的审计平台在面对大数据时已经无法满足审计要求,应采用大数据分析技术,选择Solr(企业级搜索应用服务器)和Hadoop(基于大数据分布式服务)技术重构传统的审计平台,从技术框架对审计平台进行优化,解决因审计访问量剧增、审计日志基数过大导致审计报表分析导出过慢等问题,从而提高审计日志搜索性能、加快审计报表的快速生成和减轻数据库的运行压力,进而有效地提升审计工作效率。

综上所述,智能审计模式产生于信息化下的审计环境,是基于审计目标的实现而采用的一种信息化审计模式。其核心要素包括审计软件、内外数据的导入、社会对账(评估系统),通过应用数据挖掘技术、OLAP技术,形成抽象化、典型化的理论图式或审计模型,从而有效地提升审计效率和实现全局审计、详细审计、持续审计。另外,现有商业银行均已构建了自身的数据库,实现了金融数据的大集中管理,形成了数据集成平台,为金融审计系统的智能化构建提供了重要基础。

(二)审计大数据采集、处理与挖掘技术

1.大数据类型与存储

传统的数据主要指基于数字或文字描述的内容,也称之为结构化数据。互联网时代和大数据时代则出现了大量新型数据、非结构化和半结构化数据,海量数据存储、数据挖掘、图像视频智能分析等新型数据类型,以及社交关系网络、计算机地址数据、移动终端信号等,成为大数据的重要构成部分。多数大数据之间具有极为复杂的非线性、网络化、多向性的关联性,从而形成了大数据网。对这些多维、复杂性数据的采集、处理和挖掘,也是现代大数据挖掘的重要研究课题。

对于网页内容、电子邮件、网站论坛及贴吧、社交软件聊天记录等非结构化数据及文本信息,主要使用自然语言处理(NLP)、计算机学科进行处理;而对于图像、语音、初步等多媒体类非结构化数据,则主要使用深度学习、大规模计算机学习等相关技术进行数据解读。

数据存储模式方面,已正在由传统的关系数据库模式向云化、分布式的新型存储技术发展。目前,主要以分布式文件系统GFS(Google File System)为底层架构,Bigtable则为GFS存储各类结构化数据;为便于管理,每个Bigtable根据规则进行行分割,分割后的数据形成Tablets,从而可实现良好的机器负载均衡,每个Table是一个多维稀疏图,每个机器能存储100个左右的Tablets0新型存储技术的作用与价值是可以实现自动调配上万台服务器的协同工作,从而实现高性能、高可靠的数据存储任务,为大数据的挖掘和应用创造了坚实基础。

对于大数据的处理,通常包括大数据采集、数据预处理与转换、数据统计与分析、知识挖掘和结果展现等五个节点,每个节点都需要依托不同的技术工具,是一个极为复杂的过程。

2.大数据采集与获取

大数据技术已然使用于现代审计中。审计大数据的采集,要求实现以与审计客体、审计对象相关的全量数据采集,采集方式应以自动化采集为主,并注重数据之间的关联关系和映射关系。从类型而言,除结构化数据外,审计大数据还应涵盖机构组织及个人的社交关系数据、个人行为数据、通信数据、网络行为数据、舆情数据等。数据采集方式除了传统的计算机系统采集、数据库采集方式外,还可使用SDK(Software

Develop Kit)、网络爬虫等软件采集移动终端、互联网中的非结构化的网络信息、图片信息、音频影像信息等。

大数据的采集是指利用多个数据库来接收发自多个不同客户端(WEB、APP或传感器形式等)的数据,并且用户可以通过这些数据库来进行简单的查询和处理工作。大数据的采集和获取技术难点主要有:①需要有针对海量、异构数据库系统的支撑,解决异构系统间的联系和相互协调;②如何进行数据库间的负载均衡和分片,以及如何部署合理量级的数据库,应对海量的并发访问压力;③大数据的获取并非均能通过计算机自动获取,而同样需要大量的人工去进行数据发现、数据预分析和数据整理,工作量极大。

3. 大数据预处理和存储

大数据预处理和存储是基于大数据的特性、类型、规律,根据数据应用的目的对大数据进行分类、归集、清洗和加工,统一纳入存储系统,为数据应用做好基础数据准备。

其难点主要在于:①需要预处理的数据不但种类复杂,且流量、流速极大,每秒导入量会达到千兆级别;②对于海量数据的存储,需要多种类的数据库,而如何确定纳入不同数据库的分类规则和存储规则,非常复杂;③如何将人的主观经验融入数据处理和模型分析中,实现对模型的智能化训练,具有极强的挑战性。

4. 大数据搜索和统计

大数据经过预处理后,会集中导入大型分布式数据库(或分布式存储集群),在此阶段,将利用分布式技术对预处理后的数据进行逻辑层次的查询、分类和汇总,满足主要分析需求。

其难点主要在于:①如何将检索关键字(词)分类和规范化,以满足大数据搜索时与数据库中的大数据信息的准确定位和映射;②在发起检索时,不同分布式计算集群、分布式数据库之间需要进行海量数据的内部筛选、搜索、分类和整合,实现数据抽取、计算效率、路径搜索、信息反馈的最优化方案是非常复杂的。

5. 大数据挖掘与知识挖掘

目前,在业界最主流的大数据挖掘技术是基于Map-Reduce原理的主流方案Hadoop。另外,在Map-Reduce基础上,一些新的流式计算技术也被国际知名公司和大学提出,如S4,UC Berkeley的Spark,斯坦福大学的Phoenix等新技术。数据挖掘技术的专业化发展,为大数据的深度应用奠定了基础。

另外,大数据的知识挖掘是基于不同的应用需求和目的,利用数据挖掘算法对数据库中的已处理数据进行多维度、多层级、立体化的知识与价值提取。

其难点主要在于:①知识挖掘过程中应采取哪些更优的算法和规则,有效获取具有真正价值的数据结果;②如何在非定向主题下,应对海量数据的多维度计算,提升数据计算效率和反馈效率。

6. 大数据统计与分析结果展现

数据统计也称为商业智能(BI),是大数据应用的最直接形式。数据统计中利用各种数据分析方法、分析模型和分析工具,在海量数据中构建模型和寻找数据类型之间、数据点之间、数据网络之间的潜在关系,得出多维度的数据分析结果和报告(如文档、图表、视频等)。数据用户通过分析和观察结果数据、数据报告来探究企业、商业或其他机构的运营状态、营销绩效、风险变动、消费者及客户反应等,以发现主要问题来调整经营重点、运营目标、管理策略等。

随着互联网技术、信息科学技术、大数据技术的发展,数据统计应用发展技术也同步发展,数据报告的生成速度越来越快,报告生成的时频也相应缩短,报告分析的维度也越来越细致和复杂化,从而使得大数据统计与分析报告的刻画能力随之增强。

大数据统计与分析报告的展现方式将更为丰富化、多样化,不但可以实现类似着色图、气泡图、网络图、簇形图、时间轴图、柱图、饼图、折线图、雷达图等传统常规图表,还可以实现太阳辐射图、日历热图、弦图等非常规图和个性化图表。另外,大数据分析结果展现还将包括分析结果的智能化组合、图表之间的联动和钻取界面通过拖拽自定义布局,图、表之间支持联动和数据的多维钻取、正向和反向钻取。

7. 可视化技术与数据可视化

大数据分析的目的,在于对海量数据进行分布式数据挖掘等专业化处理后,得出具有价值的大数据分析结果。如何能清晰、有效地表达数据特点、数据规律、数据发现,为数据使用者提供有高度价值的信息是非常重要的。针对以上问题,可以基于大数据特点、种类、内在规律,运用计算机技术,用计算机生成的图像——数据可视化技术来解决。

可视化技术可以划分为体可视技术和信息可视化技术。其中,体可视化技术是空间数据场的可视化,如科学计算数据、工程数据和测量数据的可视化;信息可视化则是指非空间数据的可视化,其数据显示主要为多维的标题数据,重点分析数据的维度和关联关系。数据可视化技术具有可视性、多维性和交互性的特点。

可视化技术不仅可应用于数据挖掘过程中,也可以用于数据分析结果中。数据可视化可以针对数据库、数据仓库中的数据以可视化方式(如三维立方体、曲线、球面等)进行描述,为数据用户提供清晰的数据入口和切入方向;数据挖掘结果可视化则可以将数据挖掘后得到的结果以可视化形式展现出来(如决策树、关联规则、概化规则等),为数据用户提供明了的数据分析结果。

二、互联网金融审计实施流程与实施方法

（一）互联网金融审计实施流程

传统意义上的金融审计流程是指审计人员在对审计对象的金融业务、金融服务和金融业务流程的具体审计过程中所采取的行动与步骤。互联网金融审计实施流程指审计人员对互联网金融参与主体所从事的各互联网金融模式及业态中的金融产品、金融服务和金融流程等，采取的审计流程和审计行动。

互联网金融审计实施流程包括审计准备、审计实施和审计终结三个阶段，每个阶段又包括相应的子流程以及具体步骤、具体方法。在审计准备阶段，审计主体需要对互联网金融参与主体及其业务经营、运营状况、内控及风险管理水平等进行总体性了解。在审计实施阶段，审计主体基于获取审计对象的发展信息、业务数据与供应链数据、运营数据与IT数据、内控信息与风险信息等，采用询问、观察与检查、穿行测试、实质性测试等审计方法对审计对象执行审计程序，搜集相应的审计证据并评估审计对象的总体风险状况，并编写审计报告。在审计收尾阶段，审计主体对各类工作底稿进行汇总，并对审计报告进行修订和确认。

（二）互联网金融审计中的线索发现与离群点分析

互联网金融审计的实施思路是通过对互联网金融机构、互联网金融业务与运营、产品与服务的各类海量数据及关联数据进行收集与整理，并在海量的结构化、非结构化和半结构化等类型电子数据基础之上，分析审计线索与线索特征，并从审计线索特征中寻找离群点和孤立点，从而准确、及时地获取审计证据，使得审计实施实现资源聚焦和重点发现，提升审计的总体效率和准确度。

在具有显著信息性、风险性和复杂性的互联网金融各业务模式中，会产生海量的金融数据及关联数据，从这些数据中提取符合审计条件的有用数据及信息证据，即审计线索特征，这种技术也被称为基于审计中间表的知识发现（KDD）技术。随着审计技术的不断发展和实践，结合互联网金融业态和模式的特点，查找和获取海量互联网金融非结构化数据中的审计线索特征，将主要使用数据挖掘技术、征兆发现技术、探索性数据分析、非结构化数据处理方法等。

对互联网金融海量数据实施审计，发现审计线索特征的步骤如下。

1. 审计线索的特征枚举

即在审计实施前或实施过程中，基于审计经验和专家知识尽可能列举出被审计对象中可能出现的特征表现及可能情况。

2. 审计线索的特征捕捉

即利用数据库查询技术、技术分析方法、模型算法对电子数据或相关数据的留痕路径、留痕规则、关联关系网络进行回溯追踪。

3.审计线索的特征分析

即基于审计线索的特征枚举和特征捕捉基础之上,对符合特征表现的数据进行异常点、离群点分析。

通过对构建互联网金融海量数据的线索特征进行分析后,即需要寻找异于正常数据规律或规则的异常数据——"孤立点"或"离群点"数据,从而及时发现审计线索、提示审计问题和发现审计证据。离群点形成的原因是多方面的,可能包括人为操作原因、信息造假或欺诈原因、数据采集质量、噪声数据本身、关联性数据偏差或极个性化数据、计算机系统与数据的自身原因等,从而导致其与其他类别数据的特征不同,或者说和其他数据、数据群的关联性极差,无法构建起有效关联关系和逻辑关系。

由于发现的离群点数据特性不同于其他数据群,故无法使用常规数据处理方法对其进行检测。在审计实践中,可以设计特殊的离群点算法,采取例外挖掘、偏差分析等统计方法或技术对其进行特殊聚类处理与分析。

在互联网金融审计中,利用离群点分析方法的具体流程可划分为预处理阶段、孤立点检测阶段和孤立点分析阶段。

在离群点预处理阶段,需要对审计对象与审计范围进行确认,获取和采集被审计数据及关联数据,形成审计源数据;同时,审计主体根据审计事项的特点确定选择相应的审计规则。

在离群点检测阶段,需要利用离群数据分析技术方法,基于审计规则库与离群点规则库对审计源数据进行数据的筛选、清洗,并将初步符合离群数据特征的数据集纳入数据库。

在离群点分析阶段,将已纳入离群数据库的数据集进行再次判定和专业性分析,筛选出真正的离群数据,并对离群数据进行确认和归集,从而发现审计线索和可支持的审计证据。

第二节 "互联网+"金融审计风险与审计模式分析

一、审计风险类型与内涵

传统的审计风险内涵指审计对象的会计报表中可能存在的重大错报或漏报,审计人员在实施审计后发表不恰当审计意见的可能性。审计风险主要包括固有风险、控制风险和检查风险等,审计风险=固有风险×控制风险×检查风险。

国际审计和鉴证准则委员会(IAASB)对现代审计风险模型又进一步描述为,审计风险=重大错报风险×审计检查风险。其中,审计检查风险指某一账户或交易类别单独或连同其他账户、交易类别产生错误,而未被实质性测试发现的可能性;重大错报风险指财务报表在审计前存在重大错报的可能性。根据系统论理论和战略管理理论，现代风险导向审计重点是评估审计对象总体经营风险所带来的重大错报风险。

二、互联网金融审计风险成因

随着我国金融体制的改革和金融机构信息系统的普遍应用，金融审计的思路和方式发生了重大的转变。随着新的审计方法的创新和推进，计算机技术在金融审计过程中被广泛应用。审计监督在宏观经济运行和金融机构内部管理中的作用日渐突出。然而，金融审计的现实风险与潜在风险也随之产生，并引起广泛关注。在总结经验及教训的基础上，揭示金融审计风险的表现形式，分析风险产生的原因，研究金融风险的防范对策，对有效地规避金融审计风险，提高审计水平，具有重要的借鉴意义。

金融审计风险指专门实施金融审计的人员在对金融机构审计的过程中，由于业务素质与行为原因导致重要错误或不完全的财务信息及技术过失，发表不恰当的审计意见或做出不正确审计结论的风险。金融审计风险与一般审计风险既有相同之处，也有其独特的表现形式。针对具有现代信息技术和金融双重属性的互联网金融实施审计时，审计主体机构和审计专业人员面临着巨大的审计风险。

在实施互联网金融审计时，除互联网金融本身存在的风险外，金融审计本身也会存在相应的风险。故本书将基于互联网金融模式及风险的特点，引入风险导向审计的理念，分析互联网金融审计模式中审计风险存在的成因、审计风险因素，并提出防范互联网金融风险的对应措施，从而为互联网金融的规范、健康发展提供保障。

由于互联网金融审计具有明显的大数据特性，在实施审计时互联网金融审计风险的成因主要源自审计数据、审计模型、审计规则和审计算法等方面产生的风险。另外，由于各审计风险成因之间呈非线性的影响作用和叠加作用，故形成了互联网金融审计风险成因作用函数。互联网金融审计风险主要成因如下所述。

（一）审计数据原因

互联网金融审计实施的基础是金融大数据，金融数据源的准确性和及时性将直接影响到审计数据质量。针对审计客体的外部关联性数据，应建立起信息数据及数据库、数据库语言、数据结构、数据字典的标准或规范性标准，降低非规范性的数据噪声；从大数据分析技术角度，克服和降低数据噪声影响，定量化和定性化并举，使审计作业实施时能够准确寻找数据信息之间的关联性。

（二）审计模型原因

在互联网金融审计模型的硬件和软件配置方面，要充分做好人力资源和技术资源倾斜。审计模型构建过程中，要充分做好对模型稳定性和可靠性的敏感性测试和压力测试；另外，对审计模型所产生的过程数据、结果数据应设计好相应的存储机制，避免因模型的不稳定而出现数据丢失的情况。

(三)审计算法原因

针对大数据之间的映射关系、关联关系、网络关系计算,以及审计模型使用的各类函数算法,应做好不同算法的拟合度比较,寻找出拟合度最优的算法。

(四)审计规则原因

审计规则应包括数据质量规则、数据处理规则、审计预警规则、审计判定规则、审计追踪规则等,审计规则将直接决定审计模型的有用性、审计数据结果的价值性、审计算法的科学性。审计规则的建立,应利用定性方法和定量方法进行合理确定。

三、互联网金融审计风险类型

根据"审计风险=重大错报风险×审计检查风险"的理论,互联网金融审计风险模式也分为重大错报风险和审计检查风险。

(一)互联网金融审计中的重大错报风险及其防范

由于互联网金融生态处
于复杂的金融生态环境中,受到生态内部、外部多种风险因素和环境因素的非线性作用。同时,互联网金融生态中的金融参与主体高度依赖现代信息技术系统、互联网平台运营,并在金融服务、金融产品和金融流程中广泛运用了远程技术、大数据技术、云计算技术等,产生了海量金融数据和信息,使之成为典型的"知识价值型组织"。

互联网金融这种新型组织不但具有复杂的金融风险,而且具有现代科技特有的信息系统风险、互联网风险、信息安全风险等。而互联网金融生态所处的经济环境、金融环境、法规环境、信息技术环境等变化,会直接或间接影响互联网金融机构的经营伦理、价值理念和经营行为等,这种影响结果会直接体现在其财务报表及运营绩效中,并使得互联网金融机构的财务经营报表在被审计前存在重大错报的可能性,即重大错报风险。重大误报风险主要包括虚假财务报表引发的误报风险,以及因有缺陷的会计核算和技术方法、公司治理结构的不当变动、企业战略失败或管理出现重大失误等原因导致的误报风险。

针对重大错报风险的有效防范,审计主体需要及时和充分了解互联网金融的相关监管政策,关注互联网金融机构的公司是否有效构建了内部控制制度,观察其公司治理的适当性、内部控制的合理性、风险管理的覆盖度、金融流程及金融业务的合规性、资金账户的安全性等,从而从总体上把握互联网金融机构的风险以及对财务报表有可能产生的影响。另外,审计主体可充分利用互联网金融机构的内部审计资源及其他评估资料,获取相关审计工作底稿和审计报告,从中获取风险评估的重点和依据、审计证据,从而采取更为合适的测试程序。

（二）互联网金融审计中的审计检查风险及其防范

相对于传统金融而言，互联网金融还属于新生事物，其业务和业态模式发展具有交叉性、多元化和复杂化的趋势，是金融、计算机、互联网技术、人工智能、数理统计、管理学等学科的综合体，具有高度的知识性和创新性，对审计人员的专业性、技术性提出了更高的要求，需要审计人员具有复合审计能力。

在对互联网金融实施审计的过程中，因审计人员的审计意识、审计专业水平、审计技能和审计程序方法等存在欠缺或不足，从而未能及时发现审计客体中已存在的问题或错误，导致产生审计检查风险。另外，由于审计理论、审计依据、审计模式方面的缺陷，也会导致审计检查风险。

对于审计人员而言，将现代风险导向审计理论引入互联网金融审计中，以风险因素作为切入点，需要不断提升互联网金融的知识水平及相关专业能力，采取更为科学、先进的审计模式和方法，从而及时发现风险与问题，将审计检查风险降至可接受的水平。

另外，审计机构可以构建互联网金融审计信息中心，提升互联网金融审计的自动化、数据化和专业化水平，减少人为原因产生的审计检查风险。另外，需要审计机构根据互联网金融不同的业态特点、机构特点来确定对应的、适当的审计程序，安排适合的审计资源进行审计实施，从而达到降低审计风险的目的。

四、基于风险导向模式的互联网金融审计

风险导向审计是适应高度风险社会和现代审计发展的必然产物，是现代审计的最新发展。风险导向审计能够促使审计人员更全面地了解审计对象，更为科学合理地确定审计事项的重要性水平，快速制定审计策略和审计目标，确定审计资源的配置方案，运用信息化、数据式的审计风险模型，从而有效提升审计效率。

风险导向审计模式最突出的特点是将审计对象放置于宏观经济网络中，从审计对象所处的经营方式、管理机制和行业环境等方面来进行审计风险的评估。

风险导向审计是在审计实施的过程中，审计人员以风险考虑为审计起点、以风险分析评估为导向，根据量化的风险分析水平确定审计项目的优先次序，依据风险确定审计范围与重点，对审计对象的风险管理、内部控制和治理程序进行综合评价，进而提出建设性意见和建议，协助审计对象实现更为良好的风险管理效果和增值的审计活动。

互联网金融处于复杂金融生态中，兼有现代信息技术和金融业的双重特点，其各业态模式不仅面临传统金融业的风险，还有因互联网信息技术特性而引发的技术风险、安全风险和虚拟金融服务产生的操作风险、信用风险等。对于互联网金融的审计，应基于风险导向性思维，从互联网金融企业的资产充足率、资产质量和流动性等

风险指标的跟踪监测,互联网金融企业财务报表及关联数据审计,以及互联网金融行业的信用风险、技术安全风险、消费者权益保护等方面进行综合审计。

总之,风险导向审计具有很多与传统审计模式不同的特性,是互联网金融审计的良好工具。以风险导向审计理论作为互联网金融审计的重要思路,必将对构建和完善我国互联网金融审计体系起到积极和重要的作用。

第三节 "互联网+"金融审计信息系统构建思路

一、构建互联网金融审计信息系统的必要性

随着我国信息化建设的不断发展,我国积极推进"金审工程",在审计信息化方面取得了巨大成就,基本确立了审计信息化框架,形成了计算机审计和信息化管理人才体系,大幅提升了审计监督的效能。

近年来,根据我国经济发展和金融改革的需求,政府审计的审计范围在不断扩大,审计内容和审计对象也越来越复杂。目前,审计业务分类包括预算执行、海关审计、税收审计、金融审计、企业审计、社保审计、固定资产投资审计、资源环保审计、外资运用审计、经济责任审计、境外审计等12个大项,44个小项。其中,金融审计包括商业银行审计、证券公司审计、保险公司审计、政策性银行审计、政策性保险公司审计和其他金融机构审计等6大类。

在互联网金融条件下,传统金融机构经营的金融业务种类将越来越多,其业务难度也越来越复杂,而更多的非金融机构也进入互联网金融业态,与传统金融机构形成了新的金融生态。新的互联网金融生态主要以信息流、商流、物流和资金流为主。同时,互联网金融的机构和业务具有跨界性、交叉性和复杂性。针对互联网金融的金融审计具有大数据特性、信息流特性、动态持续性和自动化特性,传统金融审计主要以审计对象机构属性类型作为审计实施划分的方式将不能满足互联网金融审计的要求。

为审计机构和审计人员构建具有互联网特点和大数据特性的互联网金融审计信息系统是非常有必要的。

二、构建互联网金融审计信息系统的重要作用

(一)完善金融监管体系、实施动态持续金融风险监管的需要

互联网金融是我国新金融生态的重要组成部分,发挥着日益重要的作用。而同时由于传统金融风险和互联网风险的非线性叠加,使得互联网金融风险是一种更具有影响性、未知性的新金融风险,这种金融风险属于系统性金融风险。故将互联网金

融风险纳入金融监管体系和实施金融风险预警,是发挥金融审计综合性优势,提升金融审计宏观性作用的需要。

有效的金融监管,应是保持对整个金融体系的动态、预警、连续的监管,保持整个金融体系的相对稳定。互联网金融审计信息系统的构建是对新型金融审计对象实施动态、持续性审计和监测的基础。通过构建金融审计数据库、审计线索与审计路径模式库、审计案例数据库、审计法规数据库、审计方法和技术库、审计预警规则库等,对"四流"进行动态监测,可以对审计对象实现互联网金融风险的实时预警和动态监测,有效地提升金融审计的科学性和有效性。

(二)打通金融数据路径、实现全局性金融监管的需要

目前,我国金融业实行"分业经营、分业监管"模式,依不同金融机构的属性和业务属性进行金融审计,而商业银行、证券机构和保险机构各自拥有自身的业务信息系统和风险管理系统,系统架构和数据库结构千差万别,"数据孤岛"现象严重。

通过构建互联网金融审计信息系统,可以进一步促进金融审计数据的大集中,打破机构属性和业务属性壁垒,构建成跨机构、跨行业、跨地域的"金融审计大数据中心";可以推进整个新金融生态体系在金融业务系统和风险管理系统接口方面的标准化、规范化,打破各自为政的系统属性和数据属性壁垒。同时,利用标准化的互联网金融审计体系实现以"四流"为审计对象的新金融审计模式,能够及时发现和快速预警系统性金融风险。

互联网金融审计信息系统的构建,将充分发挥金融审计的综合性职能优势,实现对金融业态的全局性监管,有效地提升金融审计对于国家经济和金融的宏观保护性作用。

三、构建互联网金融审计信息系统的基础条件

以 AO 系统(现场审计实施系统)和 OA 系统(审计管理系统)为例,作为金审工程应用系统的两个重要组成部分,它们是密不可分的有机的整体。其主要体现在:可以使审计人员充分掌握和有效指挥审计现场作业情况;充分利用 OA 的基础资料;依据审计结果更新相关审计信息和作业资料。

金融审计数据存储平台为实现互联网金融审计信息系统的数据要求提供了必要的数据基础。总体而言,随着我国审计信息化水平和网络化水平的不断提升,已经为构建和应用互联网金融审计信息化系统提供了坚实的基础和保障。互联网金融作为金融体系的重要组成部分,互联网金融审计信息系统也应及早纳入审计信息化建设日程。

第四节 "互联网+"金融审计信息系统框架设计

一、信息系统内涵、功能及其架构设计

(一)信息系统的内涵特点

信息系统是由计算机硬件、网络和通信设备、计算机软件、信息资源、信息用户和规章制度组成的以处理信息流为目的的人机一体化系统。它是一个由人、计算机及其他外围设备等组成的能进行信息的收集、传递、存储、加工、维护和使用的系统。

信息系统是一门新兴的科学,其主要任务是最大限度地利用现代计算机及网络通信技术加强企业的信息管理,通过对企业拥有的人力、物力、财力、设备、技术等资源的调查了解,及时获取准确的数据,加工处理并编制成各种信息资料及时提供给管理人员,以便进行正确的决策,不断提高企业的管理水平和经济效益。企业的计算机网络已成为企业进行技术改造及提高企业管理水平的重要手段。

(二)信息系统的类型划分

从信息系统的发展和系统特点来看,可分为数据处理系统(DPS)、管理信息系统(MIS)、决策支持系统(DSS)、专家系统[人工智能(AI)的一个子集]和办公自动化(OA)五种类型。信息系统主要类型和描述如表9-1所示。

表9-1 信息系统主要类型和描述

类型名称	简称	信息系统描述
数据处理系统	DPS	指运用计算机处理信息而构成的系统。其主要功能是将输入的数据信息进行加工、整理,计算各种分析指标,变为易于被人们接受的信息形式,并将处理后的信息进行有序储存,随时通过外部设备输给信息使用者 DPS是一套通用多功能数据处理、数值计算、统计分析和模型建立软件,与目前流行的同类软件比较,具有较强的统计分析和数学模型模拟分析功能
管理信息系统	MIS	是一个以人为主导,利用计算机硬件、软件、网络通信设备以及其他办公设备,进行信息的收集、传输、加工、储存、更新和维护,以企业战略竞优、提高效益和效率为目的,支持企业的高层决策、中层控制、基层运作的集成化的人机系统 管理信息系统由决策支持系统(DSS)、控制系统(CCS)、办公自动化系统(OA)以及数据库、模型库、方法库、知识库和企业与外界信息交换的接口组成

类型名称	简称	信息系统描述
决策支持系统	DSS	是信息系统应用概念的深化,是在信息系统的基础上发展起来的系统。简单地说,决策支持系统是能参与、支持人的决策过程的一类信息系统。它通过与决策者的一系列人机对话过程,为决策者提供各种可靠方案,检验决策者的要求和设想,从而达到支持决策的目的 决策支持系统一般由交互语言系统、问题系统及数据库、模型库、方法库、知识库管理系统组成。在某些具体的决策支持系统中,也可以没有单独的知识库及其管理系统,但模型库和方法库通常是必需的-由于应用领域和研究方法不同,导致决策支持系统的结构有多种形式 它强调的是对管理决策的支持,而不是决策的自动化,它所支持的决策可以是任何管理层次上的,如战略级、战术级或执行级的决策
专家系统	AI	是早期人工智能的一个重要分支,它可以看作一类具有专门知识和经验的计算机智能程序系统,一般采用人工智能中的知识表示和知识推理技术来模拟通常由领域专家才能解决的复杂问题 专家系统=知识库+推理机,因此也被称为基于知识的系统。它是一个具有大量的专门知识与经验的程序系统,它应用人工智能技术和计算机技术,专家系统必须具备三要素:领域专家级知识;模拟专家思维;达到专家级的水平
虚拟办公室	OA	是将现代化办公和计算机网络功能结合起来的一种新型的办公方式。OA没有统一的定义,凡是在传统的办公室中采用各种新技术、新机器、新设备从事办公业务,均属于办公自动化的领域 通过实现办公自动化,可以优化现有的管理组织结构,调整管理体制,在提高效率的基础上,增加协同办公能力,强化决策的一致性,最后实现提高决策效能的目的

(三)信息系统的基本功能

信息系统应具有输入、存储、处理、输出和控制等五个功能。信息系统基本功能描述如表9-2所示。

表9-2 信息系统基本功能描述

功能名称	功能描述
输入功能	信息系统的输入功能取决于系统所要达到的目的及系统的能力和信息环境的许可
存储功能	存储功能指的是系统存储各种信息资料和数据的能力
处理功能	基于数据仓库技术的联机分析处理(OLAP)和数据挖掘(DM)技术
输出功能	信息系统的各种功能都是为了保证最终实现最佳的输出功能
控制功能	对构成系统的各种信息处理设备进行控制和管理,对整个信息加工、处理、传输、输出等环节通过各种程序进行控制

(四)信息系统的层级结构

国际标准化组织(ISO)在1979年提出用于开放系统结构的开放系统互连(OSI)模型,这是一种定义连接异种计算机的标准体系结构。OSI参考模型有物理层、数据链路层、网络层、传输层、会话层、表示层和应用层等七层。

单个信息系统存在一般意义的层次模型:物理层、操作系统层、工具层、数据层、功能层、业务层和用户层。一般而言,信息系统的结构模式有集中式结构模式、客户机／服务器(C／S)结构模式和浏览器／服务器(B／S)结构模式等三种。

信息系统一般由基础设施层、资源管理层、业务逻辑层和应用展现层构成。具体层级结构及描述如表9-3所示。

表9-3 信息系统层级结构及描述

层级名称	层级描述
基础设施层	由支持计算机信息系统运行的硬件、系统软件和网络组成
资源管理层	包括各类结构化、半结构化和非结构化的数据信息,以及实现信息采集、存储、传输、存取和管理的各种资源管理系统,主要有数据库管理系统、目录服务系统、内容管理系统等
业务逻辑层	由实现各种业务功能、流程、规则、策略等应用业务的一组信息处理代码构成
应用展现层	通过人机交互等方式,将业务逻辑和资源紧密结合在一起,并以多媒体等丰富的形式向用户展现信息处理的结果

(五)信息系统的技术类型

信息系统的开发主要涉及计算机硬件技术、计算机软件技术、计算机网络技术和计算机数据库技术等五个方面的技术,具体如表9-4所示。

表 9-4 信息系统涉及的技术类型

技术类型	技术描述
硬件技术	硬件系统是信息系统的运行平台,主要包括网络平台、计算机主机和外部设备。网络平台是信息传递的载体和用户接入的基础
软件技术	系统软件:为管理、控制和维护计算机及外设,以及提供计算机与用户界面的软件。包括各种计算机语言及其汇编、编译程序、监控管理程序、调试程序、故障检查和诊断程序、程序库、数据库管理程序、操作系统(OS)等 应用软件:为了某种特定的用途而被开发的软件,它可以是一个特定的程序,或一组功能关联紧密、相互协作的程序的集合,也可以是由众多独立程序组成的庞大软件系统
网络技术	计算机网络是将分布于不同地理位置的计算机、计算机系统和其他网络设备利用网络介质进行连接,以网络软件实现信息互通和网络资源共享的系统。计算机网络包括网络介质、协议、节点、链路等 根据通信系统的传输方式,计算机网络的拓扑结构可分为点对点传输结构和广播传输结构两大类;根据通信距离,可分为局域网和广域网两种
数据库技术	数据库系统包括数据集合、硬件、软件和用户层次模型、网状模型、关系型数据库系统

二、互联网金融审计信息系统的内涵及特点

(一)互联网金融审计信息系统的内涵

互联网金融审计信息系统是利用计算机硬件、计算机软件和网络通信设备,实时、动态、全面地采集、加工和分析金融大数据(包括直接类数据、间接类数据),为金融审计人员持续提供互联网金融审计的大数据服务功能(包括大数据计算、大数据分析、大数据展示等)、信息服务功能(审计案例、审计路径、审计线索、审计证据、审计问题等信息的查找与借鉴)和审计实施功能(智能导航与定位、自动审计、审计台账和审计报告自动生成等)的集成化人机系统。互联网金融审计信息系统主要由金融审计人员、通信网络、互联网金融审计大数据平台和互联网金融审计应用系统共同组成。

(二)互联网金融审计信息系统的特点

互联网金融审计信息系统是一个复合性系统,从其大数据特性、系统构成和应用特点来看,它是数据处理系统、管理信息系统、决策支持系统、专家系统的集合体。该系统的主要特点包括大数据服务的自动化、信息服务的智能化、审计实施的导航化。

互联网金融审计信息系统主要通过计算机技术、网络通信技术,从联网方式采集和获取被审计单位的财务数据、业务数据和管理数据等,同时获取与金融审计紧密关

联的公安、司法、税务、行业数据关联构建金融大数据信息库。在审计用户通过审计终端(PC或移动端)发起审计信息及审计数据、审计线索或审计问题、审计法规等查询时,金融大数据信息库会向审计用户提供自动化、快捷化服务。

同时,互联网金融审计信息系统中将利用语义分析、相似度计算、数据挖掘技术,将各类审计信息和审计成果转化为审计专家经验和审计经验模型(包括审计案例、审计法规、审计方法、审计规则、审计问题、审计线索和审计路径等),从而为审计用户提供审计专业人员的审计经验支持。

以审计问题查询为例,当审计用户端发起审计问题查询时,互联网金融审计信息系统会通过语义分析、相似度计算方法,对发起的审计问题与近似审计案例库中的审计问题信息数据进行自动匹配和案例映射,提供和展示关联度高的审计案例以及关联审计问题,同时还可以查询到与审计问题所关联的审计法规条款。

(三)互联网金融审计信息系统设计原则

互联网金融审计信息系统的设计原则应满足以下方面的相关要求。

1. 技术的领先性和稳定性要求

互联网金融审计信息系统的构建应基于国际及国内先进的技术架构进行构建。同时,要充分考虑该信息系统在实施和投入运营后的一段时间内,确保其系统和技术的先进性和领先性,以及信息系统的稳定运行状态,实现低故障率的不间断持续运行,以便充分满足今后互联网金融审计业务不断增长和审计业务范围拓展的需要。

2. 系统的开放性与扩展性要求

互联网金融审计信息系统将涉及与多个外部数据系统、内部不同业务系统和数据库之间的相互调用和信息共享,故该系统应在安全性的前提下,允许兼容诸多异种计算机硬件设备和不同的系统软件、应用软件。

互联网金融审计信息系统还应充分考虑到未来审计用户数量的不断扩大和业务访问量的急剧扩增,做好扩容的预案和应急工作。同时,当系统容量增大时,应具有自动分配足够的资源应对剧烈变化的机制。所以,在互联网金融审计信息系统的设计和实现时,应做到能够根据用户的需求灵活地增减资源的使用和配置。

3. 系统的标准化与可集成性要求

互联网金融审计信息系统所采用的软件平台和技术应遵循计算机领域通用的国际或行业标准。同时,互联网金融审计信息系统应通过一定标准和方式的接口,调用和集成内部子系统、外部系统的数据库和功能,从而实现系统之间、系统内部的合理连接和资源共享,确保整体业务流的高效运转。

4. 系统的可管理性和高效性要求

互联网金融审计信息系统应满足可管理性要求,即在系统部署时应利用规范化、标准化、兼容性的技术和产品来提升系统的可靠性,降低系统的使用、部署和运维费用;同时,在信息系统的可靠性监测方面,使用以网络远程监测为主,现场监测为辅的方式,提升监测效率和管理效率。另外,互联网金融审计信息系统应在服务器、运行效率、响应速度、数据库结构设计和算法等方面进行优化配置,提升信息系统运行的效率。

5.系统的安全性和持续性要求

互联网金融审计信息系统由于涉及海量的金融大数据,以及多个子数据库,同时与多个外部系统进行连接。系统的安全性是互联网金融审计信息系统必须考虑的首要问题。互联网金融审计信息系统应采用加密技术、安全认证技术、权限技术和反病毒技术等来全面加强系统安全和数据安全。

同时,互联网金融审计信息系统应充分考虑系统升级、停机检测等情况,做好持续性运行的预案,避免因系统运行间断导致审计实施过程的中断和审计数据的丢失和泄露。

6.系统的友好性和可操作性要求

互联网金融审计信息系统应充分考虑审计用户的使用习惯和操作流程,考虑系统的友好性和可操作性,包括功能界面友好、系统结构友好和操作流程友好。

(四)互联网金融审计信息系统总体架构设计

互联网金融审计信息系统总体架构设计有三层,具体说明如下。

1.第一层级

金融审计大数据信息层,包括金融审计源数据层、缓冲数据层和金融大数据信息库层,说明如下。

源数据层为从外部获取各类金融大数据,包括金融数据、工商数据、税务数据、社保数据、司法数据、投资关系数据、审计系统数据和外部关联数据等。缓冲数据层是利用数据转移和加载工具,对金融源数据进行清洗、加工和预处理,形成缓冲数据。金融大数据信息库是指对缓冲数据进行归集分类、规律性总结,形成金融审计专家经验库和互联网金融审计信息库,从而为审计应用系统和功能调用提供基础数据。

2.第二层级

互联网金融审计应用系统层。该层级包括互联网金融审计管理系统、审计分析服务器层级,说明如下。

审计分析服务器为互联网金融审计信息系统的中间层,该层主要目的是实现业务逻辑,在系统中为审计用户和底层数据库起到承上启下的桥梁和中间传输作用。当审计用户通过审计应用系统发起审计业务请求时,由审计分析服务器接受请求并对请求进行分析,将请求提交至后台金融大数据库,并将金融大数据库的处理结果和响应反馈回审计用户端。

互联网金融审计信息系统主要包括风险预警管理、审计数据管理、审计模型管理、审计分析实施、审计抽样实施、审计底稿管理等6个子系统。

第一,风险预警处理系统是向审计用户或系统提供使用互联网金融审计规则对审计对象的业务信息流、财务资金流、商流和物流进行规则和路径判断,并由系统针对异常数据、异常路径、异常信息进行预警的子系统。

第二,审计数据管理系统是向审计用户提供对审计专家经验库、互联网金融审计信息库中的相关信息数据进行逻辑分类、收藏、追踪,为审计线索和审计证据的发现和确认提供数据支持的子系统。

第三,审计模型管理系统是向审计用户对不同审计业务创建的审计模型和审计方法进行修订、保存和管理的子系统。

第四,审计分析实施系统是向审计用户提供审计业务发起,包括账表分析、数据分析功能的子系统。

第五,审计抽样实施系统是向审计用户提供审计业务抽样管理、抽样向导、现场审核和评价向导功能的子系统。

第六,审计报告管理系统是向审计用户提供审计日志编写、审计证据确认、审计底稿编写、审计报告生成和审计台账形成功能的子系统。

3. 第三层级

互联网金融审计信息报告应用层。该层级主要是基于互联网金融审计的实施过程,对金融大数据信息的分析,自动生成或人工发起生成的各类审计报告成果,包括审计实施类、项目管理类、审计风险预警、持续监测类、异常数据监测类、审计线索跟踪类、审计问题分析类等审计报告。审计信息报告成果体现了金融大数据与审计过程的有机结合,是审计工作的终点,也是新审计工作的起点。

三、互联网金融信息系统的其他方面设计

(一)信息系统的网络与安全设计

在设计互联网金融审计信息系统的网络与安全性时,还需考虑以下方面的问题。

第一,互联网金融审计信息系统的组网应基于金审工程内网平台,实现审计用户端与被审计对象端的连接,以确保互联网金融大数据和审计数据传输的安全。

第二,在金融大数据信息库与审计分析服务器之间应增加金融数据库透明网关,以便与国家审计信息中心的数据库服务器(DB2)之间进行基础数据的交叉。

(二)信息系统的数据视图设计

互联网金融涉及金融机构和非金融机构,涉及不同领域的金融业务,金融机构的业务系统具有不同的业务逻辑。在进行互联网金融审计信息系统构架设计时,既要审计数据库结构的接口标准和统一规范,还要充分考虑不同金融机构和不同金融业务的数据库原型逻辑。故可以采用数据视图设计方法,即将审计对象的原始数据库

完整映射克隆至金融大数据信息库中,构建起基于审计对象数据库及数据流的数据库视图,构建起字段映射关系,从而便于进行数据库及数据的分析。

参考文献

[1]宋大龙.新形势下高校财务管理与审计监督[M].长春:吉林人民出版社,2021.

[2]胡云慧,史彬芳,王浩.财务会计与审计管理[M].长春:吉林科学技术出版社,2021.

[3]朱学义,朱林,黄燕.财务管理学[M].北京:北京理工大学出版社,2021.

[4]陈伟.智能审计[M].北京:机械工业出版社,2021.

[5]邓玉兰,田成.审计基础[M].上海:立信会计出版社,2021.

[6]汪上达,申佳奇.财务分析[M].成都:西南财经大学出版社,2021.

[7]王颖.高级财务会计[M].北京:北京交通大学出版社,2021.

[8]朱锦余.审计案例分析与实训[M].北京:高等教育出版社,2021.

[9]安林丽.新编财务会计[M].北京:中国商业出版社,2021.

[10]张书玲,肖顺松,冯燕梁.现代财务管理与审计[M].天津:天津科学技术出版社,2020.

[11]刘泽亚.企业财务审计实践探索[M].哈尔滨:哈尔滨出版社,2020.

[12]刘欣,魏驰东,田晓霞.财务会计与审计决策[M].沈阳:辽海出版社,2020.

[13]刘浩博.财务管理与审计创新[M].西安:西北工业大学出版社,2020.

[14]董智.新时代财务管理与审计[M].北京:经济日报出版社,2020.

[15]宋连英.企业财务报表与内部审计研究[M].天津:天津人民出版社,2020.

[16]王伟,王静,林文.审计信息化[M].北京:北京理工大学出版社,2020.

[17]李霁友.税务审计概论[M].上海:上海交通大学出版社,2020.

[18]蔡维灿,林克明.审计基础与实务[M].北京:北京理工大学出版社,2020.

[19]周显文.会计实训[M].大连:大连海事大学出版社,2020.

[20]赵建全,杨琪.财报审计数据分析技术[M].上海:上海财经大学出版社,2020.

[21]曾岚.会计实战综合实训[M].南京:东南大学出版社,2020.

[22]崔鹏.财务审计一本通[M].北京:中国铁道出版社,2019.

[23]王宏伟,雷晓莉.财务审计研究[M].延吉:延边大学出版社,2019.

[24]单文宗,张冬平,黄婷.企业财务审计研究[M].长春:吉林科学技术出版社,

2019.

[25]张丽,赵建华,李国栋.财务会计与审计管理[M].北京:经济日报出版社,2019.

[26]周浩,吴秋霞,祁麟.财务管理与审计学习[M].长春:吉林人民出版社,2019.

[27]邓春贵,刘洋洋,李德祥.财务管理与审计核算[M].北京:经济日报出版社,2019.

[28]薛玉香.企业财务审计理论与实务[M].延吉:延边大学出版社,2019.

[29]余红叶,张坚,叶淞文.财务管理与审计[M].长春:吉林人民出版社,2019.

[30]温新生.现代财务会计与审计核算[M].北京:九州出版社,2019.

[31]张志勇.财务管理创新与现代内部审计研究[M].东北林业大学出版社,2019.

[32]张新美.财务会计与资产审计管理研究[M].沈阳:辽宁大学出版社,2019.

[33]陈丹.企业财务报告内部审计与报表审计研究[M].长春:东北师范大学出版社,2019.